WOLFGANG SAMMLER

Eigentum und Währungsparität

Schriften zum Öffentlichen Recht

Band 278

Eigentum und Währungsparität

Zur eigentumsrechtlichen Relevanz von Paritätsänderungen, Devisenkursfreigaben und Bandbreitenveränderungen

Von

Dr. Wolfgang Sammler

DUNCKER & HUMBLOT / BERLIN

Gedruckt 1975 bei Buchdruckerei Bruno Luck, Berlin 65
Printed in Germany
ISBN 3 428 03495 3

Vorwort

Die Arbeit lag in ihrer ursprünglichen Fassung im Wintersemester 1973/74 dem Fachbereich Rechtswissenschaften der Philipps-Universität Marburg als Dissertation vor. Im Rahmen der Überarbeitung wurden neuere Literatur und Rechtsprechung bis Anfang 1975 berücksichtigt.

Für die aufmerksame Betreuung danke ich Herrn Prof. Dr. Hartmut Maurer sowie Herrn Prof. Dr. Peter Häberle für die kritischen Anregungen. Besonderen Dank schulde ich Herrn Ministerialrat a. D. Dr. J. Broermann für die Aufnahme der Arbeit in die „Schriften zum Öffentlichen Recht".

Marburg, den 2. Mai 1975 *Wolfgang Sammler*

Inhaltsübersicht

Einleitung 15

Erster Teil

Begriff und Wirkungen der Paritätsänderung, der Freigabe der Devisenkurse und der Bandbreitenveränderung 17

§ 1 Begriffe ... 17
1. Währung ... 17
2. Devisenkurs und Währungsparität ... 18
3. Auf- und Abwertung (Paritätsänderung) ... 20

§ 2 Das Zusammenwirken von Parität, Devisenkurs und Bandbreite in der Welt- und europäischen Währungsordnung ... 21
1. Die Verknüpfung von Parität, Devisenkurs und Bandbreite ... 21
2. Die Freigabe der Devisenkurse ... 24

§ 3 Die Entwicklung der Währungsparität in der Bundesrepublik seit 1948 ... 25

§ 4 Grundzüge der makroökonomischen Wirkungen der Paritätsänderung, Devisenkursfreigabe und Bandbreitenveränderung ... 29
1. Ziele und Wirkungen der Paritätsänderung ... 30
2. Ziele und Wirkungen einer Devisenkursfreigabe ... 31
3. Ziele und Wirkungen einer Bandbreitenveränderung ... 32
a) Bandbreitenerweiterung ... 32
b) Bandbreiteneinengung ... 33

Zweiter Teil

Das verfassungsrechtlich geschützte Eigentum (Art. 14 I GG) unter besonderer Berücksichtigung der Paritätsänderung und Devisenkursfreigabe 34

§ 1 Währungshoheit und Art. 14 I GG ... 34
1. Die Bindung staatlicher Maßnahmen der Währungshoheit an die Grundrechte ... 35
2. Maßnahmen der Währungshoheit und Grundrechtslücken ... 36
3. Das Verhältnis von Grundrecht und Kompetenznorm ... 37
4. Ergebnis ... 38

§ 2 Art. 14 I 1 GG in Bezug auf Binnen- und Außenwert einer Währung 39

§ 3 Der Eigentumsbegriff in Art. 14 GG im Blick auf die Paritätsänderung und Devisenkursfreigabe ... 40

1. Art. 14 GG als Individual- und Institutsgarantie des Eigentums sowie verfassungsrechtliche Grund- und Wertentscheidung ... 40

2. Der Kreis der durch eine Paritätsänderung, Devisenkursfreigabe und Bandbreitenveränderung betroffenen Individualeigentumsrechte ... 42

a) Geld und Forderungen als Eigentumsobjekte des Art. 14 I 1 GG 43

b) Schulden und Vermögen als Eigentumsobjekte des Art. 14 I 1 GG ... 44

aa) Ansichten über den Vermögensschutz in Rechtsprechung und Literatur ... 44

bb) Ablehnung der Auffassung des Bundesverfassungsgerichts 47

cc) Vermögensbegriff und Tauschwertschutz des Eigentums 49

dd) Geldwertschutz durch Art. 14 GG ... 51

ee) Vermögensschutz durch Art. 14 GG ... 52

c) Verfassungsrechtlicher Schutz des eingerichteten und ausgeübten Gewerbebetriebes ... 54

d) Grundrechtsträger des Art. 14 GG ... 56

Dritter Teil

Paritätsänderung, Devisenkursfreigabe und Bandbreitenveränderung als inhalts- und schrankenbestimmende Regelungen des Eigentums gemäß Art. 14 I 2 GG 58

§ 1 In der Literatur vertretene Ansichten zum Verhältnis der Paritätsänderung zu Art. 14 I 2 GG ... 58

1. Die Ansicht, wonach Paritätsänderungen dem Regelungsvorbehalt des Art. 14 I 2 GG unterliegen ... 59

2. Die Auffassung, wonach Paritätsänderungen keine Inhalts- und Schrankenbestimmungen des Eigentums darstellen ... 62

a) Die unmittelbar auf die Paritätsänderung bezogene Ablehnung des Eingreifens des Art. 14 I 2 GG ... 62

b) Ablehnung der Geltung des Art. 14 I 2 GG wegen eigentumsrechtlicher Irrelevanz von Wertveränderungen des „Geldeigentums“ ... 63

c) Ablehnung des Eingreifens des Art. 14 I 2 GG wegen bloßer Globalsteuerung ... 64

§ 2 Inhalts- und Schrankenbestimmungen des Eigentums ... 65

1. Die Kennzeichen einer Inhalts- und Schrankenbestimmung des Eigentums ... 65

2. Das Verhältnis der Gesetzgebung gemäß Art. 14 I 2 GG zur Eigentumsgewährleistung des Art. 14 I 1 GG 69
a) Die Auffassungen in Literatur und Rechtsprechung 69
b) Inhalts- und Schrankenbestimmung des Eigentums nach Art. 14 I 2 GG als Grundrechtsausgestaltung 71
aa) Die Regelung des Inhaltes des Eigentums als Grundrechtsausgestaltung 72
bb) Die Regelung der Schranken des Eigentums als Grundrechtsgestaltung — Ablehnung der Eingriffs-Vorstellung .. 73
α) Schrankenbestimmung als Teil der Inhaltsbestimmung des Eigentums 73
β) Ablehnung der Eingriffs-Vorstellung wegen des Verhältnisses zwischen Grundrecht und Regelungsvorbehalt 75
3. Die „leistungsstaatliche" Seite des Regelungsvorbehaltes in Art. 14 I 2 GG 77

§ 3 Die Paritätsänderung als Inhalts- und Schrankenbestimmung des Eigentums 80
1. Kritische Würdigung der zur Eigentumsrelevanz der Paritätsänderung vertretenen Ansichten 80
a) Die eigentumsrechtliche Relevanz wirtschaftspolitischer Globalsteuerung 80
b) Wert- und Geldwertschutz des Eigentums durch Art. 14 GG .. 82
aa) Wertschutz des Eigentums durch Art. 14 GG 83
bb) Wertschutz des Geldes durch Art. 14 GG 84
c) Unmittelbar auf die Paritätsänderung bezogene Bedenken gegen das Eingreifen des eigentumsrechtlichen Regelungsvorbehaltes 86
2. Der Umfang der Eigentumsrelevanz der Paritätsänderung 89
a) Die nachteiligen Wirkungen einer Paritätsänderung 90
aa) Wertbeeinträchtigungen bei den Objekten der Individualeigentumsgarantie 90
α) Devisenbestände; Forderungen 90
β) Schulden- bzw. Vermögensbeeinträchtigungen 91
γ) Eingerichteter und ausgeübter Gewerbebetrieb 92
bb) Beeinträchtigungen der Institutsgarantie sowie der Grund- und Wertentscheidung zugunsten des Eigentums 93
b) Die positiven, „leistungsstaatlichen" Wirkungen der Paritätsänderung 94
aa) Die Paritätsänderung im System wirtschaftsbeeinflussender, leistungsstaatlicher Maßnahmen 94
α) Überblick über die Typologie der im wirtschaftlichen Bereich relevanten leistungsstaatlichen Maßnahmen .. 94
β) Merkmale leistungsstaatlicher Maßnahmen bei der Paritätsänderung 97
bb) Leistungsstaatliche Wirkungen der Paritätsänderung bei individuellen Vermögensrechten 100
cc) Leistungsstaatliche Wirkungen der Paritätsänderung auf Art. 14 GG als objektive Norm 101
c) Ergebnis 102

§ 4 Eingreifen des Art. 14 I 2 GG bei der Freigabe der Devisenkurse und bei Bandbreitenveränderungen 103

1. Die Devisenkursfreigabe als Inhalts- und Schrankenbestimmung des Eigentums 103

a) Wirkungen einer Freigabe der Devisenkurse auf das Eigentum 103

b) Die Bedeutung der rechtstechnischen Ausgestaltung; „grundrechtsrelevantes Unterlassen"? 104

c) Der Umfang der von einer Devisenkursfreigabe erfaßten Eigentumsobjekte 105

2. Eingreifen des Art. 14 I 2 GG bei Bandbreitenveränderungen 106

a) Bandbreitenerweiterung 106

b) Bandbreiteneinengung 108

§ 5 Die verfassungsrechtliche Zulässigkeit der gesetzgeberischen Inhalts- und Schrankenbestimmung des Eigentums mittels Paritätsänderung, Devisenkursfreigabe und Bandbreiteneinengung 109

1. Die Legitimation einer Paritätsänderung, Devisenkursfreigabe und Bandbreiteneinengung durch ein öffentliches Interesse 110

a) Öffentliches Interesse und Bestimmung von Inhalt und Schranken des Eigentums 110

b) Öffentliches Interesse und Paritätsänderung 112

aa) Öffentliches Interesse in bezug auf das Stabiliätsgesetz .. 113

bb) Öffentliches Interesse in bezug auf den EWG-Vertrag 114

cc) Öffentliches Interesse in bezug auf das Abkommen über den IWF 115

dd) Öffentliches Interesse und entgegenstehende Individualinteressen 116

c) Öffentliches Interesse und Devisenkursfreigabe 118

aa) Binnenwirtschaftliche und stabilitätspolitische Beurteilung einer Freigabe der Devisenkurse 118

bb) Öffentliches Interesse an einer Devisenkursfreigabe im Hinblick auf das IWFA 118

cc) Legitimation einer Devisenkursfreigabe durch ein öffentliches Interesse und EWG-Vertrag 122

d) Öffentliches Interesse und Bandbreiteneinengung 127

e) Ergebnis 127

2. Bei der Paritätsänderung, Devisenkursfreigabe und Bandbreitenverringerung zu beachtende Begrenzungen eigentumsgestaltender Regelungen nach Art. 14 I 2 GG 128

a) Überblick über die bei einer Inhalts- und Schrankenbestimmung des Eigentums zu beachtenden Grundsätze 128

b) Das Verhältnis der Begrenzungsprinzipien zueinander 130

c) Die Begrenzung durch Art. 3 GG 131

d) Die Beachtung der grundlegenden Wertentscheidung zugunsten des Privateigentums 133

e) Die Begrenzung durch das Wohl der Allgemeinheit, das Sozialstaatsprinzip und Art. 14 II GG 133
f) Die freie Entfaltung der Persönlichkeit als Maßstab einer Inhalts- und Schrankenbestimmung des Eigentums 134
g) Begrenzungen durch die Wesensgehaltssperre des Art. 19 II GG 137
h) Rechtsstaatsprinzip und Art. 14 I GG 138
aa) Begrenzung durch das Übermaßverbot 139
α) Die Bedeutung des Übermaßverbotes für eigentumsgestaltende Regelungen 139
β) Das Übermaßverbot bei Paritätsänderung, Devisenkursfreigabe und Bandbreitenverringerung 142
bb) Vertrauensschutz bei Art. 14 I GG 145
α) Vertrauensschutz und Plangewährleistung im Rahmen von Eigentumsgestaltungen 146
β) Planfortbestandsanspruch bei Paritätsänderung, Devisenkursfreigabe und Bandbreitenveränderung 148
i) Die Einhaltung der Gesetzgebungskompetenz 150

Viertel Teil

Paritätsänderung, Devisenkursfreigabe und Bandbreitenverringerung als enteignungsgleicher Eingriff 152

§ 1 Entschädigung bei Paritätsänderungen wegen enteignungsgleichen Eingriffs 153
1. Unmittelbarer Eingriff in vermögenswerte Rechte 153
a) Die Paritätsänderung als Eingriff in das durch Art. 14 GG geschützte Eigentum 153
b) Zur Unmittelbarkeit des Eingriffs 154
2. Abgrenzung von enteignenden Eingriffen gegenüber Inhalts- und Schrankenbestimmungen des Eigentums 156
a) Die Enteignungstheorien in Rechtsprechung und Literatur 156
b) Leitlinienhafte Abgrenzungsindikatoren statt fester Enteignungstheorie 159
c) Merkmale enteignender Eingriffe in den Gewerbebetrieb 161
3. Die Paritätsänderung als Eigentumsbindung oder enteignende Maßnahme 163
a) Stellungnahmen in der Literatur zur enteignenden Wirkung einer Paritätsänderung 163
b) Die Paritätsänderung als eigentumsbindende Währungsmaßnahme 164
aa) Wertbeeinträchtigungen bei Devisenbeständen, Forderungen und am Vermögen 166
α) Die Enteignung von Geld oder geldgleichen Vermögensrechten 166
β) Sonderopfer, Eingriffsschwere und Zumutbarkeit der Belastung 167

bb) Beeinträchtigungen eingerichteter und ausgeübter Gewerbebetriebe 170
α) Faktische Ungleichheit der Belastung als Sonderopfer 170
β) Zur Schwere der durch eine Paritätsänderung verursachten Beeinträchtigung 172
γ) Zumutbarkeit und Erträglichkeit der Belastung 173

4. Plangewährleistungsansprüche wegen Paritätsänderung 177
a) Die Risikoverteilung zwischen Staat und Wirtschafter als Ausgangspunkt 178
b) Überdehnung des Plangewährleistungsanspruchs bei Ersatz aller planänderungsbedingter Schäden 179
c) Plangewährleistung als abgestufter Dispositionsschutz 180
d) Planorientierte Dispositionen und Plangewährleistung bei einer Paritätsänderung 182

5. Härteausgleich außerhalb von Art. 14 III GG 184

§ 2 Entschädigung bei Devisenkursfreigaben und Bandbreitenveränderungen 187

1. Entschädigungsansprüche wegen einer Devisenkursfreigabe 187

2. Entschädigungsansprüche wegen einer Bandbreitenveränderung .. 189

Zusammenfassung 190

Literaturverzeichnis 193

Abkürzungen

ABl.	=	Amtsblatt der Europäischen Gemeinschaften
AcP	=	Archiv für civilistische Praxis
AWD	=	Außenwirtschaftsdienst des Betriebsberaters
AWG	=	Außenwirtschaftsgesetz
BAnz.	=	Bundesanzeiger
BBankG	=	Gesetz über die Deutsche Bundesbank
BFH	=	Bundesfinanzhof (Sammlung der Entscheidungen des Bundesfinanzhofs)
BIZ	=	Bank für internationalen Zahlungsausgleich
BStBl.	=	Bundessteuerblatt
BT	=	Bundestag
DIHT	=	Deutscher Industrie- und Handelstag
DJT	=	Deutscher Juristentag
DStR	=	Deutsches Steuerrecht
EA	=	Europa-Archiv
EuGH	=	Gerichtshof der Europäischen Gemeinschaften (Sammlung der Rechtsprechung des Gerichtshofes)
EuR	=	Europarecht
EWA	=	Europäisches Währungsabkommen
EWGV	=	Vertrag zur Gründung der Europäischen Wirtschaftsgemeinschaft
GATT	=	General Agreement on Tariffs and Trade
HFR	=	Höchstrichterliche Finanzrechtsprechung
IMF	=	International Monetary Fund
IWF	=	Internationaler Währungsfonds
IWFA	=	Abkommen über den Internationalen Währungsfonds
OECD	=	Organization for Economic Co-operation and Development
StbJb	=	Steuerberater-Jahrbuch
StuW	=	Steuer und Wirtschaft, Zeitschrift für die gesamte Steuerwissenschaft
SZR	=	Sonderziehungsrecht
ZHR	=	Zeitschrift für das gesamte Handelsrecht und Wirtschaftsrecht
ZöR	=	Zeitschrift für öffentliches Recht
Zs. f. d. ges. Stw	=	Zeitschrift für die gesamte Staatswissenschaft

Einleitung

Spätestens seit 1968 sind in der Bundesrepublik Fragen der Währungsparität und der Devisenkursfreigabe in das Zentrum der währungspolitischen Diskussion gerückt. Nach mehrfachen, von Währungskrisen begleiteten Aufwertungen und Devisenkursfreigaben der D-Mark soll nunmehr[1] eine grundlegende Neuordnung des Weltwährungssystems die währungspolitische Situation, und zwar nicht nur in der Bundesrepublik, bereinigen. Die bisherige Weltwährungsordnung ist seit dem Entschluß von 6 europäischen Staaten vom 11./12. 3. 1973, ein gemeinsames Floating gegenüber dem US-Dollar unter Beibehaltung fester Kurse untereinander zu betreiben, ins Wanken geraten; innerhalb der EWG herrscht dagegen wegen der eingeschränkten Schwankungsmöglichkeiten der EWG-Währungen[2] eine begrenzte Sicherheit.

Bei der öffentlichen Behandlung der Paritätsänderung, Devisenkursfreigabe und Bandbreitenveränderung fällt auf, daß rechtliche Aspekte fast völlig verdrängt werden. Im Vordergrund stehen wirtschaftliche Überlegungen. Die Möglichkeit rechtlicher Begrenzungen wird offensichtlich nicht in die Entscheidungsfindung einbezogen. Die Feststellung dieses rechtlichen „Theoriedefizits" gilt in besonderem Maße für das Verfassungsrecht. Sie ist um so erstaunlicher, als durch Art. 104 a IV und Art. 109 II GG das gesamtwirtschaftliche Gleichgewicht Eingang in die Verfassung gefunden hat. Die vorliegende Untersuchung will daher die Bezüge staatlicher Wirtschaftsgestaltung zu verfassungsrechtlichen Grundsätzen und die Rückwirkungen auf die private Wirtschaft an einem konkreten, aktuellen Beispiel verdeutlichen. Wegen der wirtschaftlichen Auswirkungen von Paritätsänderungen, Devisenkursfreigaben und Bandbreitenveränderungen liegt es nahe, als verfassungsrechtlichen Anknüpfungspunkt Art. 14 GG zu wählen.

---

[1] Die vorliegende Untersuchung wurde im wesentlichen im Frühjahr 1974 abgeschlossen. Später erschienene Literatur und nachfolgende einschlägige Rechtsprechung wurden eingearbeitet.

[2] Seit dem 24. 4. 72 darf die Schwankung zwischen den EWG-Währungen nicht mehr als 2,25 % beiderseits der Parität betragen. England, Irland und Italien haben sich nicht dem am 11./12. 3. 73 beschlossenen Block-Floaten der EWG-Währungen anschließen können, da ihre Währungen auch innerhalb der EWG frei schwanken (vgl. Bulletin der Bundesregierung Nr. 29 v. 13. 3. 1973, 256).

Ein erster Fragenbereich betrifft das Verhältnis der Paritätsänderung, Devisenkursfreigabe und Bandbreitenveränderung zu Art. 14 I GG. Zum Verständnis dieser Maßnahmen ist jedoch der Blickwinkel über Art. 14 GG hinaus auf weitere verfassungsrechtliche Bestimmungen zu erweitern. Dafür bieten sich die allgemeinen, bei Regelungen nach Art. 14 I 2 GG zu beachtenden Begrenzungsprinzipien an, die auf ihre Relevanz bei Paritätsänderungen und Devisenkursfreigaben sowie Bandbreitenveränderungen zu überprüfen sind. Im Rahmen des Art. 14 GG will die Untersuchung daher über die — insbesondere von *Hoffmann*[3] gestellte — Frage, ob eine Paritätsänderung als Inhalts- und Schrankenbestimmung des Eigentums anzusehen ist, hinausgehen.

Ein zweiter Problemkreis knüpft sich an die mit Paritätsänderungen und Devisenkursfreigaben verbundenen nachteiligen Wirkungen für die tangierten Wirtschafter. Die regelmäßig bei Paritätsänderungen und Devisenkursfreigaben aufkommenden Klagen der betroffenen Wirtschaftskreise lassen es angezeigt erscheinen, nach dem Vorliegen von Entschädigungsvoraussetzungen zu suchen. Neben den herkömmlichen Entschädigungsinstituten ist besonders ein Plangewährleistungsanspruch in Betracht zu ziehen.

Im Verlauf der Arbeit sind daher zunächst Begriff und Wirkungen der Paritätsänderung, Devisenkursfreigabe und der Bandbreitenveränderung darzustellen (1. Teil) und die Konturen des verfassungsrechtlichen Eigentumsbegriffes unter Berücksichtigung der Paritätsänderung zu erhellen (2. Teil). In einem dritten Teil ist die Bedeutung von Paritätsänderung, Devisenkursfreigabe und Bandbreitenveränderung für Art. 14 I 2 GG aufzuzeigen, wobei der „leistungsstaatliche" Aspekt des Regelungsvorbehaltes des Art. 14 I 2 GG ebenso in die Betrachtung einzubeziehen ist wie die verfassungsrechtlichen Anforderungen an die untersuchten Maßnahmen. Schließlich müssen mögliche, durch die beeinträchtigenden Wirkungen der währungspolitischen Maßnahmen ausgelöste Entschädigungsansprüche erörtert werden (4. Teil).

Aus der Betrachtung soll der Rechtscharakter der Paritätsänderung, Devisenkursfreigabe und einer Bandbreitenveränderung ausgeklammert bleiben[4]. Ebenso die Frage nach der Ermächtigungsgrundlage für die untersuchten Maßnahmen und dem zu ihrer Ergreifung legitimierten Organ[5].

---

[3] *Hoffmann*, Währungsparität, 51 ff.

[4] Hierzu insbesondere *Hall*, 118 ff.; *Tomuschat*, 25 ff.

[5] Siehe dazu besonders *Hoffmann*, Währungsparität, 143 ff.

Erster Teil

Begriff und Wirkungen der Paritätsänderung, der Freigabe der Devisenkurse und der Bandbreitenveränderung

§ 1 Begriffe

1. Währung

Paritätsänderung, Devisenkursfreigabe und Bandbreitenveränderung sind dem Bereich der Währung zuzuordnen, die die umfassende, durch Währungseinheiten ausgedrückte Geldordnung eines Staates darstellt[1]. Der Begriff *Währung* kennzeichnet zwar die sedes materiae, ihm kommt jedoch nur eine allgemein umschreibende Funktion zu, die der Eingrenzung und Konkretisierung bedarf, um praktikabel zu werden[2]. Zum Währungswesen gehört die formale Bestimmung der Geldeinheit[3] und die institutionelle Einrichtung des Währungswesens[4] ebenso wie die Währungspolitik als konkrete Aufgabenstellung insbesondere für die Bundesregierung und die Bundesbank gemäß § 3 BBankG[5].

Für die systematische Einordnung der Paritätsänderung, Devisenkursfreigabe und Bandbreitenveränderung ist die Differenzierung zwischen dem *Binnenwert* und dem *Außenwert* einer Währung herauszustellen. Aus den vier Funktionen des Geldes als Wertmesser (bezogen auf die Maßeinheit), als Wertträger, nicht ablehnbares Zahlungsmittel und als Tauschmittel[6] ergibt sich, daß eine Eigenschaft der Währung in deren Wertfunktion zu sehen ist. Sowohl der Gegenstand als auch die Bestimmungsfaktoren des Wertes einer Währung sind jedoch ver-

---

[1] Vgl. *Fögen*, Währungsrecht, 35; *Lipfert*, Währungspolitik, 1 f.; *Hoffmann*, Währungsparität, 3; *Hall*, 11; *v. Spindler / Becker / Starke*, Einleitung S. 3; siehe auch *Veit*, Währungspolitik, 25 f. (m. w. N.).

[2] So auch *Fögen*, Währungsrecht, 35.

[3] *Lipfert*, Währungspolitik, 1.

[4] Vgl. Art. 88 GG.

[5] Vgl. *Hamann / Lenz*, Art. 73 Anm. 4.

[6] So die Bestimmung von *Hahn*, Geld, 7; ähnlich *Hoffmann*, Währungsparität, 26 ff.; *Simitis*, AcP 159 (1960/61), 413 ff.; *Maass*, 35 ff.; vgl. auch *Mann*, Recht des Geldes, 1 ff. *Fögen*, Währungsrecht, 7 stützt seinen Geldbegriff im Rechtssinn ausschließlich auf die Qualität des Geldes als nicht ablehnbares Zahlungsmittel.

schieden, je nachdem, ob man ein einzelnes Währungsgebiet oder das Verhältnis verschiedener Währungen zueinander betrachtet. Der Wert einer Währung in einem bestimmten Währungsgebiet wird als Binnenwert bezeichnet, der mit der Kaufkraft der Währung identisch ist[7]. Der innere Geldwert wird durch die gewogenen Preise verschiedener Güter und Leistungen bestimmt[8]. Im Verhältnis verschiedener Währungen zueinander drückt sich deren Außenwert aus[9]. Als Wertmesser können ein Währungsmetall, eine fremde Währung allein, ein Währungsmetall in Verbindung mit einer fremden Währung oder — seit dem 28. 7. 1969 — auch die Sonderziehungsrechte dienen, die allerdings ihrerseits wieder in Gold definiert werden[10]. Die mit der Paritätsänderung und Devisenkursfreigabe zusammenhängenden Fragen sind spezifisch auf den Außenwert der Währung gerichtet.

2. Devisenkurs und Währungsparität

Der Außenwert verschiedener Währungsarten wird durch deren Wechsel- bzw. Devisenkurs bestimmt[11]. Unter dem *Devisenkurs* versteht man „den Preis der inländischen Währung, der für eine bestimmte Einheit von Zahlungsmitteln ausländischer Währung beim Verkauf gezahlt wird oder beim Ankauf zu zahlen ist"[12]. Der Devisenkurs bildet sich durch Angebot und Nachfrage auf dem Devisenmarkt; der Preis pendelt sich an dem Schnittpunkt von Angebot und Nachfrage

---

[7] *Fögen*, Währungsrecht, 42; *Tomuschat*, 31.

[8] Vgl. *Lipfert*, Währungspolitik, 12; *Arndt*, 265.

[9] *Fögen*, Währungsrecht, 44; *Arndt*, 265.

[10] Sonderziehungsrechte stellen also keinen selbständigen Wertmaßstab dar.

[11] Die Terminologie ist nicht einheitlich; von einem *Wechselkurs* sprechen *Hall*, 13; *Henn*, AWD 1961, 61; *Meimberg*, Der Streit um den *Wechselkurs* der D-Mark; *Maass*, *Wechselkurs* und Güterwirtschaft; *Mann*, Recht des Geldes, 378 ff.; *Veit*, Währungspolitik, 36, 77: *Meyer / Stadtmüller*, Flexible *Wechselkurse* in der Währungsrechtsordnung, ZHR 1972, 31; *Pohmer / Göckeler*, 74; *Heuss*, 101; *Lutz*, Währungsordnung, 1; *Altvater*, 142; *Stützel*, 15; *Dürr*, 167; *Hankel*, Währungspolitik, 127 ff. Der Ausdruck *Devisenkurs* findet sich bei *Hoffmann*, Währungsparität, 4 f.; *Hoffmann-Riem*, BB 1969, 1377 (dessen Ansicht, die Terminologie „Devisenkurs" beginne sich durchzusetzen, nicht realistisch sein dürfte, wenngleich Hoffmann-Riem darin zuzustimmen ist, daß der Ausdruck „Devisenkurs" gegenüber dem historisch belasteten Terminus „Wechselkurs" vorzuziehen ist). Uneinheitlich *Lipfert*, Währungspolitik, 5 f. (vgl. dort auch Fußn. 3 auf S. 5); *Huber*, Wirtschaftsverwaltungsrecht, Bd. 1, 491, Bd. 2, 248. Zum Teil wird — sachlich synonym — der Ausdruck „Valutakurs" gebraucht; so *Kühne*, Marxismus Digest 1972, H. 3, 101.

[12] So die Definition von *Huber*, Wirtschaftsverwaltungsrecht, Bd. 2, 248; vgl. auch *Altvater*, 142; *Lipfert*, Währungspolitik, 102; *Hall*, 13; *Hoffmann*, Währungsparität, 4; *Maass*, 46 ff.; ohne Verf., Besteuerung und Währung im Gemeinsamen Markt, 39; *Thieme*, Das Wirtschaftsstudium 1972, 65; *Landes*, 91.

ein. Wesentlich für die Kennzeichnung des Devisenkurses ist, daß es sich um eine *tatsächliche* Austauschrelation in einem bestimmten Zeitpunkt handelt[13]. Im Zeitablauf ist er üblicherweise ständigen Fluktuationen unterworfen[14].

Im Unterschied zum Devisenkurs stellt die *Währungsparität* ein *abstraktes*, hoheitlich festgelegtes Wertverhältnis einer Recheneinheit einer Währung zu einer bestimmten Menge eines Währungswertmessers dar[15]. Wenn zur Bezeichnung der Parität eine andere Währung herangezogen wird, so kann diese ihrerseits wieder auf ein Währungsmetall bezogen sein[16]. Sofern Gold als alleiniges Reservemedium fungiert, handelt es sich um eine Goldparität[17]; wenn als Wertmesser der Währung die Währung eines anderen Staates dient, spricht man von einem Devisenstandard[18]. Soweit eine Währungsparität sowohl hinsichtlich einer anderen Währung als auch in Bezug auf ein Währungsmetall festgelegt ist, liegt eine Gold-Devisenparität oder ein Gold-Devisenstandard vor[19]. Für die Mitglieder des IWF bestimmt Art. IV Abschnitt 1 (a) des IWFA, daß der Wert der Währung jedes Mitgliedes in Gold als gemeinsamem Maßstab oder in US-Dollar nach dessen Verhältnis zum Gold am 1. 7. 1944 ausgedrückt wird.

Die Währungsparität läßt sich nach Einführung der Sonderziehungsrechte — der Special Drawing Rights — im Weltwährungsfonds in den am 28. 7. 1969 in Kraft getretenen[20] Artikeln XXII ff. des IWFA[21] auch durch das Verhältnis einer Währungseinheit zu einer Einheit der Sonderziehungsrechte angeben[22], die sowohl mit einer Devisenkurs- als

---

[13] *Lipfert*, Währungspolitik, 102.

[14] Vgl. zu den Begrenzungen der Devisenkursschwankungen die Ausführungen zum Zusammenwirken von Parität, Devisenkurs und Bandbreite (1. Teil, § 2, 1).

[15] *Brackmann*, 12, will, wenn als Wertmesser der Parität nur eine andere Währung dient, nicht von einer Parität, sondern von einem Wechselkurs sprechen. Wenn auch der Frage angesichts der Regelungen im IWFA nur geringe Bedeutung zukommt, ist es doch zutreffender, ein *abstrakt* festgesetztes Wertverhältnis in jedem Fall als Parität zu bezeichnen und dem Devisenkurs die Bezeichnung der tatsächlichen Austauschrelation vorzubehalten.

[16] Vgl. *Hoffmann*, Währungsparität, 6; *Hall*, 13 f.; *Brackmann*, 11.

[17] *Lipfert*, Währungspolitik, 101; *Thieme*, Das Wirtschaftsstudium 1972, 66.

[18] *Mann*, Recht des Geldes, 374.

[19] *Thieme*, Das Wirtschaftsstudium 1972, 66 f.

[20] Vgl. IMF Annual Report 1970, 28.

[21] Vgl. die Art. XXII ff. IWFA in der Fassung vom 31. 12. 1968, BGBl. 1968, Teil II, 1227, 1232 ff.

[22] Der Leitkurs der D-Mark wird seit dem 19. 3. 1973 in SZR ausgedrückt (siehe 1. Teil, § 3 [a. E.]); vgl. dazu die Monatsberichte der Deutschen Bundesbank ab November 1972, Stat. Teil IX, 10.

auch mit einer Goldwertgarantie versehen sind[23]. Der Wert einer Einheit Sonderziehungsrechte entspricht 0,888671 Gramm Feingold[24], so daß dieser Wert auch als Vergleich zu den Währungseinheiten der jeweiligen Währung dienen kann. Bis Februar 1973 war allerdings für diejenigen Mitgliedsländer des IWF, die mit dem Fonds keine Goldparität vereinbart haben, auch keine Parität in Special Drawing Rights festgesetzt[25]. Diese Praxis mußte der IWF jedoch auf Grund der internationalen Währungskrise im Februar 1973 aufgeben. Die Währungen derjenigen Staaten, die zwar keine Goldparität, jedoch Leitkurse gegenüber dem US-Dollar mit dem IWF vereinbart haben, werden nunmehr auch in einer SZR-Parität angegeben[26].

Die Währungsparität bestimmt ebenso wie der Devisenkurs den Außenwert der Währung. Der Währungsparität kommt jedoch eine überragende Bedeutung insofern zu, als gemäß Art. IV, Abschnitt 1 (b) IWFA alle Berechnungen von Mitgliederwährungen auf der Grundlage ihrer Paritäten vorgenommen werden.

3. Auf- und Abwertung (Paritätsänderung)

Eine Aufwertung — Revalvation — liegt vor, wenn das Außenwertverhältnis der Währung in Bezug auf den jeweiligen Wertmesser durch hoheitlichen Akt erhöht wird; umgekehrt spricht man von einer Abwertung — Devalvation —, wenn dieses Verhältnis verringert wird. Die unter dem Begriff Paritätsänderung zusammengefaßte Auf- und Abwertung sind damit unmittelbar nur auf das *nominelle* Wertverhältnis der Währung, d. h. die Währungsparität, nicht aber zugleich auch auf die Devisenkurse bezogen[27]. Die Devisenkurse werden durch eine Paritätsänderung rechtstechnisch erst in einem zweiten Schritt — dem Vollzug der Parität bei konkreten Devisen- bzw. Goldgeschäften — beeinflußt. Faktisch besteht allerdings zwischen Paritätsänderung und Paritätsvollzug ein enger Zusammenhang[28]; notwendig ist diese Verknüpfung, wie z. B. ein System multipler Devisenkurse zeigt[29], jedoch nicht.

---

[23] Art. XXV, Abschnitt 8; Art. XXI, Abschnitt 2 IWFA.

[24] Art. XXI, Abschnitt 2 IWFA.

[25] Vgl. Monatsbericht der Deutschen Bundesbank, März 1973, Stat. Teil IX, 10.

[26] Siehe Monatsbericht der Deutschen Bundesbank, April 1973, Stat. Teil IX, 10.

[27] Anders der Auf- und Abwertungsbegriff bei *Hoffmann,* Währungsparität, 7, der unter einer Paritätsänderung auch den Paritätsvollzug, d. h. die Änderung der Devisenkurse versteht.

[28] Vgl. dazu 1. Teil, § 2, 1.

Die Auf- bzw. Abwertung erfolgt durch hoheitlichen Akt des zuständigen Organs. Geringfügige Veränderungen des Außenwertes einer Währung, die vom Staat durch An- oder Verkauf von Devisen erzielt werden, gelten nicht als Auf- oder Abwertung im Sinne der hier gebrauchten Definition[30]. Da Auf- und Abwertung auf die Parität zu beziehen sind, ist eine Veränderung der Parität in den Fällen, in denen eine Gold- oder Gold-Devisen-Parität besteht, durch eine Intervention am Devisenmarkt ohnehin nicht zu erreichen, sondern kann nur durch eine Vereinbarung mit dem für die Parität zuständigen völkerrechtlichen Organ erfolgen. Aber selbst dann, wenn nur ein Devisenstandard existiert, ist die Änderung der Parität von der Fluktuation des Devisenkurses um die Parität innerhalb der vorgeschriebenen Bandbreite zu unterscheiden.

Bezugsobjekte einer Paritätsänderung sind nur die auf- bzw. abgewertete Währung und der Währungswertmesser, z. B. das Gold. Da die im IWF zusammengeschlossenen Länder mit dem IWF eine Gold- bzw. Gold-Dollar- oder Sonderziehungsrechte-Parität vereinbart haben[31], beeinflußt jede Paritätsänderung eines Mitgliedsstaates — infolge des gleichen Währungswertmessers — jedoch nicht nur das eigene Außenwertverhältnis gegenüber dem Wertmaßstab, sondern zugleich das Verhältnis des Außenwertes der auf- bzw. abgewerteten Währung gegenüber allen anderen Mitgliedsländern des IWF[32].

§ 2 Das Zusammenwirken von Parität, Devisenkurs und Bandbreite in der Welt- und europäischen Währungsordnung

1. Die Verknüpfung von Parität, Devisenkurs und Bandbreite

Das Zusammenspiel von Parität, Devisenkurs und Bandbreite in der Bundesrepublik wird hauptsächlich durch die einschlägigen Bestimmungen des 1944 getroffenen Abkommens über den IWF — insbesondere durch Art. IV IWFA — geregelt, dem die Bundesrepublik durch Gesetz vom 28. 7. 1952 beigetreten ist[33]. Gemäß Art. IV, Abschnitt 1 (a) IWFA werden die Währungsparitäten der Mitglieder des IWF in Gold

[29] Vgl. dazu Art. VIII, Abschnitt 3 IWFA; *Veit*, Währungspolitik, 728 f.; *Hoffmann*, Währungsparität, 118; *Börner*, EuR 1966, 105; *de Vries*, Multiple Exchange Rates, 122 ff.

[30] So aber *Huber*, Wirtschaftsverwaltungsrecht, Bd. 1, 491.

[31] Vgl. *Lipfert*, Währungspolitik, 39.

[32] Siehe *Lipfert*, Währungspolitik, 39.

[33] „Gesetz über den Beitritt der Bundesrepublik Deutschland zu dem Abkommen über den Internationalen Währungsfonds und über die Internationale Bank für Wiederaufbau und Entwicklung", BGBl. 1952, Teil II, 637.

oder in US-Dollar im Gewicht und in der Feinheit vom 1. 7. 1944 ausgedrückt.

Devisenkurs und Parität sind für die dem IWF angeschlossenen Staaten dadurch miteinander verknüpft, daß die Höchst- und Mindestkurse für Devisengeschäfte zwischen Fonds-Mitgliedern nur innerhalb einer bestimmten Spanne von der vereinbarten Parität abweichen dürfen[34]. Diese Bandbreite beträgt nach den Washingtoner Beschlüssen der sogenannten Zehnergruppe vom 17./18. 12. 1971 2,25 % oberhalb und unterhalb der Parität, d. h. die gesamte Schwankungsbreite der Mitgliederwährungen des IWF gegenüber dem US-Dollar beläuft sich auf 4,5 %[35].

Für die Mitgliedsländer des Europäischen Währungsabkommens, dem die Bundesrepublik seit dem 26. 8. 1959 angehört[36], gilt neben der vom IWF festgesetzten Bandbreite von plus/minus 2,25 % eine besondere Bandbreitenvereinbarung. Die in der EWA zusammengeschlossenen Staaten sind zwar infolge ihrer gleichzeitigen Zugehörigkeit zum IWF an die im IWFA fixierten Bandbreiten gebunden, doch haben die EWA-Mitgliedsstaaten von der in Art. 9 EWA vorgesehenen Möglichkeit der eigenständigen Bandbreitenregelung Gebrauch gemacht[37]. Nach den Washingtoner Vereinbarungen vom Dezember 1971 ist die Schwankungsbreite zwischen den EWG-Währungen mit Wirkung vom 24. 4. 1972 ebenfalls auf 2,25 % jeweils zu beiden Seiten der Parität, also maximal 4,5 % festgelegt worden[38]. Diese Bandbreite ist zwar nominell der im IWFA für die Mitglieder des IWF bestimmten Bandbreite gleich, sie reduziert jedoch die sogenannten „cross rates" zwischen den EWG-Währungen um die Hälfte[39], indem sie den kumulativen Effekt[40] der IWFA-Bandbreiten im Verhältnis der EWG-Partner untereinander ausschließt. Auf Grund der mit dem IWF vereinbarten Bandbreite von plus/minus 2,25 % wäre es nämlich möglich, daß sich eine tatsächliche

---

[34] Art. IV, Abschnitt 3 IWFA.

[35] Vgl. *Werner*, EA 1972, 333; *Carli*, EA 1972, 247; *Hankel*, EA 1972, 37; *Lutz*, Währungsordnung, 27; Jahresgutachten 1972, Textzif. 102; Sondergutachten 1972, Textzif. 2; Geschäftsbericht der Deutschen Bundesbank 1971, 43. Die frühere maximale Schwankungsbreite betrug 2 %; vgl. Art. IV, Abschnitt 3 (i) IWFA i. d. F. vom 28. 7. 1952.

[36] Bekanntmachung vom 11. 9. 1959, BGBl. 1959, Teil II, 1016.

[37] Vgl. dazu auch *Hoffmann*, Währungsparität, 133.

[38] Geschäftsbericht der Deutschen Bundesbank 1971, 52; Jahresgutachten 1972, Textzif. 2, 105; Sondergutachten 1972, Textzif. 2; *Davidson*, EA 1972, 614; *Werner*, EA 1972, 333. Bis Mai 1971 betrug die Schwankungsbreite der EWA-Währungen 0,75 % ober- und unterhalb der Parität; vgl. *Hoffmann*, Währungsparität, 133; *Veit*, Währungspolitik, 762.

[39] Vgl. Geschäftsbericht der Deutschen Bundesbank 1971, 52.

[40] Siehe *Lutz*, Währungsordnung, 21 f.; *Lipfert*, Währungspolitik, 253 Fußn. 46; *Hoffmann*, Währungsparität, 133 (m. w. N.).

Kursfluktuation von 9 % zwischen zwei EWG-Währungen ergibt[41]; eine Spanne, die bereits Zahlungs- und Handelsschwierigkeiten hervorrufen könnte. Da aber die Bandbreitenregelungen im EWA unmittelbar das Verhältnis der Währungen der EWA-Mitgliedsländer bestimmen, beträgt die maximale Schwankungsbreite zwischen diesen Währungen 4,5 %.

Das internationale Währungssystem hat somit zwischen den beiden Extrem-Varianten flexibler Devisenkurse, d. h. sich auf Grund von Angebot und Nachfrage am Devisenmarkt frei bildender Austauschrelationen, und starrer Devisenkurse, d. h. durch staatliche Intervention konstant gehaltenen Kursen[42], einen Mittelweg mit einer auf fixierten Paritäten beruhenden limitierten Flexibilität der Devisenkurse gewählt[43]. Die Grenzen der Bandbreite werden als Interventionspunkte bezeichnet[44]. Für die Mitgliedsländer des IWF besteht nach Art. IV, Abschnitt 4 (b) IWFA die Verpflichtung, die Devisenkassakurse innerhalb der Bandbreite zu halten. Die Zentralbanken intervenieren zu diesem Zweck durch An- oder Verkauf von Devisen am Devisenkassamarkt.

Die Änderung der nominellen IWFA-Währungsparität hat entsprechend der Verbindung von Währungsparität und Devisenkursen eine Verlagerung der Devisenkurse in den Grenzen der sich durch die neue Parität ergebenden Bandbreite zur Folge. Die Paritätsänderung führt damit zugleich zu einer Veränderung der Devisenkurse und der Lage der Bandbreite im Verhältnis zur früheren Parität[45]. Von einer Bandbreiten*veränderung* spricht man jedoch nur dann, wenn der Umfang der Schwankungsbreite der Devisenkurse in Bezug auf die Parität vergrößert oder verkleinert wird. Die Bandbreitenveränderung ist daher, da sie sich nicht auf die Paritätsänderung bezieht, nicht von dieser abhängig und stellt ihr gegenüber eine eigenständige währungspolitische Maßnahme dar[46].

---

[41] Vgl. das erläuternde Beispiel zu diesen „cross rates" bei *Davidson*, EA 1972, 614. Die „cross rates" zwischen Währungen ergeben sich, wenn man die auf Grund der IWFA-Parität möglichen maximalen Bandbreitenabstände mit der einen Währung auf dem höchsten und der anderen Währung auf dem niedrigsten Punkt — und umgekehrt — miteinander addiert.

[42] Vgl. *Thieme*, Das Wirtschaftsstudium 1972, 65.

[43] *Lipfert*, Währungspolitik, 102.

[44] *Thieme*, Das Wirtschaftsstudium 1972, 67; *Veit*, Währungspolitik, 762. Der Ausdruck „Interventionspunkt" ist jedoch insofern nicht völlig zutreffend, als die hoheitliche Intervention am Devisenmarkt regelmäßig nicht erst dann erfolgt, wenn die Grenze der Bandbreite bereits erreicht worden ist, sondern die Intervention setzt mit ihrem Stabilisierungseffekt schon zu einem früheren Zeitpunkt ein. Vgl. auch *Pfleiderer*, in: Planung III, 417 Fußn. 14.

[45] Seit 1945 hat es in den dem IWF angeschlossenen Ländern mehr als 250 Paritätsänderungen gegeben; *Köllner*, 157.

[46] Vgl. *Lutz*, Währungsordnung, 21 f.

2. Die Freigabe der Devisenkurse

Eine wichtige Ausnahme von dem Zusammenhang zwischen Parität und Devisenkurs bildet die Freigabe des Devisenkurses, das sogenannte „Floating“[47]. Bei einer Freigabe des Devisenkurses bleibt zwar die Parität bis zu einer neuen Vereinbarung unverändert, die Zentralbank stellt jedoch ihre Interventionen auf dem Devisenmarkt zwecks Einhaltung der Bandbreite ein, so daß sich der Devisenkurs auf Grund von Angebot und Nachfrage frei entwickeln kann[48]. Die Freigabe des Devisenkurses bedeutet zunächst nur, daß die Stützung des Devisenkurses in den Grenzen der Bandbreite unterbleibt, nicht jedoch zugleich, daß sich die Zentralbank jeder Intervention am Devisenmarkt enthält. Vielmehr sind die Zentralbanken bemüht, nach der Freigabe der Devisenkurse z. B. zuvor zugeflossene Devisen[49], die auf Grund der Interventionspflicht angekauft werden mußten, wieder abzugeben[50]. Auch in der Zeit des Floatings werden die Devisenkurse daher nicht allein von den privaten Wirtschaftern, sondern ebenso durch hoheitliche Einflußnahme gestaltet[51].

Die Ursachen, die zur Freigabe der Devisenkurse führen, können verschiedenartig und vielschichtig sein. Die Entscheidung für ein Floating kann z. B. darauf beruhen, daß ein Staat seine Parität erst festsetzen will, nachdem die Devisenkurse sich auf dem freien Markt auf ein neues Wertverhältnis eingespielt haben[52]; die Devisenkursfreigabe kann auch dadurch motiviert sein, daß ein Land sich auf Grund erheblicher wirtschafts- und währungspolitischer Unsicherheiten nicht auf

---

[47] Vgl. aus dem umfassenden Schrifttum *Morawitz*, EuR 1971, 335 ff.; *Tomuschat*, 4 ff.; *de Vries*, Fluctuating Exchange Rates, 152 ff.; *Meyer / Stadtmüller*, ZHR 1972, 31 ff.; *Küng*, Wirtschaftswissenschaftl. Studium 1972, 154; *Emminger*, Zs. f. d. ges. Kreditwesen 1957, 733; *Hexner*, 67 ff.; *Stoffers*, 10 ff.; *Hoffmann*, Währungsparität, 116; *Hoffmann-Riem*, BB 1969, 1378 f.; IMF Annual Report 1951, 38 ff.; *G. Meier*, AWD 1969, 401 f.; *Hahn*, Geld, 41 ff.; *Marsh*, Ordo XIX (1968), 398 ff.; *Krämer*, 9 f. Zur umstrittenen Frage der Zulässigkeit flexibler Devisenkurse siehe 3. Teil, § 5, c passim.

[48] Der Sachverständigenrat zur Begutachtung der gesamtwirtschaftlichen Entwicklung hat in seinem Sondergutachten „Zur konjunktur- und währungspolitischen Lage im Mai 1971“ vom 24. 5. 1971, Textziff. 24, die Freigabe des Devisenkurses interpretiert als „eine Bandbreitenerweiterung — ohne Bekanntgabe des Bandes — mit der Absicht, die Bandbreite nach einer gewissen Zeit auf das alte Maß zu reduzieren“.

[49] Laut Geschäftsbericht der Deutschen Bundesbank 1971, 16 und 108 sind die Währungsreserven der Deutschen Bundesbank von Anfang 1971 bis zur Freigabe des Devisenkurses am 10. 5. 1971 um 19 Mrd. DM angewachsen; in den letzten 3 Tagen vor Schließung der Devisenbörsen am 5. 5. 1971 allein um 8 Mrd. DM.

[50] Vom 10. 5. 1971 bis Ende Juli 1971 flossen 6 Mrd. DM wieder aus der Bundesrepublik ab (Geschäftsbericht der Deutschen Bundesbank 1971, 16).

[51] *Hahn*, Geld, 43; *Stoffers*, 12; *Lutz*, Währungsordnung, 12.

[52] Vgl. IMF Annual Report 1951, 37.

eine bestimmte Parität festzulegen vermag[53]. In der Geschichte des IWF hat es sowohl eng begrenzte Devisenkursfreigaben gegeben — so in der Bundesrepublik vom 29. 9. 1969 bis zum 24. 10. 1969[54] — als auch jahrelanges Floating, wie das des kanadischen Dollars vom September 1950 bis Mai 1962[55]. Bei der nur kurzfristigen Freigabe der Devisenkurse wird der Zusammenhang mit einer Paritätsänderung deutlich: Die Devisenkursfreigabe stellt den Auftakt der Paritätsänderung durch Aufgabe bzw. Unverbindlichwerden der alten Parität dar[56]; mit Abschluß der Devisenkursfreigabe wird zugleich eine neue Parität mit dem IWF vereinbart.

§ 3 Die Entwicklung der Währungsparität in der Bundesrepublik seit 1948

Nach dem zweiten Weltkrieg wurde mit Wirkung vom 21. 8. 1948 die Deutsche Mark als Währung und Rechnungseinheit durch das erste Gesetz zur Neuordnung des Geldwesens — das sogenannte Währungsgesetz — vom 20. 6. 1948 im amerikanischen, britischen und französischen Kontrollgebiet eingeführt[57]. Eine Währungsparität war im Währungsgesetz nicht festgelegt und auch nicht mit dem IWF vereinbart, da zu dieser Zeit auf Grund der politischen Verhältnisse eine Mitgliedschaft im IWF noch nicht möglich war. Soweit überhaupt Außenhandelsgeschäfte zulässig waren[58], setzten die Besatzungsmächte den Kurs der D-Mark auf 0,30 US-Dollar = 0,2666 gr. Feingold fest[59].

Am 19. 9. 1949[60] wurde die D-Mark von der Bundesregierung entsprechend dem Vorschlag des Zentralbankrates der damaligen Bank Deutscher Länder auf 0,238095 US-Dollar = 1 DM = 0,211588 gr. Feingold abgewertet[61], wogegen die Alliierte Hohe Kommission keine Einwände erhob[62]. Der Abwertungssatz betrug damit 20,6 %[63]; ein US-

---

[53] Vgl. IMF Annual Report 1951, 39; *Horsefield*, 274.

[54] Vgl. Monatsberichte der Deutschen Bundesbank, Okt. 1969, 5 und die Bekanntmachung im Bundesanzeiger Nr. 201 v. 28. 10. 1969, S. 1.

[55] Vgl. *de Vries*, Fluctuating Exchange Rates, 159 ff.; *Hoffmann*, Währungsparität, 116.

[56] *Hoffmann-Riem*, BB 1969, 1378.

[57] Vgl. § 1 I Währungsgesetz; Gesetz Nr. 61 im amerikanischen und britischen Kontrollgebiet, Verordnung Nr. 158 im französischen Kontrollgebiet.

[58] Vgl. dazu *Veit*, Währungspolitik, 597.

[59] Vgl. *Caspers*, BB 1961, 342; *Fögen*, Währungsrecht, 59; *Hoffmann*, Währungsparität, 34; *Veit*, Währungspolitik, 597; *Brackmann*, 48, 91.

[60] Laut Geschäftsbericht der Bank Deutscher Länder 1948/49, 34.

[61] Vgl. *Fögen*, Währungsrecht, 59.

[62] Entscheidung Nr. 1 der Alliierten Hohen Kommission, in: Amtsblatt der Hohen Alliierten Kommission in Deutschland v. 23. 9. 1949, S. 27.

[63] Geschäftsbericht der Bank Deutscher Länder 1948/49, 11.

Dollar entsprach 4,20 DM. Da jedoch andere Handelsländer gleichzeitig in noch höherem Maße abwerteten, kam der deutschen Abwertung tatsächlich die Wirkung einer Aufwertung zu[64].

Am 14. 8. 1952 trat die Bundesrepublik dem IWF bei[65]. Eine Parität der D-Mark wurde in dem Beitrittsabkommen nicht festgelegt; jedoch hat das Direktorium des IWF am 30. 1. 1953 den Vorschlag der Bundesrepublik, die bisherige Parität beizubehalten, gebilligt[66].

Am 4. 3. 1961 beschloß die Bundesregierung, die D-Mark mit Wirkung vom 6. 3. 1961 gegenüber der bisherigen Parität um ca. 4,75 %[67] aufzuwerten. Einer D-Mark entsprachen nunmehr 0,222168 gr. Feingold = 0,25 US-Dollar, d. h. 4 DM = 1 US-Dollar. Die Entscheidung der Bundesregierung, die auch die Zustimmung des IWF fand[68], wurde zunächst auf einer Pressekonferenz am 5. 3. 1961 der Öffentlichkeit mitgeteilt[69]. Am 7. 3. 1961 erschien im Bulletin des Presse- und Informationsamtes der Bundesregierung eine kurze Mitteilung mit einer knappen Begründung zum Aufwertungs-Beschluß[70]. Die neue Parität wurde durch eine auf den 8. 3. 1961 datierte Bekanntmachung im Bundesanzeiger vom 9. 3. 1961 veröffentlicht[71].

Die dritte Paritätsänderung der D-Mark erfolgte 1969, nachdem die außenwirtschaftliche Absicherung mit Hilfe des als Aufwertungsersatz eingesetzten sogenannten Absicherungsgesetzes[72] mißlungen war[73]. Unmittelbar nach den Bundestagswahlen am 28. 9. 1969 beschloß die Bundesregierung, die Devisenkurse freizugeben[74], d. h. sie wies die

---

[64] Geschäftsbericht der Bank Deutscher Länder 1948/49, 11 und 34. Zu den wirtschaftlichen Auswirkungen der Abwertung vom September 1949 vgl. *Kaltefleiter*, 104.

[65] Beitrittsgesetz vom 28. 7. 1952 (BGBl. 1952, Teil II, 637) und Bekanntmachung vom 16. 8. 1952 (BGBl. 1952, Teil II, 728).

[66] Mitteilung des Bundesministeriums für Wirtschaft im Bundesanzeiger Nr. 25 v. 6. 2. 1953, S. 8.

[67] *Caspers*, BB 1961, 341.

[68] BAnz. Nr. 48 v. 9. 3. 1961, S. 2.

[69] Vgl. Bulletin der Bundesregierung Nr. 46 v. 8. 3. 1961, S. 417. Die Begründung von Minister Erhard zum Aufwertungs-Beschluß wurde am 8. 3. 1961 im Bulletin der Bundesregierung Nr. 46 v. 8. 3. 1961, S. 417 ff. veröffentlicht.

[70] Bulletin der Bundesregierung Nr. 45 v. 7. 3. 1961, S. 405.

[71] BAnz. Nr. 48 v. 9. 3. 1961, S. 2.

[72] „Gesetz über Maßnahmen zur außenwirtschaftlichen Absicherung gemäß § 4 des Gesetzes zur Förderung der Stabilität und des Wachstums der Wirtschaft“ vom 29. 11. 1968 (BGBl. 1968, Teil I, 1255); teilweise aufgehoben durch Verordnung vom 28. 10. 1969 (BGBl. 1969, Teil I, 2045).

[73] Vgl. dazu BVerfGE 30, 250, 264.

[74] Zuvor blieben die Devisenbörsen am 25., 26. und 29. 9. 1969 geschlossen (vgl. Jahresgutachten 1969, Tabelle 7, S. 37).

Bundesbank an, ihre Interventionen am Devisenmarkt vorübergehend einzustellen[75]. In der Zeit der flexiblen Devisenkurse stieg der DM-Kurs ständig an[76]. Mit Zustimmung des IWF[77] entschied sich das Bundeskabinett am 24. 10. 1969 für eine Aufwertung der D-Mark um 8,5 % mit Wirkung vom 27. 10. 1969[78] und kehrte damit zu einer festen Parität und begrenzten Bandbreiten zurück. Die neue DM-Parität betrug 27,3224 US-Cents = 0,242806 gr. Feingold, d. h. 1 US-Dollar entsprach 3,66 DM[79]. Das Veröffentlichungsverfahren glich dem der Aufwertung des Jahres 1961. Nachdem die Paritätsänderung zunächst nur vom Bundeswirtschaftsminister auf einer Pressekonferenz mitgeteilt worden war[80], erschien am 28. 10. 1969 eine amtliche Bekanntmachung im Bundesanzeiger[81].

Den Auftakt zur nächsten Paritätsänderung in der Bundesrepublik bildete am 5. 5. 1971 die Schließung der Devisenbörsen[82] und die Entscheidung des Bundeskabinetts vom 9. 5. 1971, zunächst die Devisenkurse ab 10. 5. 1971 freizugeben[83]. Der Inhalt der Anweisung an die Deutsche Bundesbank entspricht fast wörtlich demjenigen anläßlich der Devisenkursfreigabe von 1969[84]. Die Mitteilung der Deutschen Bundesbank erschien am 11. 5. 1971 im Bundesanzeiger[85]. Nach sieben-monatigem Floating der D-Mark einigten sich am 17./18. 12. 1971 die Finanz- und Wirtschaftsminister der Zehnergruppe, der auch die Bundesrepublik angehört, in Washington auf eine umfassende Neuordnung der Devisenkurse[86]. Im Unterschied zu den früheren Paritätsänderungen in der Bundesrepublik wurden jedoch zunächst nur die Devisenkursrelationen neu festgelegt, während die Bestimmung der Gold-Parität bis zur ebenfalls in Washington beschlossenen Abwertung des Dollars ge-

---

[75] Bulletin der Bundesregierung Nr. 123 v. 2. 10. 1969, S. 1056; vgl. dazu auch die Mitteilung der Deutschen Bundesbank im BAnz. Nr. 181 v. 30. 9. 1969, S. 1.

[76] Zuletzt bis auf 3,70 DM pro US-Dollar; vgl. dazu Jahresgutachten 1969, Textziffern 105 f.

[77] Vgl. BAnz. Nr. 201 v. 28. 10. 1969, S. 1.

[78] Bulletin der Bundesregierung Nr. 131 v. 28. 10. 1969, S. 1109.

[79] Bulletin der Bundesregierung Nr. 131 v. 28. 10. 1969, S. 1109.

[80] Bulletin der Bundesregierung Nr. 131 v. 28. 10. 1969, S. 1109.

[81] BAnz. Nr. 201 v. 28. 10. 1969, S. 1; vgl. auch die Mitteilung der Deutschen Bundesbank vom 27. 10. 1969 im BAnz. Nr. 201 v. 28. 10. 1969, S. 2.

[82] Vgl. Bulletin der Bundesregierung Nr. 68 v. 6. 5. 1971, S. 700.

[83] Bulletin der Bundesregierung Nr. 70 v. 11. 5. 1971, S. 709.

[84] Vgl. auch die Erklärung von Bundeswirtschaftsminister Schiller vor dem Bundestag am 11. 5. 1971 (Bulletin der Bundesregierung Nr. 71 v. 12. 5. 1971, S. 721).

[85] BAnz. Nr. 87 v. 11. 5. 1971, S. 4.

[86] Vgl. dazu *Winkelmann*, Bulletin der Bundesregierung Nr. 194 v. 29. 12. 1971, S. 2109 f.

genüber dem Gold aufgeschoben wurde[87]. Dieses „Realignment" der Devisenkurse führte zur sofortigen Rückkehr der Bundesrepublik zu den vereinbarten „central rates"[88]. Für die D-Mark ergab sich ein Aufwertungssatz von 13,6 % gegenüber dem US-Dollar[89], woraus sich im Verhältnis zum US-Dollar ein Mittelkurs von 3,2225 DM ableitete[90]. Zugleich wurde die Bandbreite gegenüber dem US-Dollar von bisher plus/minus 1 % auf plus/minus 2,25 % erweitert[91]. Diese Beschlüsse, denen die Bundesregierung am 21. 12. 1971 zugestimmt hat, wurden am selben Tag auf einer Pressekonferenz der Öffentlichkeit bekannt gegeben[92]. Entsprechend der bisherigen Praxis der Bundesregierung findet sich im Bundesanzeiger, da lediglich neue central rates, jedoch keine neue Parität in Kraft traten, keine Mitteilung der Washingtoner Beschlüsse[93]. Die Bundesregierung hat auch bisher mit dem IWF noch keine neue Goldparität vereinbart[94].

Die für die Mitgliedsländer des IWFA geltende erweiterte Bandbreite von plus/minus 2,25 % ist für die im EWA zusammengeschlossenen Staaten zwecks Verringerung der cross rates[95] zwischen den EWG-Währungen mit Wirkung vom 24. 4. 1972 vom EWG-Ministerrat auf plus/minus 2,25 % festgesetzt worden[96].

Nach der Entscheidung der amerikanischen Regierung vom 13. 2. 1973, den US-Dollar um 10 % abzuwerten, betrug der neue Leitkurs der D-Mark gegenüber dem US-Dollar ab 14. 2. 1973 2,90003 DM[97].

---

[87] Die Paritätsänderung des US-Dollars zum Gold bedarf nach amerikanischem Recht der Zustimmung des Kongresses (*Winkelmann*, Bulletin der Bundesregierung Nr. 194 v. 29. 12. 1971, S. 2109, 2110). Die Dollar-Abwertung gegenüber dem Gold ist am 8. 5. 1972 in Kraft getreten (siehe EA 1972, D 231).

[88] Central Rates = Mittelkurse.

[89] *Winkelmann*, Bulletin der Bundesregierung Nr. 194 v. 29. 12. 1971, S. 2109.

[90] Bulletin der Bundesregierung Nr. 192 v. 23. 12. 1971, S. 2088.

[91] *Winkelmann*, Bulletin der Bundesregierung Nr. 194 v. 29. 12. 1971, S. 2109, 2110.

[92] Bulletin der Bundesregierung Nr. 192 v. 23. 12. 1971, S. 2088.

[93] Vgl. lediglich die Mitteilung der Deutschen Bundesbank über die neuen Devisenkurse, BAnz. Nr. 243 v. 30. 12. 1971, S. 6.

[94] Vgl. Monatsberichte der Deutschen Bundesbank, Dez. 1972, Stat. Teil IX, 10.

[95] Vgl. dazu 1. Teil, § 2, 1.

[96] Vgl. *Werner*, EA 1972, 333; *Carli*, EA 1972, 247; Sondergutachten 1972, Textzif. 2 (siehe auch Textzif. 5).

[97] Vgl. die Bekanntmachung des Bundesministers der Finanzen v. 13. 2. 1973, BAnz. Nr. 32 v. 15. 2. 1973, S. 1; Bulletin der Bundesregierung Nr. 17 v. 15. 2. 1973, S. 156; Nr. 16 v. 14. 2. 1973, S. 137 und die Erklärung der Bundesregierung vor dem Bundestag, Bulletin der Bundesregierung Nr. 17 v. 15. 2. 1973, S. 149 ff. Diese Änderung des Außenwertes der D-Mark läßt sich im Hinblick auf Art. 14 GG nicht nutzbar machen, da sie nicht von einem Träger innerstaatlicher hoheitlicher Gewalt ausgeht.

Auf der Ratstagung der Europäischen Gemeinschaft am 11./12. 3. 1973 beschloß der Ministerrat der Europäischen Gemeinschaft ein gemeinsames Block-Floaten der Währungen der Benelux-Staaten, Frankreichs, Dänemarks und der Bundesrepublik gegenüber dem US-Dollar unter Beibehaltung fester Devisenkurse innerhalb der EWG-Währungen[98]. Mit dieser „konzertierten Aktion" ging eine Aufwertung der D-Mark um 3 % mit Wirkung vom 19. 3. 1973 einher[99]. Der neue Leitkurs der D-Mark wurde erstmals in Sonderziehungsrechten[100] ausgedrückt. Danach betrug der Leitkurs einer D-Mark ab 19. 3. 1973 0,294389 SZR[101].

Am 29. 6. 1973 faßte das Bundeskabinett den Beschluß, die D-Mark um 5,5 % aufzuwerten. Der Leitkurs der D-Mark beträgt seither 1 DM = 0,310580 SZR[102].

§ 4 Grundzüge der makroökonomischen Wirkungen der Paritätsänderung, Devisenkursfreigabe und Bandbreitenveränderung

Das verfassungsrechtliche Verständnis der Paritätsänderung, der Devisenkursfreigabe und der Bandbreitenveränderung erfordert es, sich deren Zielsetzungen und Wirkungen auf die Wirtschaft zu vergegenwärtigen. Verfassungsrechtliches Gewicht kann sowohl den makro- als auch den mikroökonomischen Wirkungen von Globalsteuerungsmaßnahmen zukommen[103]. Im folgenden soll ein geraffter Überblick über die makroökonomische Bedeutung der Paritätsänderung, Devisenkursfreigabe und Bandbreitenveränderung gegeben werden[104].

---

[98] Ausgenommen waren Großbritannien, Irland und Italien; vgl. Bulletin der Bundesregierung Nr. 29 v. 13. 3. 1973, S. 256. Dem Floating schlossen sich auch Schweden und Norwegen an; siehe Monatsberichte der Deutschen Bundesbank, Juni 1973, 7.

[99] Vgl. Bulletin der Bundesregierung Nr. 30 v. 15. 3. 1973, S. 261 und 263.

[100] Siehe dazu 1. Teil, § 1, 2.

[101] Vgl. die Bekanntmachung des Bundesministers der Finanzen v. 16. 3. 1973 (bei dem im Text angegebenen Datum vom 16. 2. 1973 dürfte es sich um ein Versehen handeln), BAnz. Nr. 54 v. 17. 3. 1973, S. 1 mit Berichtigung v. 19. 3. 1973, BAnz. Nr. 55 v. 20. 3. 1973, S. 3; Bulletin der Bundesregierung Nr. 30 v. 15. 3. 1973, S. 263.

[102] Vgl. Bulletin der Bundesregierung Nr. 80 v. 30. 6. 1973, S. 801; Stat. Beihefte zu den Monatsberichten der Deutschen Bundesbank, Reihe 5, Die Währungen der Welt, August 1974, Nr. 3, S. 49.

[103] Globalsteuerung bedeutet unmittelbar zunächst nur Beeinflussung makroökonomischer Größen, jedoch hängen diese von mikroökonomischen Entscheidungs- und Verhaltensprozessen einzelner Wirtschafter ab (*Hoppmann*, 268).

[104] Zu den mikroökonomischen Wirkungen vgl. 2. Teil, § 3, 2 und 3. Teil, § 3, 2 a.

1. Ziele und Wirkungen der Paritätsänderung

Die Paritätsänderung dient in einem System fixierter Paritäten und nur begrenzt flexibler Devisenkurse wie dem des IWFA[105] zum Ausgleich der Zahlungsbilanz[106] eines Staates[107]. Während bei freien Devisenkursen jede Abweichung vom Gleichgewichtskurs durch den Marktmechanismus korrigiert würde[108], so daß durch den Devisenkurs kein Zahlungsbilanzungleichgewicht entstehen könnte, beeinflußt ein fixierter Devisenkurs das Zahlungsbilanzgleichgewicht nur dann nicht, wenn der festgesetzte Kurs dem Gleichgewichtskurs entspricht[109]. Da jedoch Angebots- und Nachfragefunktion nach Devisen ständiger Veränderung unterworfen sind, ist die Paritätsänderung zum Ausgleich der Zahlungsbilanz als ultima ratio notwendig. Der Ausgleich der Zahlungsbilanz mit Hilfe der Paritätsänderung dient unmittelbar der Beseitigung einer außenwirtschaftlichen Störung des gesamtwirtschaftlichen Gleichgewichts gemäß § 4 StabG[110] und damit zugleich dem gesamtwirtschaftlichen Gleichgewicht des § 1 StabG.

Die Ausgangslage für eine *Abwertung* bildet ein chronisches Zahlungsbilanzdefizit, das durch den Einsatz von Währungsreserven oder anderer Währungsmittel, wie z. B. Sonderziehungsrechten, nicht mehr ausgeglichen werden kann[111]. Eine Abwertung erhöht, da Ausländer für Inlandswährung bzw. Inlandsgüter weniger einheimische Währungseinheiten aufzubringen haben, das Exportvolumen einheimischer Güter[112], sofern eine gewisse Nachfrageelastizität im Ausland besteht[113]. Die Preise der Importgüter steigen dagegen — in einheimischer Währung ausgedrückt — an, so daß der Umfang der in das Abwertungsland importierten Güter abnimmt[114]. Als Folge der Zunahme des Exports in Verbindung mit der Abnahme des Importvolumens — oder zumin-

---

[105] Siehe Art. IV IWFA; vgl. *Erich Schneider*, 182.

[106] Die Zahlungsbilanz als Zielobjekt einer Paritätsänderung stellt eine „statistische Registrierung aller empfangenen und geleisteten Zahlungen eines Landes während einer bestimmten Zeitperiode" dar; so *Halm*, Geld, 244; ähnlich *Rose*, 3; *Scholl*, in: Festgabe Flaskämper, 336.

[107] *Veit*, Währungspolitik, 77; *Rose*, 46 ff.

[108] *Rose*, 45.

[109] *Rose*, 45.

[110] Vgl. *Münch*, in: Stern / Münch / Hansmeyer, § 4 Anm. III 2 a.

[111] *Küng*, Zahlungsbilanzpolitik, 425; *Issing*, Leitwährung, 116.

[112] *Rose*, 54 ff.; *Forstmann*, 237; *v. d. Nahmer*, 92; *Hoffmann*, Währungsparität, 8.

[113] Die folgenden Ausführungen betreffen nur die sogenannte „normale Reaktion" von Paritätsänderungen; vgl. *Krämer*, 92; *Erich Schneider*, 117.

[114] *Erich Schneider*, 117; *v. d. Nahmer*, 92; *Forstmann*, 237; *Rose*, 56 ff.; vgl. auch den zusammenfassenden Überblick bei *Küng*, Zahlungsbilanzpolitik, 447.

dest dessen Konstanz — steigt der Devisenzufluß im abwertenden Land an, wodurch sich das Defizit der Leistungsbilanz verringert, ausgleicht oder in einen Überschuß wandelt[115]. Da sich der interne Geldkreislauf erweitert und Einfuhrgüter teurer werden[116], besteht eine Tendenz zur Erhöhung des Preis- und Kostenniveaus im Inland[117].

Die *Aufwertung* einer Währung, die ihren Anlaß in einem chronischen Überschuß der Zahlungsbilanz findet, verteuert die Preise der exportierten Güter im Ausland, so daß eine Nachfragekontraktion ausgelöst wird[118]. Die wirtschaftliche Position der Exportindustrie auf den Auslandsmärkten wird damit erschwert[119]. Die Reduzierung des Exportvolumens tritt jedoch nicht unmittelbar im Anschluß an die Revalvation, sondern erst mit einer gewissen Verzögerung — von einigen Monaten — ein[120], was auch darauf zurückzuführen ist, daß oft noch ein Auftragsüberhang aus der Zeit vor der Aufwertung besteht. Während der Export rückläufig ist, steigt das Importvolumen an[121]. Der Devisenzufluß wird eingeschränkt, so daß Preissteigerungen, die im Zuge einer „importierten Inflation" auftreten[122], entgegengewirkt werden kann[123]. Die Aufwertung vermag damit einen Beitrag zur Inflations- und Konjunkturdämpfung zu leisten[124].

2. Ziele und Wirkungen einer Devisenkursfreigabe

Die Freigabe der Devisenkurse gleicht in ihrer Wirkung einer Auf- bzw. Abwertung. Sie wird deshalb auch als de facto — Paritätsänderung bezeichnet[125]. Spielt sich nach einem Floating der Devisenkurs unterhalb der bisherigen Parität ein, so ergibt sich ein Abwertungs-

---

[115] *Rose*, 59.

[116] *Küng*, Zahlungsbilanzpolitik, 478; *Hoffmann*, Währungsparität, 8.

[117] *Küng*, Zahlungsbilanzpolitik, 490; *v. d. Nahmer*, 92.

[118] *v. d. Nahmer*, 94.

[119] *Jöhr*, Wirtschaftswissenschaftl. Studium 1972, 16.

[120] Vgl. Jahresgutachten 1971, Textzif. 119; *Emminger*, Zwischenbilanz, 6; *Winkelmann*, Bulletin der Bundesregierung Nr. 194 v. 29. 12. 1971, S. 2109, 2110; *H. J. Schmitz*, 34 Fußn. 46; siehe allgemein zum „time-lag" der Paritätsänderung *Dernburg / Mc Dougall*, 186.

[121] *Forstmann*, 258; *Küng*, Wirtschaftswissenschaftl. Studium 1972, 147, 153; *v. d. Nahmer*, 94; *Hoffmann*, Währungsparität, 9.

[122] Vgl. *Münch*, in: Stern / Münch / Hansmeyer, § 4, Anm. III 4 A 3 c.

[123] Eine Aufwertung senkt allerdings auch die für die EWG-Landwirtschaft geltenden Marktordnungspreise, deren Höhe mit der Währungsparität der EWG-Länder verbunden ist (vgl. Jahresgutachten 1971, Textzif. 81).

[124] *Jöhr*, Wirtschaftswissenschaftl. Studium 1972, 12, 16.

[125] So *Hoffmann-Riem*, BB 1969, 1378.

effekt, pendelt sich dagegen der Devisenkurs oberhalb der Parität ein, so ist ein Aufwertungseffekt festzustellen.

Entsprechend den verschiedenen Motivationen, die Veranlassung zu einer Devisenkursfreigabe geben können[126], lassen sich auch die mit ihr angestrebten Ziele nicht einheitlich beurteilen. Das Floating stellt ebenso wie die Paritätsänderung ein Mittel zum Ausgleich der Zahlungsbilanz[127] und damit zur außenwirtschaftlichen Absicherung gemäß §§ 1 und 4 StabG dar. Die Devisenkursfreigabe löst die Bindung einer Währung an eine fixierte und häufig unrealistische Parität. In einer aufwertungsverdächtigen Situation unterbricht ein Floating den internationalen Preiszusammenhang[128] und dämmt die Gefahr einer importierten Inflation ein, indem das Zinsniveau angeglichen und damit der Devisenzufluß eingeschränkt wird[129].

An die Devisenkursfreigabe knüpfen sich die gleichen Folgen, die eine formelle Paritätsänderung nach sich zieht[130]. Die Intensität der Wirkungen ist jedoch von der Dauer der Devisenkursfreigabe abhängig[131]. Frei bewegliche Devisenkurse wirken sich jedoch für den internationalen Handel insoweit nachteilig aus, als eine feste Kalkulations- und Berechnungsgrundlage nicht mehr vorhanden ist[132].

3. Ziele und Wirkungen einer Bandbreitenveränderung

Bei den mit einer Bandbreitenveränderung verfolgten Zielen und Wirkungen ist zwischen einer Bandbreitenerweiterung und einer Bandbreiteneinengung zu differenzieren.

a) Bandbreitenerweiterung

Eine Bandbreitenerweiterung schafft Spielraum für ein relativ freies Einpendeln der Devisenkurse[133] und damit Platz zur Herausbildung eines Kurstrends[134]. In den Grenzen der erweiterten Bandbreite besteht die Möglichkeit, daß sich der Kurstrend in Richtung auf eine Abwertung oder Aufwertung bewegt. Den Kursschwankungen innerhalb des

---

126 Vgl. dazu 1. Teil, § 2, 2.

127 Vgl. *Lutz,* Währungsordnung, 14.

128 Siehe dazu Sondergutachten 1971, Textziffern 21, 27.

129 Vgl. Sondergutachten 1971, Textziffern 20, 25; siehe auch *Lipfert,* Währungspolitik, 6.

130 Vgl. dazu 1. Teil, § 4, 1.

131 Vgl. auch Sondergutachten 1971, Textzif. 25.

132 *Maass,* 111; *DIHT,* 12.

133 *Lipfert,* Zs. f. d. ges. Kreditwesen 1957, 599.

134 Sondergutachten 1972, Textzif. 20.

verbreiterten Bandes kann zahlungsbilanzausgleichende Wirkung zukommen[135]. Der Vorteil einer weiten Bandbreite wird auch darin gesehen, daß die Devisenkurse in hohem Maße den tatsächlichen Kaufkraftparitäten entsprechen[136]. Zinsdifferenzen zwischen verschiedenen Ländern können sich innerhalb der Bandbreite ausgleichen, so daß spekulative Geldbewegungen reduziert werden[137]. Infolge des größeren Spielraums der Devisenkurse braucht die Paritätsänderung als einschneidende Maßnahme relativ seltener eingesetzt zu werden.

b) Bandbreiteneinengung

Die Einengung der Bandbreite dient wesentlich integrationspolitischen Zielen[138]; sie wird daher insbesondere zur europäischen Wirtschafts- und Währungsintegration eingesetzt[139]. Die Möglichkeiten einer autonomen Konjunkturpolitik der unter der engen Bandbreite zusammengefaßten Länder werden eingeschränkt; es soll ein „konjunkturpolitisches Parallelverhalten“[140] erreicht werden. Bandbreitenverengungen führen andererseits zur Notwendigkeit häufigerer Interventionen der Zentralbanken, um den Kurs innerhalb der Bandbreite zu halten, und, sofern die Intervention nicht mehr ausreicht, zu Paritätsänderungen[141].

---

135 *Halm*, Bandbreite, 28.

136 *Lipfert*, Zs. f. d. ges. Kreditwesen 1957, 599.

137 *Emminger*, Zs. f. d. ges. Kreditwesen 1957, 734; Presseverlautbarung über die 164. Tagung des Rates der Europäischen Gemeinschaften am 13. 9. 1971, abgedruckt in EA 1972, D 3; vgl. auch *Lutz*, Währungsordnung, 22 f.

138 Die Bandbreitenveränderung muß allerdings — wenn sie wirksam werden soll — von anderen wirtschaftspolitischen Maßnahmen flankiert werden.

139 Vgl. *Steuer*, Zs. f. d. ges. Kreditwesen 1971, 302 ff.; Sondergutachten 1972, Textzif. 13.

140 Sondergutachten 1972, Textzif. 8.

141 *Steuer*, Zs. f. d. ges. Kreditwesen 1971, 303 f.; vgl. auch Sondergutachten 1972, Textzif. 21.

Zweiter Teil

Das verfassungsrechtlich geschützte Eigentum (Art. 14 I GG) unter besonderer Berücksichtigung der Paritätsänderung und Devisenkursfreigabe

§ 1 Währungshoheit und Art. 14 I GG

Bevor auf die einzelnen, bei einer Paritätsänderung relevanten vermögenswerten Rechte eingegangen wird und etwaige Besonderheiten im Hinblick auf die Paritätsänderung herausgestellt werden können, ist ein grundsätzlicher, das Verhältnis der Währungshoheit zu Art. 14 GG betreffender Einwand auszuräumen.

Die Anwendbarkeit von Art. 14 GG auf Paritätsänderungen[1] wird zum Teil in der Literatur mit der Begründung abgelehnt, daß es sich um eine Maßnahme handele, die dem Bereich der staatlichen Währungshoheit zuzuordnen sei[2], wobei unter „Währungshoheit" als Teil der staatlichen Geldhoheit[3] alle auf Sicherung der Wertbeständigkeit des Geldes nach innen und außen gerichteten Maßnahmen[4], also der

---

[1] Der Einwand müßte auch für Devisenkursfreigaben und Bandbreitenveränderungen gelten, die ebenfalls in den Bereich der „Währungshoheit" fallen.

[2] So *Ballerstedt*, Wirtschaftsverfassungsrecht, 37; *Ehlermann*, 91; *Huber*, Wirtschaftsverwaltungsrecht, Bd. 2, 21. Für den Bereich der Finanzhoheit, in dem das gleichgelagerte Problem auftaucht *Hettlage*, VVDStRL 14, 4 ff. (Hettlage spricht unter Berufung auf Forsthoff von der „Abgrenzung der Finanzhoheit von dem grundrechtlichen Schutz des Eigentums" als einer in der rechtsstaatlichen Verfassung enthaltenen Voraussetzung. Hettlage sieht hier ein „breites Tor des Interventionismus" für die gesetzgebende Gewalt „ohne verfassungsrechtliche Schranken".)

Unklar *Scheuner*, VVDStRL 11, 44: „Rechtlich ist für den einzelnen, solange der Staat am Prinzip des Nominalismus, d. h. der Erhaltung des Wertes des Geldes als gesetzliches Zahlungsmittel festhält, keine Hilfe gegeben." Später (S. 59) führt Scheuner aus, daß das Grundgesetz „der wirtschaftlichen Entwicklung einen festen Rahmen ziehe" und nennt dabei auch Art. 14 GG. Es läßt sich nicht klar erkennen, ob Scheuner Art. 14 GG auf Maßnahmen der Währungshoheit anwenden will. Mißverständlich auch *Arndt*, 275: „das Institut des staatlichen Eigentumsschutzes erweist sich ... als ungeeignet für Geldvermögen und Geldwerte."

[3] *Huber*, Wirtschaftsverwaltungsrecht, Bd. 1, 491.

[4] *Beck*, S. 237, K 337.

Inbegriff aller den Geldwert regelnden Prinzipien[5] zu verstehen ist. Nach dieser Ansicht käme es nicht darauf an, ob eine Paritätsänderung Eigentum im Sinne des Art. 14 I 1 GG tangiert, sondern Art. 14 GG wäre, ohne auf dessen Voraussetzungen eingehen zu müssen, für Maßnahmen aus dem Bereich der Währungshoheit als nicht einschlägig zu qualifizieren.

1. Die Bindung staatlicher Maßnahmen der Währungshoheit an die Grundrechte

Das Verhältnis der Währungshoheit zu Art. 14 GG stellt sich allgemein als die Frage nach der Bindung staatlicher Maßnahmen an die Verfassung und insbesondere an die Grundrechte.

Nach Art. 73 Zif. 4 GG steht dem Bund die ausschließliche Gesetzgebungskompetenz im Bereich des Währungs-, Geld- und Münzwesens zu. Dazu gehören sowohl die gesetzgeberischen Befugnisse soweit sie dazu dienen, den Wert des Geldes, d. h. die Stabilität der Währung, zu erhalten und zu fördern[6], also insbesondere die Bestimmung der tragenden Grundsätze der Währungspolitik[7], als auch die Entscheidung über eine Auf- oder Abwertung der Währung[8]. Zu der Gesetzgebungskompetenz des Bundes nach Art. 73 Zif. 4 GG ist auch die Freigabe der Devisenkurse zu zählen, da sich das Floating in seiner Wirkung nicht von einer formellen Paritätsänderung unterscheidet; in beiden Fällen wird eine Anpassung des Austauschverhältnisses der inländischen Währung zu Fremdwährungen bewirkt. Eine Zuständigkeit der Bundesbank für eine Entscheidung über das Floating nach den §§ 14 ff. BBankG ist daher nicht begründet.

Gemäß Art. 1 III GG sind Gesetzgebung, Exekutive und Rechtsprechung an die Grundrechte gebunden. Wollte somit das Parlament oder die durch eine dem Art. 80 GG entsprechende Ermächtigungsnorm legitimierte Bundesregierung in Ausübung der in Art. 73 Zif. 4 GG bezeichneten Kompetenz eine Entscheidung über die Änderung der Parität treffen oder eine Devisenkursfreigabe beschließen, so wäre dabei Art. 14 GG zu beachten. Hoheitliche Regelungen im Grundrechtsbereich müssen sich daher ausnahmslos an den Grundrechten messen lassen. Die Bindung der Exekutive an die Grundrechte im Bereich des

---

[5] *Samm*, 71; *Hoffmann*, Währungsparität, 68, spricht vom „Hoheitsrecht der Währungswertsteuerung".

[6] *Maunz*, in: Maunz / Dürig / Herzog, Art. 73 Rdnr. 64.

[7] *Schmidt-Bleibtreu / Klein*, Grundgesetz, Art. 73 Rdnr. 15; *Hamann / Lenz*, Art. 73 Anm. B 4; *v. Mangoldt / Klein*, Art. 73 Anm. VII 2 b.

[8] *Maunz*, in: Maunz / Dürig / Herzog, Art. 73 Rdnr. 64; *Brackmann*, 44 f.; *Hoffmann*, Währungsparität, 96.

Währungswesens läßt sich auch dann nicht leugnen, wenn man die die Paritätsänderung betreffenden Maßnahmen als konkreten Ausdruck der Regierungsgewalt qualifizieren und deshalb in die Kategorie der Regierungsakte einordnen würde[9]. Diese sogenannten „gerichtsfreien Hoheitsakte" können allenfalls gerichtsfrei, nicht aber rechtsfrei sein[10].

2. Maßnahmen der Währungshoheit und Grundrechtslücken

Maßnahmen, die Ausfluß der Währungshoheit sind, unterliegen also grundsätzlich gemäß Art. 1 III GG der Grundrechtsbindung. Es bleibt zu fragen, ob sich aus einer Lückenhaftigkeit der Grundrechtsordnung[11] der Schluß ziehen läßt, daß hoheitliche Regelungen im Bereich der Währungshoheit auf eine Grundrechtslücke treffen, die nicht vom Schutzbereich des Art. 14 GG erfaßt wird.

Aus dem Streit, ob die Grundrechte als lückenloses Wertsystem verstanden werden können oder ob sich ihr Schutz auf einzelne Bereiche beschränkt[12], läßt sich indes für die Beziehung von Art. 14 GG zu Maßnahmen der Währungshoheit nichts herleiten. Selbst wenn man von der Lückenhaftigkeit der Grundrechtsordnung ausgehen wollte, ließe sich damit die These vom grundsätzlichen, sich aus dem „Wesen der Währungshoheit" ergebenden Ausschluß der Währungshoheit vom Schutz des Art. 14 GG nicht aufrechterhalten. Ob eine Maßnahme den Grundrechtsbereich tangiert oder in einer Wertschutzlücke verbleibt, kann erst dann beantwortet werden, wenn sie an den Maßstäben des Grundrechts gemessen worden ist. Ein Ausschluß der Währungshoheit vom Schutz des Art. 14 GG ist daher keine Frage des „Wesens der Währungshoheit", sondern ein Problem des Schutzbereiches des Art. 14 GG.

---

[9] Vgl. dazu mit weiteren Literaturhinweisen *Dürig,* in: Maunz / Dürig / Herzog, Art. 19 IV Rdnr. 24 Fußn. 3.

[10] *Dürig,* in: Maunz / Dürig / Herzog, Art. 1 III Rdnr. 108.

[11] Vgl. dazu *Dürig,* in: Maunz / Dürig / Herzog, Art. 1 Rdnrn. 84 ff.; *Scheuner,* DÖV 1971, 507.

[12] Ein Teil der Literatur ordnet den Grundrechten jeweils einen bestimmten — besonders wichtigen (und) besonders gefährdeten — Schutzbereich zu (Vgl. dazu *Hesse,* 124 ff. [„punktuelle Gewährleistungen"]; *Ehmke,* VVDStRL 20, 91 f.; *ders.,* Wirtschaft und Verfassung, 59; *Scheuner,* VVDStRL 22, 44 ff.; *ders.,* DÖV 1971, 509), während die gegenteilige Auffassung in den Grundrechten ein umfassendes, lückenloses Wertsystem sieht, in dem bei Versagen eines speziellen Grundrechtes in jedem Fall Art. 2 I GG oder Art. 3 I GG als Hauptfreiheits- bzw. Gleichheitsrecht eingreift (so vor allem *Dürig,* in: Maunz / Dürig / Herzog, Art. 1 Rdnrn. 13, 86 ff.; ebenso: *Erbel,* 189 [Lückenschutz durch Art. 2 I GG]; *Schramm,* 14; im Ergebnis übereinstimmend *W. Schmidt,* AöR 91 [1966], 84 [„Auffangnorm für ungeschriebene Freiheitsrechte"]. Auch das Bundesverfassungsgericht mißt Art. 2 I GG gegenüber den speziellen Grundrechtsnormen eine subsidiär eingreifende Komplementärfunktion zu [BVerfGE 6, 32, 37]).

3. Das Verhältnis von Grundrecht und Kompetenznorm

Zu erwägen ist, ob sich aus einem materiell verstandenen Verhältnis von Grundrecht und Kompetenznorm — im vorliegenden Fall Art. 14 GG und Art. 73 Zif. 4 GG — eine Einschränkung der aus Art. 1 III GG abzuleitenden Einbeziehung von Maßnahmen der Währungshoheit ergibt.

Es herrscht Streit in der Frage, ob den Kompetenzzuweisungen des Grundgesetzes über ihre Funktion hinaus als Zuständigkeitsabgrenzungen zwischen Bund und Ländern und als Ermächtigungen der Legislative, die in der Kompetenznorm bezeichnete Materie überhaupt zu regeln[13], auch Einfluß auf die materielle Geltung von Grundrechten zukommt[14]. Ein materielles, „positives Kompetenzverständnis"[15] kann in zweifacher Hinsicht angenommen werden. Die verfassungsrechtliche Gesetzgebungskompetenz schafft einmal die *Befugnis*, den durch die Kompetenznorm abgesteckten Bereich zu regeln[16], und legt zum anderen den *Umfang* der Regelungsbefugnis fest[17], indem sie den zu regelnden Sachbereich in der Kompetenznorm umschreibt. Dieses Verständnis der Kompetenzzuweisung als Regelungsermächtigung gegenüber den Mitgliedern des Gemeinwesens ist notwendig, wenn die Kompetenzzuweisung nicht als bloße organisatorische Leerformel angesehen werden soll. Die Kompetenzzuweisung verfolgt nicht allein den Zweck, den Gliedstaaten oder dem Bund die Regelungsbefugnis zuzuweisen, sondern strebt auch die gesetzgeberische Verwirklichung einer für notwendig erachteten gesellschaftlichen Ordnung eines bestimmten Bereiches an. Zwischen den Grundrechten und den Kompetenznormen besteht somit eine enge Beziehung, die aus der Sicht der Kompetenzzuweisung auch eine Ermächtigung zu grundrechtsrelevantem Handeln enthält.

Auch ein materielles Kompetenzverständnis hat aber zu beachten, daß die im Bereich der Kompetenz getroffenen Maßnahmen im Rah-

---

[13] *Hamann*, Wirtschaftsverfassungsrecht, 176. Zwar nicht ausdrücklich, aber aus dem Zusammenhang erkennbar: *Scheuner*, VVDStRL 11, 23 Anm. 55; *Ehmke*, VVDStRL 20, 89 ff.

[14] Ablehnend *Hamann*, Wirtschaftsverfassungsrecht, 176; *ders.*, Rechtsstaat, 25; bejahend *Scheuner*, VVDStRL 11, 23 Fußn. 55; *Ehmke*, VVDStRL 20, 89 ff.; für das Verhältnis von Art. 74 Zif. 16 GG (Verhütung des Mißbrauchs wirtschaftlicher Machtstellungen) und Art. 14 GG *Maunz*, in: Maunz / Dürig / Herzog, Art. 14 Rdnr. 25. Gegen einen Dualismus von Grundrechten und Organisationsnormen *Smend*, 88.

[15] *Ehmke*, VVDStRL 20, 90; ebenso *Häberle*, DVBl. 1972, 912 Fußn. 48.

[16] Vgl. *Ehmke*, Wirtschaft und Verfassung, 26.

[17] So das Bundesverfassungsgericht, Beschl. v. 8. 11. 1972, NJW 1973, 505, 506; vgl. auch BVerfGE 12, 45, LS 1 u. S. 50, wo das Bundesverfassungsgericht feststellt, daß Art. 74 Zif. 1 GG „mehr als eine bloße Kompetenznorm" sei.

men der Verfassung, also auch der Grundrechte, verbleiben[18]. Dem Verfassungsgesetzgeber ist es verwehrt, Kompetenzen zuzuweisen, bei deren Ausfüllung sich der den Kompetenzbereich Gestaltende über grundrechtliche Freiheiten hinwegsetzen kann[19]. Auf Grund der Kompetenzzuweisung des Art. 73 Zif. 4 GG für das Gebiet der Währungshoheit läßt sich daher ein Ausschluß des von Art. 14 GG bezweckten Schutzes gegenüber den diesen Bereich berührenden Maßnahmen nicht rechtfertigen.

4. Ergebnis

Maßnahmen der Währungshoheit müssen sich auf Grund des Art. 1 III GG an Art. 14 GG messen lassen[20]. Dem steht weder eine Lückenhaftigkeit der Grundrechtsordnung noch ein materielles Kompetenzverständnis entgegen. Um dieses Ergebnis zu begründen, ist es nicht erforderlich, die Anwendung des Art. 14 GG auf Paritätsänderungen mit dem Schutzbedürfnis der Betroffenen zu rechtfertigen[21], denn die prinzipielle Anwendbarkeit eines Grundrechtes ist keine Frage des Schutzbedürfnisses des Betroffenen, sondern ein Verfassungsgebot, das seinen Ausdruck in Art. 1 III GG gefunden hat.

Die Überprüfbarkeit währungsrechtlicher Maßnahmen an den grundrechtlichen Gewährleistungen wird durch einen Vergleich mit abgabenrechtlichen Maßnahmen — insbesondere Steuern — bestätigt, bei denen in bezug auf Art. 14 GG eine Parallelproblematik besteht. Während Huber[22] und Ehlermann[23] konsequent auch im Bereich des Abgabenwesens die Anwendbarkeit des Art. 14 GG verneinen, mißt die herrschende Meinung[24] und auch die Rechtsprechung[25] abgabenrechtliche Maßnahmen an Art. 14 GG. Im Streit befindet sich allein der grundrechtliche Schutz*umfang* gegenüber Maßnahmen der Abgabenerhebung. Aus dem Wesen der Abgabenhoheit wird jedenfalls nicht gefolgert, daß Art. 14 GG prinzipiell nicht anwendbar ist.

---

[18] BVerfGE 4, 7, 15; *Ehmke*, Wirtschaft und Verfassung, 26.

[19] So auch *Hoffmann*, Währungsparität, 68; *Fögen*, Währungsrecht, 45; *Tomuschat*, 32.

[20] So ausdrücklich auch *Hoffmann*, Währungsparität, 68 f.; *Möschel*, 158 ff.

[21] So aber *Tomuschat*, 32 a. E.

[22] *Huber*, Wirtschaftsverwaltungsrecht, Bd. 2, 21.

[23] *Ehlermann*, 91; vgl. auch *Haas*, 39.

[24] Vgl. etwa *Maunz*, in: Maunz / Dürig / Herzog, Art. 14 Rdnr. 51; *Bellstedt*, 123 ff.; *Hamann*, BB 1952, 953; *Schumacher*, NJW 1951, 56; *Hesse*, 180 f.; *Friauf*, Wirtschaftslenkung, 41 ff.; *Selmer*, Steuerinterventionismus, 299; *H. R. Schmitz*, DStR 1970, 682 ff.; *Papier*, Der Staat 11 (1972), 489.

[25] BVerfGE 4, 7, 17; 6, 290, 298; 8, 274, 330; 14, 221, 241; 19, 253, 267 f.; 23, 12, 30; 26, 327, 338; 27, 111, 131; 27, 326, 343; BFH BStBl. 1965 III, 574 ff.; BVerwGE 6, 247, 266 ff.; 23, 18, 20.

§ 2 Art. 14 I 1 GG in Bezug auf Binnen- und Außenwert einer Währung

Bei Maßnahmen staatlicher Währungspolitik hat die Betrachtung des Art. 14 GG von der Unterscheidung zwischen hoheitlichen Regelungen, die auf den Binnenwert der Währung einwirken, und solchen Maßnahmen, die den Außenwert der Währung beeinflussen, auszugehen[26]. Zwar führt die staatliche Betätigung in beiden Bereichen zu Geldwertveränderungen, doch ist eine Gleichbehandlung im Hinblick auf Art. 14 GG nicht gerechtfertigt[27].

Der Binnenwert einer Währung wird sowohl durch das Verhalten der privaten Wirtschafter als auch durch staatliche Maßnahmen beeinflußt, die den Bereichen der Steuer-, Wirtschafts-, Finanz- und Währungspolitik zuzuordnen sind und den Charakter staatlich gesetzter Rahmenbedingungen tragen. Im Unterschied dazu ist die auf den Außenwert der Währung bezogene Paritätsfestsetzung bzw. -änderung[28] keine unmittelbar vom Handeln der Wirtschafter determinierte Maßnahme, da sie durch hoheitlichen Akt ausgelöst wird. Zudem ist die Währungsparität auf einen bestimmten Wert fixiert und unterliegt daher nicht den dauernden Fluktuationen, denen der Binnenwert ausgesetzt ist[29]. Änderungen der Währungsparität führen dagegen zu einem rechnerisch festlegbaren Verlust bzw. Gewinn der betroffenen Wirtschafter.

In den folgenden Untersuchungen ist allein die den Außenwert der Währung kennzeichnende Währungsparität in Beziehung zum Eigentum zu setzen. Das nicht unmittelbar durch die Änderung der Währungsparität beeinflußte Verhältnis der Eigentumsgarantie zum Binnenwert der Währung[30] erlaubt keine Rückschlüsse auf die eigentumsrechtliche Bedeutung der Paritätsänderung.

---

[26] *Tomuschat*, 31; vgl. zur Differenzierung zwischen Binnen- und Außenwert 1. Teil, § 1, 1.

[27] Undifferenzierter Ansatz dagegen bei *Fögen*, Währungsrecht, 45; *Huber*, Wirtschaftsverwaltungsrecht, Bd. 2, 21; *Veit*, Der Wert unseres Geldes, 260; *Ballerstedt*, Wirtschaftsverfassungsrecht, 37 (Ballerstedt spricht nur von Maßnahmen, die „den Wert der Währung mindern"). Insoweit kritisch auch *Brüggemann*, BB 1971, 575.

[28] Vgl. *Lipfert*, Währungspolitik, 5; *Fögen*, Währungsrecht, 44; *Tomuschat*, 31; *Hall*, 92.

[29] *Tomuschat*, 32. Variabel im Rahmen der zulässigen Bandbreite ist beim Außenwert der Währung lediglich der Devisenkurs, vgl. 1. Teil, § 2, 1.

[30] Vgl. dazu *Mammitzsch*, 77 ff.; *Arndt*, 274; *Hall*, 83 f. (m. w. N.); *Schüßler*, NJW 1964, 954; *Kaiser*, in: Festschrift E. R. Huber, 237 ff.; *Papier*, AöR 98 (1973), 528 ff.; *ders.*, JuS 1974, 477 ff.; *Reuter*, ZHR 137 (1973), 482 ff.; *Friauf*, StbJb 1971/72, 436 ff.; *Mann*, NJW 1974, 2305 ff.; *Bettermann*, ZRP 1974, 13 ff.; *I. Müller*, ZRP 1974, 159 ff.; *Reichert-Facilides*, JZ 1974, 483 ff. (jeweils m. w. N.).

Die Messung von hoheitlichen Maßnahmen, die eine Verminderung der Geldwertstabilität herbeiführen oder herbeizuführen geeignet sind, an Art.

§ 3 Der Eigentumsbegriff in Art. 14 GG im Blick auf die Paritätsänderung und Devisenkursfreigabe

Nachdem die grundsätzliche Anwendbarkeit des Art. 14 GG auf Paritätsänderungen, Devisenkursfreigaben und Bandbreitenveränderungen bejaht worden ist, soll der verfassungsrechtliche Eigentumsbegriff skizziert werden, soweit ihm im Zusammenhang mit diesen Maßnahmen Relevanz zukommt.

1. Art. 14 GG als Individual- und Institutsgarantie des Eigentums sowie verfassungsrechtliche Grund- und Wertentscheidung

Art. 14 I 1 GG gewährleistet das Privateigentum sowohl als Rechtsinstitut als auch als Individualrecht in seiner konkreten Gestalt in der Hand des einzelnen Eigentümers[31]; darüber hinausgehend enthält Art. 14 GG eine Grund- und Wertentscheidung der Verfassung.

Instituts- und *Individualgarantie* des Eigentums differieren hinsichtlich ihres Umfangs. Während die Institutsgarantie „einen Grundbestand von Normen sichert, die das Eigentum im Sinne dieser Grundrechtsbestimmung umschreiben"[32], erstreckt sich der Schutz der Individualgarantie auf sämtliche vermögenswerte Rechte, die einer Person zu-

---

14 GG bereitet größere Schwierigkeiten als die Überprüfung von außenwertrelevanten Regelungen an Art. 14 GG. Unproblematisch sind nur die Fälle, in denen der Staat eine *inflationistische* Wirtschaftspolitik betreibt; hier wird grundsätzlich die Eigentumsgarantie tangiert (W. *Weber*, Eigentum und Enteignung, 361). Dagegen scheinen in den — normalen (!) — Fällen der Geldwertverschlechterung noch keine verfassungsrechtlich geeigneten und griffigen Kriterien gefunden worden zu sein, die einen konkreten Ansatz zur Abwehr einzelner inflationärer Maßnahmen oder einer inflationistischen Politik insgesamt bieten. Das beruht auch darauf, daß im Rahmen des Art. 14 GG auf eine Verletzung der Institutsgarantie des Eigentums abzustellen sein wird, wobei jedoch der Nachweis ihrer Aushöhlung nicht ohne weiteres zu erbringen ist. Auf Grund des wiederholten Zusammenbruchs der Währungen in Deutschland im 20. Jahrhundert ist zwar die Forderung nach einer „verfassungsgarantierten Währung" (so *Strickrodt*, Zs. f. d. ges. Kreditwesen 1952, 533) verständlich, doch muß auch die enge Verflechtung des Binnenwertes einer Währung mit dem Handeln der privaten Wirtschafter berücksichtigt werden, so daß sich das Postulat nach einem Grundrecht auf Geldwertstabilität (so *Hall*, 83) nicht primär an den Staat richten kann.

[31] BVerfGE 24, 367, 389; 26, 215, 222; 31, 229, 240; 31, 275, 291; *Maunz*, in: Maunz / Dürig / Herzog, Art. 14 Rdnr. 30; *Bender*, NJW 1965, 1297; *Hamann / Lenz*, Art. 14 Anm. A 1; *Leisner*, Erbschaftsbesteuerung, 73; *Schramm*, 139; W. *Weber*, in: Festschrift Michaelis, 318; *v. Mangoldt / Klein*, Art. 14 Anm. II 6; *Kimminich*, in: Bonner Kommentar, Art. 14 Rdnr. 23; gegen diese Unterscheidung *Brinkmann*, Art. 14 Anm. 1 e y; *Luhmann*, Grundrechte, 125 Anm. 47.

[32] BVerfGE 26, 215, 222; BVerfGE 24, 367, LS 3 spricht von einem „elementaren Bestand".

stehen[33]. Durch die Sicherung eines „Normengrundbestandes" gewährleistet Art. 14 I 1 GG das Eigentum als ein Rechtsinstitut, das im wesentlichen durch die Privatnützigkeit und grundsätzliche Verfügungsfreiheit über das Eigentum gekennzeichnet ist[34]. Von einer Verletzung der Institutsgarantie wird man daher erst dann sprechen können, wenn das Eigentum in erheblichem Umfang und in derartiger Intensität getroffen wird, daß eine freiheitliche Verfügung in dem vom hoheitlichen Eingriff betroffenen Raum nicht mehr möglich ist[35].

Art. 14 GG kommt aber auch die Bedeutung einer verfassungsrechtlichen *Grund- und Wertentscheidung* zu. Als wertentscheidende Grundsatznorm statuiert Art. 14 GG eine „objektiv-rechtliche Ordnung" in dem Lebensbereich, der die Beziehung zwischen Personen und vermögenswerten Rechten betrifft[36], und ist zentrale Norm für den Bereich der Eigentumsordnung als Teilbereich der gesamten Ordnung des Gemeinwesens[37]. Als verfassungsrechtliche Grundentscheidung bringt Art. 14 GG zum Ausdruck, daß die Entfaltung der Persönlichkeit sachlicher Mittel bedarf[38], die nach der Wertentscheidung der Verfassung in einer Dritte ausschließbaren Verfügungs- und Nutzungsbefugnis zum Eigentümer stehen sollen[39]. Mit dieser Prägung stellt das Eigentum ein Element objektiver Ordnung sowohl im individuellen Lebensbereich als auch in den wirtschaftlichen Prozessen dar[40]. Der Funktion des Art. 14

---

[33] *Maunz*, in: Maunz / Dürig / Herzog, Art. 14 Rdnr. 30.

[34] BVerfGE 31, 229, 240.

[35] Vgl. BVerfGE 24, 367, 389; *W. Weber*, in: Festschrift Michaelis, 325: Die Institutsgarantie wäre verletzt, „wenn die konstitutiven Elemente des Eigentums — eigene Nutzbarmachung und eigene Verfügung — entscheidend beeinträchtigt wären".

[36] Vgl. zu dieser Funktion der Grundrechte allgemein *Hesse*, 121 ff.; *F. Müller*, 44; *v. Mangoldt / Klein*, Vorbem. A IV 4 a („Grundsatznorm"); wohl auch *Küchenhoff*, 53 f., der hier von „objektiven Verfassungsnormen" spricht, in diesen aber zugleich die Institutsgarantie verankert sieht. Zur Funktion des Art. 14 GG als Element objektiver Ordnung: *Hesse*, 178. Vgl. auch *Badura*, Wirtschaftsverfassung, 103, der dem Eigentum sowohl eine subjektive, als auch eine „objektive, systembestimmende Seite" zuordnet, hiermit wohl aber gleichfalls das Rechtsinstitut meint.

[37] Vgl. *Hesse*, 123.

[38] *Krüger*, Staatslehre, 423.

[39] Vgl. zur Bedeutung des Eigentums als freiheitsstiftendem Faktor BVerfGE 24, 367, 389; 30, 292, 334; 31, 229, 239.

[40] Das Bundesverfassungsgericht hat Art. 5 III 1 GG (BVerfGE 30, 173, LS 1; BVerfGE 35, 79, LS 2) und Art. 6 I GG (BVerfGE 6, 55, 71; ähnlich BVerfGE 28, 104, 112; 31, 58, 69) die Funktion einer „Wertentscheidenden Grundsatznorm" zugesprochen und insbesondere bei Art. 6 I GG drei Funktionsbereiche herausgestellt: individuelles Schutzrecht, Institutsgewährleistung und wertentscheidende Grundsatznorm (BVerfGE 6, 55, 71). Wenngleich das Bundesverfassungsgericht bei Art. 14 GG diese drei Bedeutungsebenen nicht so deutlich unterschieden hat, lassen sich doch in der verfassungsgerichtlichen Rechtsprechung Indizien finden, in denen die Funktion

GG als verfassungsrechtliche Grund- und Wertentscheidung ist bei Rechtsgüterabwägungen zur Geltung zu verhelfen; zudem bietet Art. 14 GG als wertentscheidende Grundsatznorm Gesetzgeber und Exekutive eine Handlungsrichtschnur[41] und ist bei der Auslegung von Rechtsnormen zu beachten.

2. Der Kreis der durch eine Paritätsänderung, Devisenkursfreigabe und Bandbreitenveränderung betroffenen Individualeigentumsrechte

Der Kreis der von einer Paritätsänderung, Devisenkursfreigabe oder Bandbreitenveränderung betroffenen Individualeigentumsrechte wird bestimmt durch die von diesen Maßnahmen ausgehenden Wirkungen. Eine Aufwertung verursacht bei inländischen Gläubigern von Devisenforderungen, ausländischen Schuldnern von DM-Forderungen sowie inländischen Wirtschaftern, die Eigentümer von Gold- oder Devisenbeständen sind, einen Verlust; bei einer Abwertung hingegen erzielen diese Gruppen einen Gewinn. Inländische Schuldner von Devisenforderungen sowie ausländische Gläubiger von DM-Forderungen müssen bei einer Abwertung Verluste hinnehmen[42]; andererseits bedeutet eine Aufwertung für sie einen Gewinn[43].

In der Bundesrepublik vorgenommene Auf- und Abwertungen, Devisenkursfreigaben und Bandbreitenveränderungen können daher folgende Personengruppen und wirtschaftliche Positionen vermögensrechtlich tangieren[44]:

Gläubiger und Schuldner von Forderungen

— und zwar jeweils sowohl von Devisen- als auch von DM-Forderungen —

— diese Wirkung trifft auch Ausländer, soweit sie DM-Gläubiger bzw. -Schuldner sind —

---

des Art. 14 GG als „Element objektiv-rechtlicher Ordnung des Gemeinwesens" (*Hesse*, 178) anklingt; so die Betonung der Wertentscheidung des Grundgesetzes zugunsten des Privateigentums (BVerfGE 14, 263, LS 1 und S. 277; allgemein zum grundgesetzlichen Wertsystem zuletzt BVerfGE 31, 58, 85; 33, 23, 29; 33, 303, 330), das Herstellen des Zusammenhangs der Eigentumsgarantie mit der persönlichen Freiheit (BVerfGE 31, 229, 239) und die Abgrenzung eines „Bereichs der Eigentumsordnung" (BVerfGE 25, 112, 117; 26, 215, 222).

[41] Vgl. BVerfGE 6, 55, 71 zu Art. 6 I GG.

[42] Vgl. *Körber*, 48.

[43] *Jöhr*, Wirtschaftswissenschaftl. Studium 1972, 12, 14; *Hoffmann*, Währungsparität, 12.

[44] Wobei sich deren Betroffenheit sowohl zu ihrem Vorteil als auch zu ihrem Nachteil auswirken kann.

Deviseneigentümer

— in Betracht kommen sowohl Privatpersonen als auch die Bundesbank —

— Betroffene können auch hier Ausländer sein, soweit die DM-Eigentümer sind —

Gewerbe- bzw. Industriebetriebe[45].

Die über das Individualeigentum hinausgehenden Wirkungen von Paritätsänderung und Devisenkursfreigaben auf den gesamtwirtschaftlichen Ablauf sind eigentumsrechtlich auf die Institutsgarantie in Art. 14 I 1 GG zu beziehen. Aus dieser Übersicht ergibt sich die im folgenden zu behandelnde Frage, ob sich allen Betroffenen der Schutz der Eigentumsgarantie des Art. 14 I 1 GG eröffnet.

a) Geld und Forderungen als Eigentumsobjekte des Art. 14 I 1 GG

Der Eigentumsbegriff in Art. 14 GG umfaßt alle vermögenswerten Rechte, also auch Forderungen[46] sowie Geld, unabhängig davon, ob es sich dabei um Münzen bzw. Noten oder um Giralgeld handelt[47]. Der verfassungsrechtliche Eigentumsschutz bezieht sich sowohl auf D-Mark als auch auf Devisen[48]. Die verfassungsrechtliche Gleichbehandlung von in- und ausländischem Geld ist zwingend geboten, da beiden Geldarten Vermögenswert zukommt.

---

[45] Vgl. zu einigen Punkten dieser Übersicht *Jöhr*, Wirtschaftswissenschaftl. Studium 1972, 12 ff.

[46] Unstreitig, vgl. *Maunz*, in: Maunz / Dürig / Herzog, Art. 14 Rdnr. 32; *Brinkmann*, Art. 14 Anm. I 1 a; *W. Weber*, Eigentum und Enteignung, 353; BVerfGE 28, 119, 141. Auch *bedingt* entstandene Forderungen stellen Eigentum im Sinne des Art. 14 I 1 GG dar, da sie ein Anwartschaftsrecht begründen, das mehr als eine bloße Chance zum Erwerb des Vollrechts darstellt und daher dem Schutz des Art. 14 I 1 GG unterstellt ist (das Bundesverfassungsgericht hat Anwartschaften auf Sozialversicherungsleistungen als subjektiv-öffentliche Rechte bezeichnet und dem Schutz des Art. 14 GG unterstellt [BVerfGE 11, 221, 226; 22, 241, 253]. Hinsichtlich privatrechtlicher Anwartschaften: *Hamann / Lenz*, Art. 14 Anm. B 1 b). Bezüglich des Inhabers des Anwartschaftsrechts ist zwischen einer aufschiebenden Bedingung gemäß § 158 I BGB und einer auflösenden Bedingung gemäß § 158 II BGB zu differenzieren (vgl. dazu näher *Larenz*, Allgemeiner Teil, 424, 442; *Lehmann / Hübner*, 283; *Lange*, 288).

[47] *Selmer*, Steuerinterventionismus, 303, *Leisner*, Erbschaftsbesteuerung, 78; *Hoffmann*, Währungsparität, 51; *Hall*, 31; *F. Klein*, StuW 1966, 476; *Faehling*, 36; *Möschel*, 162; a. A. *Mußgnug*, in: Festschrift Forsthoff, 276. Vgl. zum Begriff des Giralgeldes *Fögen*, Währungsrecht, 15.

[48] *Hoffmann*, Währungsparität, 51; *Hall*, 32.

b) Schulden und Vermögen als Eigentumsobjekte des Art. 14 I 1 GG

Bei einer Paritätsänderung oder Devisenkursfreigabe ändert sich für die Schuldner von Forderungen, soweit sie nicht in einheimischer Währung fakturiert haben[49], der von ihnen zur Tilgung ihrer Schuld aufzubringende Betrag. Diese Änderung kann sowohl zugunsten des Schuldners mit der Wirkung eines Aufwertungsgewinns ausschlagen, sie kann jedoch auch dazu führen, daß Schuldner nunmehr einen höheren Betrag zur Tilgung ihrer Schuld aufwenden müssen[50].

Ansatzpunkt für die Beurteilung der eigentumsrechtlichen Relevanz dieser Schuldenveränderung[51] sind nicht unmittelbar die Schulden, da Schulden kein Eigentum im Sinne des Art. 14 GG darstellen[52], sondern die insoweit erfolgende Beeinträchtigung des Vermögens. Paritätsänderung und Devisenkursfreigabe erhöhen faktisch die bisherige Geldleistungspflicht; sie wirken damit ebenso wie eine Steuererhöhung[53], d. h. sie berühren keinen konkreten einzelnen Vermögensgegenstand, sondern das Vermögen „in seiner Gesamtheit“[54]. Es herrscht aber Streit in der Frage, ob das Vermögen zum Gegenstand der verfassungsrechtlichen Eigentumsgarantie zu zählen ist.

aa) Ansichten über den Vermögensschutz in Rechtsprechung und Literatur

Das Bundesverfassungsgericht geht in ständiger Rechtsprechung[55] davon aus, daß die Auferlegung von Geldleistungspflichten die Eigentumsgarantie des Art. 14 I GG grundsätzlich unberührt läßt, es sei denn, die Geldleistungspflicht belastet den Betroffenen übermäßig und beeinträchtigt seine Vermögensverhältnisse grundlegend, wenn also der Geldleistungspflicht Erdrosselungswirkung zukommt[56] oder wenn die „Substanz durch die Besteuerung angetastet“ wird[57]. Das Bundes-

---

[49] *Hoffmann*, Währungsparität, 11 f.

[50] Vgl. 2. Teil, § 3, 2.

[51] Die Paritätsänderung oder Devisenkursfreigabe wirkt nicht auf den nominalen Inhalt der Schulden, sondern nur auf deren Wert im Gesamtvermögen des Schuldners.

[52] *Tomuschat*, 33.

[53] Vgl. *Hoffmann*, Währungsparität, 63 ff.; *Tomuschat*, 33.

[54] *Friauf*, Die Verwaltung 5 (1972), 352.

[55] BVerfGE 4, 7, 17; 6, 290, 298; 8, 274, 330; 10, 89, 116; 10, 354, 371; 11, 105, 126; 14, 221, 241; 18, 441, 452; 19, 119, 128; 19, 253, 267; 23, 288, 314; 26, 327, 338; 27, 111, 131; 27, 326, 343; 28, 119, 142; 29, 402, 413; 30, 250, 271 f.; BVerfG HFR 1969, 347 (Dreierausschuß-Entscheidung gem. § 93 a BVerfGG); vgl. zu dieser Rechtsprechung *Schmidt-Bleibtreu / Klein*, Steuerrecht, 144 f.

[56] So zuletzt BVerfGE 30, 250, 271 f.

[57] BVerfG HFR 1969, 347.

verwaltungsgericht und der Bundesfinanzhof haben sich der Rechtsprechung des Bundesverfassungsgerichtes angeschlossen[58]. Soweit hoheitliche Maßnahmen, insbesondere steuerlicher Art, nicht auf einen konkreten Vermögensgegenstand gerichtet sind, sondern nur einen bestimmten Teil des Vermögens in Form von Geld verlangen, ist das Vermögen des einzelnen demnach grundsätzlich nicht durch Art. 14 GG geschützt. Das Bundesverfassungsgericht differenziert auch nicht zwischen einer Anwendung des Art. 14 I GG und (oder) Art. 14 III GG, sondern lehnt, da es das Vermögen nicht als verfassungsrechtlich geschütztes Eigentum ansieht, bereits den Schutz durch Art. 14 I GG ab[59].

Die Auffassung des Bundesverfassungsgerichtes hat in weiten Teilen der Literatur Zustimmung gefunden[60]. Während das Bundesverfassungsgericht seine Ansicht bisher noch nicht begründet hat, versucht

[58] BVerwGE 6, 247, 266; 10, 3, 7; 12, 140, 162; der Bundesfinanzhof zuletzt in BFH 105, 266, 268; 105, 554, 560; 110, 50, 51 f.; 110, 119, 125; BFH (U. v. 14. 5. 1974, VIII R 95/72) NJW 1974, 2330, 2334; BFH (U. v. 14. 5. 1974, VIII R 162/73) NJW 1974, 2335.

[59] Eine bemerkenswerte Variante enthält ein Urteil des Bundesverfassungsgerichts vom 14. 12. 1965 zur Verfassungsmäßigkeit einer Kirchensteuererhebung der evangelisch-lutherischen Kirche in Hamburg (BVerfGE 19, 253 ff.). Obgleich die Entscheidung im Ergebnis auf der Linie der bisherigen Rechtsprechung liegt, stellt das Bundesverfassungsgericht hier fest, daß „die Kirchensteuer auf Grund einer ausreichenden gesetzlichen Grundlage erhoben (Art. 14 I 2 GG)“ wurde (BVerfGE 19, 253, 267). Die Frage nach der gesetzlichen Grundlage ist jedoch, wenn sie im Rahmen des Art. 14 I GG gestellt wird, nur dann sinnvoll, wenn grundsätzlich davon ausgegangen wird, daß die Auferlegung einer Geldleistungspflicht eine Bestimmung von Inhalt und Schranken des Eigentums darstellen kann. Eine in die gleiche Richtung gehende Sonderstellung nehmen zwei Urteile des Bundesfinanzhofs zum Verhältnis der Besteuerung zu Art. 14 GG ein (BFH BStBl. 1952 III, 140; BFH BStBl. 1971 II, 187). Im Urteil vom 20. 3. 1952 (BFH BStBl. 1952 III, 140, 141) wird eine Enteignung bei „Eigentumsbeschränkungen“ abgelehnt, „die dem einzelnen durch Steuergesetze oder auf Grund dieser Gesetze auferlegt werden“. Im Urteil vom 2. 12. 1970 (BFH BStBl. 1971 II, 187, 189; vgl. zu diesem Urteil *Friauf*, StbJb 1971/72, 429 f.) sieht der Bundesfinanzhof in der Erhebung von Steuern eine „allgemein gegebene Einschränkung des Eigentums“. In beiden Urteilen wird Steuergesetzen expressis verbis eigentumsbeschränkende Wirkung zuerkannt. Bei den genannten Entscheidungen handelt es sich jedoch um Einzelfälle, die auch in der nachfolgenden Rechtsprechung keine Entsprechung gefunden haben (so auch *Selmer*, Steuerinterventionismus, 312 zu BVerfGE 19, 253, 267 f.).

[60] *Ehlermann*, 91 ff.; *Ipsen*, AöR 78 (1952/53), 318; *Paulick*, StbJb 1957/58, 85, 94; *Kimminich*, in: Bonner Kommentar, Art. 14 Rdnrn. 11 ff.; *F. Klein*, StuW 1966, 468 ff., 481 (vgl. dort auch die umfangreichen Nachweise zum Meinungsstand bis 1966); *Hamann / Lenz*, Art. 14 Anm. B 1 b; *Leisner*, Erbschaftsbesteuerung, 85; *Schramm*, 142; *v. Mangoldt / Klein*, Art. 14 Anm. III 1 b; *Selmer*, Steuerinterventionismus, 299 ff., 311 (mit umfangreichen weiteren Literaturnachweisen); *ders.*, VVDStRL 30, 184 f.; mit Einschränkungen *W. Weber*, in: Festschrift Michaelis, 335 f. Einige Autoren sehen bei der Steuererhebung zwar ebenfalls nicht die Eigentumsgarantie involviert, entnehmen jedoch verfassungsrechtliche Bindungen aus Art. 2, 3 und 12 GG; so *Bellstedt*, 123 ff.; *Roth*, 79; *R. Schneider*, Verw. Arch. 58 (1967), 206 f.

insbesondere *Selmer*[61] eine tragfähige Begründung zu finden. Er verweist darauf, daß die Abgabenerhebung keine Entziehung von Geld im Wege eines staatlichen Anspruches auf Übertragung konkreten Geldes darstelle, sondern „ausschließlich abstrakte Wertsummenverpflichtungen, deren Erfüllung in das Belieben des Pflichtigen gestellt ist". Auch die in Art. 14 III GG dem Eigentümer gewährte Vermögens*wert*garantie sei nur auf individualisierte Eigentumsgegenstände zu beziehen, nicht aber als globale Vermögens*beeinträchtigungs*garantie zu verstehen[62]. Da der einzelne Eigentumswert nicht mit dem Eigentum identisch sei, ergebe auch die Summierung von Eigentumswerten kein konkretes Eigentum, so daß Art. 14 GG keinen Schutz gegen Vermögensbeeinträchtigungen biete. Der Grundsatz, daß die Abgabenerhebung nicht in den Schutzbereich des Art. 14 GG falle, betreffe nur die Individualgarantie des Eigentums, die niemals durch die Auferlegung von Geldleistungsverpflichtungen berührt sei, während in den Ausnahmefällen der übermäßig belastenden Steuern die grundsätzliche verfassungsrechtliche Wertentscheidung zugunsten des Privateigentums, die sich in der Institutsgarantie des Eigentums durch Art. 14 GG niedergeschlagen haben, tangiert sei. Eine Verletzung der Institutsgarantie des Eigentums hält Selmer[63] auch dann für möglich, wenn ein „eigentumsrechtlich relevanter ‚Eingriff' im grundrechtlichen Sinne begrifflich ausscheide".

Eine im Vordringen befindliche Ansicht sieht dagegen auch das Vermögen durch Art. 14 GG geschützt und in der Auferlegung von Geldleistungspflichten eine Bestimmung des Inhalts und der Schranken des Eigentums bzw. bei übermäßiger Belastung eine Enteignung[64]. Der Rechtsprechung des Bundesverfassungsgerichtes wird vorgeworfen, daß sie zu einer „offenen Flanke der Eigentumsgarantie" führe[65], indem

[61] Vgl. zum Folgenden *Selmer*, Steuerinterventionismus, 301 ff.

[62] Ähnlich *R. Schneider*, Verw. Arch. 58 (1967), 207.

[63] *Selmer*, Steuerinterventionismus, 301 f.; vgl. auch *ders.* VVDStRL 30, 184 f.

[64] *Brinkmann*, Art. 14 Anm. 1 a ß; *Faehling*, 49 ff. (vgl. insbesondere S. 68 u. 77); *Lerche*, DÖV 1961, 490; *Kröger*, NJW 1973, 1021; *ders.*, NJW 1974, 2307; *Martens*, VVDStRL 30, 15 f.; *W. Weber*, Spannungen, 284; *ders.*, VVDStRL 14, 83 (kritisch gegenüber der Rechtsprechung des Bundesverfassungsgerichtes *W. Weber*, AöR 90 (1965), 471; *ders.*, Der Staat 4 (1965), 437); *Maunz*, in: Maunz / Dürig / Herzog, Art. 14 Rdnrn. 32 u. 50 f.; *Grimm*, 22 f.; *H. H. Klein*, Wettbewerb, 267; *Friauf*, Wirtschaftslenkung, 41 ff.; *ders.*, Die Verwaltung 5 (1972) 352; *ders.*, StbJb 1971/72, 426 ff.; *ders.*, Jur. Analysen 1970, 299 ff. (m. w. N. auf S. 302, Fußn. 17); *Meessen*, BB 1971, 929 ff.; *Sendler*, DÖV 1971, 21 ff.; *Rüfner*, DVBl. 1970, 881 ff.; *Spanner*, Steuerbürger, 99 ff.; *Vogel / Walter*, in: Bonner Kommentar, Art. 105 (Zweitbearbeitung) Rdnrn. 139 ff.; wohl auch *Wacke*, Zusatzsteuer, 47 f.; *ders.*, StbJb 1966/67, 102 f.

[65] *Hesse*, 180; *Friauf*, StbJb 1971/72, 432; *Sendler*, DÖV 1971, 21.

sie die Steuererhebung als praktisch bedeutsamsten Eingriff in die Vermögenssphäre des Bürgers nicht an Art. 14 GG als dem Hauptfreiheitsgrundrecht im vermögensrechtlichen Bereich messe[66]. Art. 14 GG erfasse das Eigentum sowohl in seinem Gebrauchswert als auch in seinem Tauschwert[67], „als der Möglichkeit des Eigentümers, seine Sache im Rechtsverkehr zu verwerten und sie als Äquivalent für andere von ihm begehrte Gegenstände hinzugeben"[68]. Aus der in Art. 14 III GG konstituierten Entschädigungspflicht folge, daß der Tauschwert des Eigentums grundsätzlich erhalten bleiben müsse. Da der Wert jedes einzelnen, einer Person gehörenden Gegenstandes durch Art. 14 GG geschützt sei, müsse auch die Summe des Wertes aller Gegenstände — das Vermögen — in den Schutzbereich des Art. 14 GG fallen. Dem Bundesverfassungsgericht wird weiter entgegengehalten, daß seine Auffassung zum Verhältnis von Geldleistungspflichten zu Art. 14 GG in sich widersprüchlich sei. Wenn das Vermögen nicht gegen die Auferlegung von Geldleistungspflichten geschützt und derartige Maßnahmen somit eigentumsrechtlich irrelevant seien, dann könne Art. 14 GG durch die Statuierung von Geldleistungspflichten grundsätzlich nicht verletzt sein, und zwar auch dann nicht, wenn die Belastung für den Betroffenen übermäßig sei oder die Substanz durch die Besteuerung angetastet werde[69].

Auf die Frage, ob sich aus einem allgemeinen *Steuervorbehalt* eine Freistellung des Staates von der Eigentumsgewährleistung ergibt[70], braucht nicht näher eingegangen zu werden. Paritätsänderung und Devisenkursfreigabe können sich zwar wie eine Besteuerung auswirken; die Erhöhung der Geldleistungspflicht erfüllt jedoch nicht die Merkmale einer Steuer, da sie weder der Erzielung von Einkünften dient (vgl. § 1 I RAO), noch auf der Steuerhoheit beruht, sondern als eine Maßnahme der staatlichen Währungspolitik anzusehen ist.

bb) Ablehnung der Auffassung des Bundesverfassungsgerichts

Die Versagung des Vermögensschutzes durch Art. 14 GG befremdet schon deshalb, weil Art. 14 GG als das umfassendste Grundrecht im

---

[66] *Friauf*, Jur. Analysen 1970, 300.

[67] Vgl. dazu und zum Folgenden insbesondere *Friauf*, Jur. Analysen 1970, 307 f.; *ders.*, StbJb 1971/72, 433; *Hoffmann*, Währungsparität, 55 ff.

[68] *Friauf*, Jur. Analysen 1970, 299, 303.

[69] So *Friauf*, Jur. Analysen 1970, 302 f.; *Martens*, VVDStRL 30, 15 f.; *Spanner*, Steuerbürger, 100; *Sendler*, DÖV 1971, 22; *R. Schneider*, Verw. Arch. 58 (1967), 206; *Möschel*, 163; *Papier*, Der Staat 11 (1972), 485.

[70] Vgl. dazu *Friauf*, Jur. Analysen 1970, 309 ff.; *ders.*, StbJb 1971/72, 433 f.; *Meessen*, BB 1971, 930; bejahend etwa *Rüfner*, DVBl. 1970, 881; *Huber*, Wirtschaftsverwaltungsrecht, Bd. 2, 21.

eigentumsrechtlichen Bereich anzusehen ist, dem auch nach Ansicht des Bundesverfassungsgerichts „die Aufgabe zukommt, dem Träger des Grundrechts einen Freiheitsraum im vermögensrechtlichen Bereich sicherzustellen“[71]. Die Steuerpflicht im besonderen und die Auferlegung von Geldleistungspflichten im allgemeinen unterscheiden sich jedoch für den Bürger nicht von anderen, konkreten Eigentumsbelastungen, da in beiden Fällen der vermögensrechtliche Freiheitsraum eingeschränkt wird.

Auch die vom Bundesverfassungsgericht getroffene Differenzierung — kein Vermögensschutz durch Art. 14 GG, in Extremfällen jedoch Verstoß gegen Art. 14 GG möglich — hält einer näheren Prüfung nicht stand. Ebensowenig überzeugt der Erklärungsversuch von Selmer[72], wonach der grundsätzliche Ausschluß der Auferlegung von Geldleistungspflichten von Art. 14 GG das subjektive Eigentumsrecht betrifft, während die Erdrosselungs- und konfiskatorische Steuer mit der objektiven Grundentscheidung zugunsten des Privateigentums kollidiert.

Die in Art. 14 I GG enthaltene Institutsgarantie des Eigentums als Garantie eines Grundbestandes von Normen, die das Eigentum im Sinne dieser Grundrechtsbestimmung umschreiben[73], sichert einen unverbrüchlichen Kernbestand persönlicher Freiheit im vermögensrechtlichen Bereich. Die in dieser Zone enthaltenen Elemente müssen auch in der individuellen Eigentumsgewährleistung zum Tragen kommen, da andernfalls die Sicherung des Institutes leerläuft. Die Institutsgarantie ist ebenso wie die Wertentscheidung zugunsten des Privateigentums nicht abstrakt, sondern in den einzelnen, das Eigentum betreffenden Normen virulent.

Bedenken ergeben sich auch daraus, daß die Institutsgarantie des Eigentums nur einen „Grundbestand von Normen“ sichert[74], so daß die Gewährleistung individueller Eigentumsrechte nicht enger gefaßt sein kann als die Institutsgarantie. Die Ansicht Selmers führt zudem dazu, daß in Art. 14 GG zwei verschiedene Eientumsbegriffe hineingelesen werden. Da über die Institutsgarantie des Eigentums eine Vermögensbeeinträchtigung relevant werden kann, während dies bei der Individualgarantie abzulehnen sein soll, schützt also die Institutsgarantie auch das Vermögen, wogegen die Gewährleistung individueller Eigentumsrechte das Vermögen nicht erfaßt. Der Ansatzpunkt des Bundesverfassungsgerichts befriedigt daher nicht.

---

[71] BVerfGE 24, 367, 389; vgl. auch *Forsthoff*, in: Festgabe Maunz, 92: „Die Eigentumsgarantie kommt der Vermögensgarantie gleich; der Eigentumsschutz ist zum Vermögensschutz erweitert.“

[72] *Selmer*, Steuerinterventionismus, 301 f.; *ders.*, VVDStRL 30, 184 f.

[73] BVerfGE 24, 367, 389; 26, 215, 222.

[74] BVerfGE 26, 215, 222.

cc) Vermögensbegriff und Tauschwertschutz des Eigentums

Vermögen im Sinne des Art. 14 GG ist die Summe der in den einzelnen, einer Person zustehenden Gegenständen und Rechten verkörperten wirtschaftlichen Werte[75]. Der Vermögensbegriff ist damit nicht als ein „Unterbegriff des Eigentumsbegriffes"[76], sondern als eine Summe einzelner, jeweils für sich unter dem Schutz des Art. 14 GG stehender Eigentumsrechte gekennzeichnet[77]. Der Rückgriff auf den Vermögensbegriff im Rahmen des Art. 14 GG wird daher nur dann erforderlich, wenn sich der Staat nicht des direkten Zugriffs auf bestimmte einzelne Eigentumsobjekte bedient, sondern lediglich eine in der Höhe festgesetzte Wertsumme fordert[78].

Wenn das Vermögen als bloße Wertsummierung vorhandener Werte einzustufen ist, so kann es nur dann von Art. 14 GG umfaßt werden, wenn auch jedes einzelne von Art. 14 GG erfaßte Eigentumsrecht in seinem Wert geschützt wird. Als zu schützender Wert kommen sowohl Gebrauchs- als auch Tauschwert in Betracht. Der *Gebrauchswert* verkörpert sich in der Nutzungs- und Herrschaftsbefugnis des über die Sache verfügenden Eigentümers[79], während der *Tauschwert* die Möglichkeit des Eigentümers enthält, seine Sache im Rechtsverkehr zu verwerten und sie als Äquivalent für andere von ihm begehrte Gegenstände hinzugeben[80]. Der Gebrauchsschutz durch Art. 14 GG wird nicht in Frage gestellt[81]. Die Auferlegung einer Geldleistungspflicht berührt jedoch ebenso wie bei den von einer Paritätsänderung, Devisenkursfreigabe oder Bandbreitenveränderung betroffenen Schuldnern den Tauschwert ihres Vermögens, da ihnen ein neues bzw. erhöhtes Wertopfer auferlegt wird.

---

[75] Vgl. *Friauf*, StbJb 1971/71, 433; *ders.*, Jur. Analysen 1970, 306.

[76] So aber *Suhr*, Eigentumsinstitut, 33.

[77] Eine wirtschaftliche Betrachtungsweise hat zwar den Vermögensbegriff als die Summe aller Aktiva und Passiva zu verstehen, also auch Schulden miteinzubeziehen; für den Vermögensbegriff im Sinne des Art. 14 GG können dagegen Schulden außer Betracht bleiben. Da Schulden nicht als Eigentum anzuerkennen sind (vgl. 2. Teil, § 3, 2), können sie auch nicht auf dem Umweg über das Vermögen dem Schutz des Art. 14 GG unterstellt werden. Soweit hoheitliche Leistungspflichten auferlegt werden, ist ihre Einbeziehung in Art. 14 GG auch nicht erforderlich, da sich die Werteinbuße bei Tilgung der Schuld an einzelnen Gegenständen des Vermögens zeigt, die dann zur Tilgung aufgewendet werden müssen. Der Vermögensschutz findet insoweit einen Ansatzpunkt an vorhandenen Eigentumsobjekten.

[78] Dem Vermögensbegriff kommt also im Rahmen des Art. 14 GG gleichsam eine „Komplementärfunktion" zu.

[79] *Hoffmann*, Währungsparität, 56; *Suhr*, Eigentumsinstitut, 20.

[80] *Friauf*, Jur. Analysen 1970, 307.

[81] Vgl. *Hoffmann*, Währungsparität, 58.

Der Schutz des Tauschwertes durch Art. 14 GG folgt nicht nur aus Art. 14 III GG, der eine Enteignung mit dem Junktim der Entschädigungsregelung für den entzogenen Tauschwert verknüpft[82], sondern allgemein aus der Funktion des Eigentums für die menschliche Lebensgestaltung. Eigentum erschöpft sich nicht in der Nutzungsmöglichkeit, sondern dient zugleich dazu, unter Einsatz seines Tauschwertes Waren, die der individuellen Existenz und Selbstverwirklichung dienen, zu erwerben[83]. Der wirtschaftliche Wert des Eigentums dient dabei als Gradmesser der Möglichkeit, sich andere Gegenstände zu Eigentum zu verschaffen oder sich angebotener Leistungen zu bedienen. Der Tauschwert ist damit auch vor seiner Realisierung ein wesentlicher Bestandteil des Eigentums[84], der zur Sicherung seiner Funktionstauglichkeit in der Hand des individuellen Eigentümers beiträgt[85]. Der Wert des Eigentums kann daher nicht mit bloßen, dem Eigentum anhaftenden, jedoch nicht von Art. 14 GG geschützten Vorteilen gleichgesetzt werden. Es ist daher geboten, den (Gebrauchs- und Tausch-)Wert des Eigentums umfassend in den Schutz durch Art. 14 GG einzubeziehen[86].

Gebrauchs- und Tauschwertschutz des Eigentums durch Art. 14 GG dürfen allerdings nicht im Sinne einer Wert*garantie* verstanden werden. Soweit dieser Terminus in der Literatur gebraucht wird, ist er zumindest mißverständlich[87]. Eine statische Wertgarantie würde die

---

[82] *Friauf*, Jur. Analysen 1970, 307; *ders.*, StbJb 1971/72, 433; *Hoffmann*, Währungsparität, 56 ff.; *Möschel*, 165.

[83] Vgl. *Friauf*, Jur. Analysen 1970, 307 f.

[84] Vgl. *Larenz*, Problematik des Eigentums, 33.

[85] Der Wertschutz betrifft daher nicht nur die individuelle Gewährleistung des Eigentums, sondern zugleich die Institutsgarantie sowie die grundsätzliche verfassungsrechtliche Wertentscheidung.

[86] So auch *Friauf*, Jur. Analysen 1970, 308; *ders.*, StbJb 1971/72, 433; *Maunz*, Staatsrecht, 174 („Eigentumswertgarantie"); *Suhr*, Der Staat 9 (1970), 82; *W. Henke*, VVDStRL 28, 177; *Dietlein*, DÖV 1973, 259 rechnet ebenfalls den mit dem Tauschwert identischen Verkehrswert eines Grundstückes zu dem durch Art. 14 GG geschützten Eigentumsinhalt. A. A. *Papier*, Der Staat 11 (1972), 491 (Papier geht in seiner Analyse nur vom Vermögen, nicht jedoch vom konkreten Eigentumsobjekt aus. Dieser Ansatz überzeugt nicht, da dem Vermögen im Rahmen von Art. 14 GG nur eine Hilfs- und Komplementärfunktion zukommt. Ausgangspunkt muß daher der Wertschutz individueller vermögenswerter Rechte sein).

Der Wertschutz des Eigentums hat sich nicht nur gegenüber hoheitlichen Maßnahmen zu bewähren, sondern greift auch dort Platz, wo Wertbeeinträchtigungen von privater Seite ausgehen, dem Staat aber regulierende und ausgleichende Befugnisse zuerkannt sind, wie z. B. bei der Abwehr von Störungen des gesamtwirtschaftlichen Gleichgewichtes gemäß Art. 109 II GG.

[87] Vgl. z. B. *Friauf*, Jur. Analysen 1970, 307 („Vermögenswertgarantie"); ebenso *Meessen*, BB 1971, 930; *Sendler*, DÖV 1971, 22; *Hoffmann*, Währungsparität, 60; *v. Hammerstein*, 22; zutreffend dagegen *Papier*, Der Staat 11 (1972), 490 f.

Erhaltung und Perpetuierung eines bestimmten Wertes eines Gegenstandes, den dieser einmal innegehabt hat, beinhalten. Ein so verstandener Wertschutz würde jedoch nicht nur den Rahmen des verfassungsrechtlich möglichen sprengen. Der Tauschwert kann nur geschützt, nicht aber garantiert werden. Etwas anderes ergibt sich auch nicht aus Art. 14 III GG. An den Entzug des Gebrauchs- und Tauschwertes knüpft Art. 14 III GG eine Entschädigungspflicht, die den von der hoheitlichen Maßnahme Betroffenen in die Lage versetzen soll, sich ein gleichwertiges Vermögensobjekt zu beschaffen[88]. Die Höhe der Entschädigung bemißt sich nach dem *jeweiligen* Wert des enteigneten Objektes. Die Junktimklausel vermag daher auch nur eine Entschädigung für diesen jeweiligen Wert zu garantieren.

Gebrauchs- und Tauschwertschutz des Eigentums durch Art. 14 GG gewährleisten die Funktionstauglichkeit des Eigentums als Mittel zur freien Persönlichkeitsentfaltung. Wertveränderungen des Eigentums, die durch hoheitliche Maßnahmen bewirkt werden, unterliegen daher den allgemeinen, für Gesetze nach Art. 14 I 2 GG geltenden Grenzen[89].

dd) Geldwertschutz durch Art. 14 GG

Zu prüfen bleibt, ob sich der allgemeine Wertschutz des Eigentums durch Art. 14 GG auch auf den Wert des Geldes bezieht, dessen Veränderung den auslösenden Faktor für die Vermögensbeeinträchtigung bestimmter Schuldnergruppen bildet.

Das Bundesverfassungsgericht hat in einem aufgrund § 93 a BVerfGG ergangenen Beschluß vom 21. 1. 1969 apodiktisch ausgeführt[90]: „Darüber hinaus beinhaltet die Eigentumsgarantie weder eine staatliche Wertgarantie des Geldes[91] noch das währungs- und wirtschaftspolitische Leitbild, die Vorstellung eines stabilen Geldwertes zu verwirklichen.“ Zuzustimmen ist dem Bundesverfassungsgericht lediglich insoweit, als eine *Garantie* für die Erhaltung oder Erzielung eines bestimmten Geldwertes nicht vom Staat verlangt und daher auch nicht durch Art. 14 GG gewährt werden kann. Die Eigentumsgarantie zielt vielmehr auf einen verfassungsrechtlich kontrollierten Wertschutz des Eigentums sowohl gegenüber hoheitlichen Maßnahmen als auch gegenüber Eigentumswertgefährdungen von privater Seite, sofern dem Staat durch die Verfassung hierfür ein Wächteramt übertragen worden ist[92]. Ein *Wert-*

---

[88] *Maunz*, in: Maunz / Dürig / Herzog, Art. 14 Rdnr. 120.

[89] Vgl. dazu 3. Teil, § 5 passim.

[90] BVerfG Beschl. v. 21. 1. 1969 HFR 1969, 347; ebenso BFH (U. v. 14. 5. 1974, VIII R 95/72) NJW 1974, 2330, 2334.

[91] So auch *Arndt*, 277; *Hettlage*, VVDStRL 14, 9.

[92] Vgl. 2. Teil, § 3, 2 b cc, Fußn. 86.

schutz des Geldes ist dagegen ebenso wie bei anderen Eigentumsobjekten anzuerkennen. Da das Geld als Gegenleistung für geleistete Arbeit den wichtigsten Faktor der Existenzsicherung darstellt, kommt gerade einem Geldwertschutz durch Art. 14 GG überragende Bedeutung zu. Zudem besteht infolge der universellen Tauschmittelqualität des Geldes[93] zwischen Geld- und Sachwerten eine wechselseitige Beziehung, die eine Differenzierung im Hinblick auf Art. 14 GG nicht gerechtfertigt erscheinen läßt[94].

Dagegen spricht nicht, daß Geldwertveränderungen wesentlich auch von den privaten Wirtschaftern beeinflußt werden[95]. Der Staat reagiert auch im Bereich der Geldpolitik nicht bloß auf die von autonomen Wirtschaftern gesetzten Abläufe, sondern muß entsprechend dem im Stabilitätsgesetz und Art. 109 GG gegebenen Rahmen eigene Bedingungen setzen[96]. Staatliche Wirtschaftsplanung erschöpft sich nicht im Nachvollziehen und Korrigieren, sondern fordert ebenso Prognosen und selbständige Datensetzung.

Der Geldwertschutz durch Art. 14 GG ist auch nicht dadurch in Frage zu stellen, daß er wegen des weiten Ermessens von Gesetzgebung und Regierung bei der Auswahl und Terminierung geldpolitischer Maßnahmen nur in geringem Umfang justiziabel gemacht werden kann, denn der Frage nach den Grenzen des staatlichen Spielraums[97] bei der Beeinflussung des inneren und äußeren Geldwertes kann kein Einfluß auf den grundsätzlich zu gewährenden Grundrechtsschutz zukommen[98].

ee) Vermögensschutz durch Art. 14 GG

Vermögensschutz durch Art. 14 GG setzt voraus, daß nicht nur das einzelne, konkrete Eigentumsobjekt in seinem Tausch- und Gebrauchswert geschützt wird, sondern daß auch das Vermögen als Zusammenfassung aller im Eigentum einer Person stehenden Gegenstände hin-

---

[93] Der Wert des Eigentums kann auch als Eigentumsgeldwert bezeichnet werden; vgl. *Bullinger*, Der Staat 1 (1962), 453.

[94] Dagegen nimmt *Papier*, AöR 98 (1973), 535 ff. einen unmittelbaren Tauschwertschutz durch Art. 14 GG nur bei Geld, nicht aber bei Sachgütern an.

[95] So aber *Hettlage*, VVDStRL 14, 7. Dies gilt auch für die Veränderungen des Außenwertes einer Währung, die im Wege der Paritätsänderung oder Devisenkursfreigabe korrigiert werden, da auch Paritätsänderung und Devisenkursveränderungen bei einem Floating die Reaktion auf bestimmte Wirtschaftsabläufe darstellen; vgl. auch *Friauf*, Die Verwaltung 5 (1972), 352 f.

[96] Vgl. *H. J. Schmitz*, 48 ff.

[97] Vgl. dazu noch 3. Teil, § 5, 2 passim.

[98] Diese Überlegungen spielen offensichtlich bei der Ablehnung des Geldwertschutzes durch *Arndt*, 277 eine wesentliche Rolle.

sichtlich seines Gebrauchs- und Tauschwertes in den Schutz des Art. 14 GG einbezogen werden kann.

Art. 14 GG schützt jedes einzelne vermögenswerte Recht in seinem Wert; die Eigentumsgarantie umfaßt somit die Gesamtheit der Einzelwerte. Da sich das Vermögen im Sinne des Art. 14 GG gegenständlich als die Zusammenfassung der vorhandenen vermögenswerten Rechte darstellt und wertmäßig aus der Summe der Einzelwerte zusammensetzt[99], sind sowohl die Höhe des Gesamtwertes des Vermögens mit der Summe der Werte der einzelnen vermögenswerten Rechte als auch die zugrunde liegenden Eigentumsobjekte identisch. Wenn daher die Gesamtheit der Einzelwerte von Art. 14 GG geschützt wird. muß auch der Gesamtwert der Einzelwerte — das Vermögen — in den Schutzbereich des Art. 14 GG fallen[100].

Die Auferlegung einer Geldleistungspflicht stellt zwar nur eine „abstrakte Wertsummenverpflichtung“[101] für den Betroffenen dar, die den Tauschwert des Vermögens reduziert, doch schlägt sich bei der Erfüllung der Geldleistungspflicht die Tauschwertminderung auch an konkreten vermögenswerten Rechten nieder, die der Schuldner zur Tilgung der Schuld übertragen muß. Die Vermögensbeeinträchtigung läßt sich also auch auf die individualisierten Eigentumsgegenstände zurückführen, so daß die zunächst global ansetzende Vermögensbeeinträchtigung den „Durchgriff“ auf konkrete, dem Schutz des Art. 14 GG unterliegende Tauschwerte enthält. Die Bindung des Tauschwertschutzes an die konkreten Einzelobjekte des Vermögens wird daher nicht gelöst[102]. Dem Schuldner der Geldleistungspflicht bleibt zwar die Wahl, welchen Gegenstand seines Vermögens er opfern will[103], er muß jedoch in jedem Fall konkrete Vermögensgegenstände herausgreifen und zur Schuldentilgung verwenden[104]. Gegenüber dem eigentumsrechtlich relevanten Zugriff auf konkrete Vermögensobjekte unterscheidet sich die Auferlegung von Geldleistungspflichten nur in der *Technik* des Zugriffs, nicht aber hinsichtlich ihrer *Wirkung*. Die Zugriffsform einer

---

[99] Vgl. zum Vermögensbegriff 2. Teil, § 3, 2 b cc.

[100] Vgl. *Friauf*, StbJb 1971/72, 433.

[101] Bezüglich des Charakters einer Auferlegung einer Geldleistungspflicht übereinstimmend *Selmer*, Steuerinterventionismus, 304; *Friauf*, Jur. Analysen 1970, 306; *Faehling*, 49; *Kröger*, NJW 1973, 1017.

[102] Anders *Selmer*, Steuerinterventionismus, 306.

[103] Wenngleich dieser Wahl bei Geldleistungspflichten verfassungsrechtlich keine Bedeutung zukommt, da es für den Schuldner bedeutungslos ist, welche Geldzeichen er hingibt (so zutreffend *Hoffmann*, Währungsparität, 64). Faktisch besteht in vielen Fällen, so z. B. bei der Lohnsteuer, die unmittelbar vom Lohn abgezogen wird, noch nicht einmal diese Wahlmöglichkeit.

[104] Darauf weist auch *Möschel*, 164 hin.

staatlichen Maßnahme kann jedoch auf den Grundrechtsschutz keinen Einfluß nehmen[105].

Soweit eine Paritätsänderung oder ein Floating ausländische Schuldner von DM-Forderungen und inländische Schuldner von Devisen-Forderungen betrifft[106] und damit deren Vermögen tangiert, berühren diese Maßnahmen von Art. 14 GG geschütztes Eigentum[107].

c) Verfassungsrechtlicher Schutz des eingerichteten und ausgeübten Gewerbebetriebes

Neben Geld, Forderungen und dem Vermögen kommt als von der Paritätsänderung und dem Floating berührtes Eigentumsobjekt auch der eingerichtete und ausgeübte Gewerbebetrieb in Betracht[108].

Art. 14 GG schützt den Gewerbebetrieb[109] in allen seinen Ausstrahlungen, und zwar „nicht nur den gegenständlichen Bestand des Betrie-

---

[105] Ähnlich *Faehling,* 52 ff., der zwischen mittelbaren und unmittelbaren Grundrechtsbeeinträchtigungen differenziert und beide Formen als grundrechtsrelevant qualifiziert.

Nicht nur die Technik, sondern auch die Motivation des Zugriffs auf das Vermögen beeinflußt den Grundrechtsschutz nicht. Daher ist es auch nicht angängig, nur die nicht fiskalischen Zwecken dienende Auferlegung von Geldleistungspflichten dem Vermögensschutz des Art. 14 GG zu unterstellen (so aber noch *Friauf,* Wirtschaftslenkung, 43 ff. Die Unterscheidung zwischen fiskalisch und nicht fiskalisch motivierten Steuern hinsichtlich des Eigentumsschutzes durch Art. 14 GG wird von Friauf in neueren Arbeiten allerdings nicht mehr getroffen [vgl. *Friauf,* StbJb 1971/72, 425 ff.; *ders.,* Jur. Analysen 1970, 299 ff.]).

[106] Vgl. dazu 2. Teil, § 3, 2.

[107] Die Frage des Vermögensschutzes durch Art. 14 GG wird jedoch insbesondere bei der Auferlegung von Geldeistungspflichten in ihrer verfassungsrechtlichen Bedeutung überschätzt. Steuergesetze ergehen ohnehin in Gesetzesform, d. h. sie erfüllen die formalen Anforderungen des Art. 14 I 2 GG. Der inhaltliche Spielraum in Art. 14 I 2 GG ist zudem so weit, daß die Handlungsfreiheit des Steuergesetzgebers kaum eingeschränkt werden wird, wenn man die von ihm erlassenen Regelungen dem Regelungsvorbehalt des Art. 14 I 2 GG unterwirft. Das Bundesverfassungsgericht prüft auch ohne daß es Art. 14 GG berücksichtigt, Steuergesetze auf ihre Vereinbarkeit mit allen anderen Verfassungsnormen. Diese Prüfung bildet aber auch einen wesentlichen Bestandteil der Kontrolle inhalts- und schrankenbestimmender Gesetze nach Art. 14 I 2 GG; vgl. BVerfGE 8, 71, 80; 14, 263, 278; 18, 121, 132; 21, 73, 82 f.; 21, 150, 155; 25, 112, 117; 31, 229, 240; 31, 248, 252.

Damit löst sich aber auch der Widerspruch auf, der in der Enteignung von Geld gesehen wird (vgl. *Forsthoff,* BB 1953, 422; *Friauf,* Wirtschaftslenkung, 44; BVerwGE 10, 3, 7). Da inhalts- und schrankenbestimmende Regelungen gemäß Art. 14 I 2 GG das Übermaßverbot zu berücksichtigen haben (vgl. die Nachweise im 3. Teil, § 5, 2 h aa), sind kaum noch Fälle denkbar, in denen die Auferlegung einer Steuer enteignende Wirkung ausübt. Der steuerliche Zugriff erweist sich also weniger als ein Problem des Art. 14 III GG, sondern ist primär im Rahmen des Art. 14 I GG anzusiedeln.

[108] *Henn,* AWD 1961, 61; vgl. näher zur Bedeutung der Paritätsänderung für Gewerbebetriebe 3. Teil, § 3, 2 a aa y.

bes" — also Betriebsgrundstücke und -räume, Einrichtungsgegenstände, Warenvorräte, Außenstände[110] —, sondern „dessen gesamte Erscheinungsform, den Tätigkeitskreis und seinen Kundenstamm, geschäftliche Beziehungen, kurz alles was in seiner Gesamtheit den wirtschaftlichen Wert des konkreten Betriebes ausmacht"[111]. Gewährleistet wird durch Art. 14 GG die „Substanz" des eingerichteten und ausgeübten Gewerbebetriebes[112]. Die hoheitliche Maßnahme braucht sich jedoch nicht unmittelbar gegen den Bestand des Betriebes zu richten, sondern es genügt jede Störung des eingerichteten und ausgeübten Gewerbebetriebes, um den Schutz durch Art. 14 I oder 14 III GG zu aktualisieren[113]. Nicht von Art. 14 GG erfaßt werden dagegen bloße Erwerbsmöglichkeiten, Aussichten und Chancen[114], wenngleich auch Ertragschancen wertbestimmenden Einfluß auf den Gewerbebetrieb ausüben können. Der geschützte Umfang wird durch die jeweilige Situation, in der das Gewerbe betrieben wird, bestimmt[115]. Für den Gewerbebetrieb ist dabei allgemein sowohl die ökonomische als auch die lokale Situation von Bedeutung. Paritätsänderung, Devisenkursfreigabe und Bandbreitenveränderung nehmen dagegen nur auf die wirtschaftlichen Verhältnisse Einfluß.

Hoheitliche Regelungen mit wirtschaftslenkendem Charakter, die sich für Gewerbebetriebe wirtschaftlich vorteilhaft auswirken, zählen

---

[109] Der Gewerbebetrieb stellt nach einhelliger Auffassung Eigentum im Sinne des Art. 14 I 1 GG dar; vgl. etwa *Maunz*, in: Maunz / Dürig / Herzog, Art. 14 Rdnr. 32; *W. Weber*, Eigentum und Enteignung, 353; *v. Mangoldt / Klein*, Art. 14 Anm. III 1 b; *Hamann / Lenz*, Art. 14 Anm. B 1 b; *Badura*, Wirtschaftsverfassung, 107 ff.; *ders.*, Wirtschaftsverwaltungsrecht, 271 f.; *Wolff / Bachof*, § 62 III a 3; *Brinkmann*, Art. 14 Anm. I a β; *Kimminich*. in: Bonner Kommentar, Art. 14 Rdnrn. 20 f.; *Hoffmann*, Währungsparität, 66 f.; *Peter*, JZ 1969, 550 f.; *Ganschezian-Finck*, NJW 1969, 161; *Möschel*, 162; BGHZ 23, 157, 161 f.; 45, 83, 87 ff.; 45, 150, 154 ff.; 48, 58, 60; 48, 65, 66; 55, 261, 263; zuletzt BGHZ 57, 359 ff. (Frankfurter U-Bahn); BVerfGE 1, 264, 277; 13, 225, 229; 22, 380, 386.

[110] BGHZ 45, 150, 155; 48, 65, 66; 55, 261, 263.

[111] BGHZ 23, 157, 162; 45, 83, 87; 48, 65, 66; 55, 261, 263; BGH, U. v. 7. 12. 1967, NJW 1968, 293; U. v. 29. 5. 1967, NJW 1967, 1857. Diese wirtschaftliche Betrachtungsweise wendet der Bundesgerichtshof auch bei Grundstücken an, indem er deren „wirtschaftliche Benutzbarkeit" der Eigentumsgarantie unterstellt (vgl. BGH, U. v. 11. 10. 1973, NJW 1974, 53, 54).

[112] BVerfGE 13, 225, 229; *Badura*, Wirtschaftsverfassung, 107; *ders.*, Wirtschaftsverwaltungsrecht, 272; *Leisner*, NJW 1974, 479.

[113] BGHZ 23, 157, 162.

[114] BGHZ 45, 150, 155; BGH, U. v. 29. 5. 1967, NJW 1967, 1857; *Möschel*, 168; *Badura*, Wirtschaftsverwaltungsrecht, 272; *ders.*, Wirtschaftsverfassung, 107; *ders.*, Entschädigung, 22; *Kreft*, Aufopferung und Enteignung, 19; a. A. Hoffmann, Währungsparität, 66 Fußn. 126; Schack, BB 1963, 1229 f.
ders., Wirtschaftsverfassung, 107; *ders.*, Entschädigung, 22.

[115] BGHZ 45, 150, 155; 48, 65, 66; *Badura*, Wirtschaftsverwaltungsrecht, 272;

nicht zum Gewerbebetrieb im verfassungsrechtlichen Sinn[116]. Änderungen wirtschaftslenkender Maßnahmen tangieren daher insoweit den eingerichteten und ausgeübten Gewerbebetrieb grundsätzlich nicht. Eigentumsschutz durch Art. 14 GG wird aber dann ausgelöst, wenn aufgrund besonderer Umstände ein Vertrauenstatbestand geschaffen worden ist, der zu betrieblichen Dispositionen Anlaß gegeben hat und aufgrund dessen sich der Betriebseigentümer auf den Fortbestand der wirtschaftslenkenden Maßnahme verlassen darf[117]. In den Regelfällen, in denen keine besondere Vertrauensposition vorliegt, wird die durch eine Aufhebung oder Änderung einer wirtschaftslenkenden Regelung bedingte Beeinträchtigung des Gewerbebetriebes für Art. 14 GG jedoch relevant, wenn diese sich im Umfang des Kundenstammes oder der geschäftlichen Beziehungen für das Unternehmen nachteilig niederschlägt[118].

d) Grundrechtsträger des Art. 14 GG

Der Wirkungsbereich der Paritätsänderung, Devisenkursfreigabe und Bandbreitenveränderung erstreckt sich neben Deutschen auch auf Ausländer[119] und neben Privatpersonen auch auf die Bundesbank als juristische Person des öffentlichen Rechts (§ 2 S. 1 BBankG).

Grundrechtsträger der Rechte aus Art. 14 GG können auch Ausländer sein, da sich der Schutz des Art. 14 GG nicht auf deutsche Staatsangehörige beschränkt[120]. Um nicht auszuufern, bedarf die Eigentumsgarantie im Bereich der Währung jedoch der gegenständlichen Begrenzung auf DM-Schulden und -Forderungen sowie auf Deviseneigentum in deutscher Währung[121]. Der so umrissene Umfang der Grundrechtsträgerschaft entspricht der auch im internationalen Handelsverkehr bestehenden Tauschmittelfunktion der Währung eines Staates. Da staatliche Geldeinheiten auch auf den Gebrauch im zwischenstaatlichen

---

[116] So der Bundesgerichtshof im „Knäckebrot-Urteil" zur Aufhebung eines Schutzzolls zugunsten der deutschen Unternehmer (BGHZ 45, 83, 87); vgl. *Badura*, Entschädigung, 22.

[117] BGHZ 45, 83, 87; BGH, U. v. 7.12.1967, NJW 68, 293, 294; *Badura*, Wirtschaftsverfassung, 107 f.; *ders.*, Wirtschaftsverwaltungsrecht, 272; *ders.*, AöR 98 (1973), 169.

[118] Insoweit erscheint auch die Kritik von *Hoffmann*, Währungsparität, 66 an der „isolierenden Betrachtungsweise" des Bundesgerichtshofs nicht berechtigt, da sich Änderungen von wirtschaftslenkenden Maßnahmen häufig in der „Substanz" des Unternehmens niederschlagen werden und damit für Art. 14 GG nutzbar gemacht werden können.

[119] Vgl. 2. Teil, § 3, 2.

[120] *Maunz*, in: Maunz / Dürig / Herzog, Art. 14 Rdnr. 11; *v. Mangoldt / Klein*, Art. 14 Anm. II 9 a.

[121] Vgl. *Tomuschat*, 30 f. und 33.

Verkehr angelegt sind, muß sich der Schutz des Art. 14 GG auch auf diejenigen Personen erstrecken, die sich der Geldeinheit bedienen, ohne Ansehen ob es sich dabei um deutsche Bürger oder Ausländer handelt.

Grundsätzlich kann zwar die Bundesbank durch eine Paritätsänderung, Devisenkursfreigabe oder Bandbreitenveränderung beeinträchtigt werden[122], doch wird sich hieraus in der Praxis kaum eine Konfliktsituation zwischen dem die währungspolitische Maßnahme vornehmenden Organ und der Bundesbank ergeben. Das Verhältnis der Bundesbank zur Bundesregierung in währungspolitischen Fragen ist gemäß § 13 I BBankG vielmehr von kooperativer Zusammenarbeit geprägt. Daher erscheint eine Prüfung der Frage entbehrlich, inwieweit gemäß Art. 19 III GG auf die Bundesbank als juristische Person des öffentlichen Rechts die Grundrechte Anwendung finden können[123]. Die Bundesbank wird daher in den folgenden Betrachtungen aus dem Kreis der in verfassungsrechtlich relevanter Weise Betroffenen ausgeklammert.

Als von einer Paritätsänderung, Devisenkursfreigabe oder Bandbreitenveränderung tangierte Eigentumsobjekte kommen daher hinsichtlich der betroffenen vermögenswerten Rechte Forderungen, Devisenbestände, das Vermögen sowie eingerichtete und ausgeübte Gewerbebetriebe in Betracht. Die Forderungen oder Schulden — als Anknüpfungspunkte des Vermögensschutzes — können auf in- oder ausländische Währung lauten. Der Schutz dieser vermögenswerten Rechte erstreckt sich auf In- und Ausländer.

---

[122] So ist die Bundesbank nach einer Aufwertung gezwungen, ihre regelmäßig vor der Paritätsänderung bzw. Devisenkursfreigabe stark angewachsenen Währungsreserven zu einem niedrigeren Kurs zu bilanzieren; vgl. *Jöhr*, Wirtschaftswissenschaftl. Studium 1972, 13.

[123] Die Grundrechtsträgerschaft für Hoheitsträger bejahen *Bettermann*, NJW 1969, 1321 ff.; *v. Mangoldt / Klein*, Art. 19 Anm. VI 2; *Wernicke*, in: Bonner Kommentar, Art. 19 Anm. II 3 a; *W. Weber*, Eigentum und Enteignung, 361; *Brinkmann*, Art. 19 Anm. I 6 b ß; *Samm*, 35; grundsätzlich ablehnend BVerfGE 21, 362, 367 ff.; 23, 12, 24; 23, 353, 372 f.; 24, 367, 383; 26, 228, 244; *Hesse*, 120; *Dürig*, in: Maunz / Dürig / Herzog, Art. 19 Abs. III Rdnrn. 29 ff.; *Maunz*, Staatsrecht, 105 f.; *Hamann / Lenz*, Art. 19 Anm. B 9. Differenzierend nach der Art der Verwaltungskompetenz der juristischen Person *Burmeister*, Grundrechtsverständnis, 88 ff.

Dritter Teil

Paritätsänderung, Devisenkursfreigabe und Bandbreitenveränderung als inhalts- und schrankenbestimmende Regelungen des Eigentums gemäß Art. 14 I 2 GG

Die eigentumsrechtliche Relevanz der Paritätsänderung, des Floatings und einer Bandbreitenveränderung ist zunächst für den Bereich des Art. 14 I GG zu untersuchen, d. h. es stellt sich die Frage, ob diese Maßnahmen durch Art. 14 I 1 GG geschütztes Eigentum tangieren. Entsprechend der in Art. 14 I 2 GG enthaltenen Differenzierung ist eine hoheitliche Regelung als eigentumsrelevant anzusehen, wenn sie Inhalt oder Schranken des Eigentums bestimmt[1].

An die Darstellung der zum Verhältnis der Paritätsänderung zur Eigentumsgarantie des Art. 14 I 1 GG vertretenen Meinungen ist die allgemeine Kennzeichnung der Merkmale einer Inhalts- und Schrankenbestimmung des Eigentums anzuschließen, ehe die Eigentumsrelevanz der Paritätsänderung geprüft werden kann.

§ 1 In der Literatur vertretene Ansichten zum Verhältnis der Paritätsänderung zu Art. 14 I 2 GG

Die eigentumsrechtliche Relevanz der Paritätsänderung[2] wird im Schrifttum unterschiedlich beurteilt[3]. Eine verbreitete Ansicht stellt eine in den verfassungsrechtlich geschützten Eigentumsbereich hineinreichende Wirkung der Paritätsänderung fest und ordnet sie dem Regelungsvorbehalt zu. Demgegenüber tangiert nach einer anderen, eben-

---

[1] Bei der Zuordnung der Paritätsänderung, Devisenkursfreigabe und Bandbreitenveränderung zu Art. 14 I 2 GG geht es nicht um die Frage der *Abgrenzung* der Sozialbindung zur Enteignung, sondern allein darum, festzustellen, *ob* diese Maßnahmen Inhalt und Schranken des Eigentums bestimmen, wobei hier noch offenbleiben soll, ob sie im Rahmen der Eigentumsbindung verbleiben oder Eingriffe von enteignender Wirkung enthalten.

[2] Eine Beziehung der Devisenkursfreigabe zu Art. 14 I GG wird — soweit ersichtlich — nur von *Hoffmann-Riem,* BB 1969, 1381 hergestellt. Die Bandbreitenveränderung ist bisher noch nicht an Art. 14 GG geprüft worden.

[3] Die Literaturnachweise erfolgen im einzelnen bei den folgenden Ausführungen.

falls häufig vertretenen Auffassung die Paritätsänderung nicht das von Art. 14 I 1 GG garantierte Eigentum und wird damit nicht dem Regelungsvorbehalt des Art. 14 I 2 GG unterstellt.

1. Die Ansicht, wonach Paritätsänderungen dem Regelungsvorbehalt des Art. 14 I 2 GG unterliegen

Hoffmann-Riem bejaht die Geltung des Art. 14 I 2 GG für Paritätsänderungen, indem er davon ausgeht, daß der Tauschwert des Geldes durch Art. 14 GG geschützt sei und daher bei einer Geldwertbeeinträchtigung Inhalt und Schranken des Eigentums bestimmt würden[4]. Daß der Tauschwert neben dem Gebrauchswert von der verfassungsrechtlichen Eigentumsgarantie umfaßt werde, sei ein Gebot der umfassenden Freiheitsgarantie des Grundgesetzes, wonach allen „Kategorien der Außenweltgüter" der Schutz des Art. 14 GG zuteil werden müsse[5]. Das Geld diene der Existenzsicherung und Lebensgestaltung, so daß Art. 14 GG auch den Anspruch auf Geld, „d. h. auf die Verschaffung eines Tauschwertes", der als Folge der erbrachten Arbeitsleistung entstehe, hinsichtlich seines Umfanges sichere[6].

Eine Auf- oder Abwertung bedeute für Deviseninhaber eine Tauschwertänderung ihrer Devisen im Verhältnis zur deutschen Mark[7]. Die Veränderung des Währungswertes berühre sowohl die subjektiven Rechte der Deviseninhaber und enthalte zugleich eine Ausgestaltung des Eigentumsinstitutes[8]. Hoffmann-Riem[9] bejaht die Geltung des Regelungsvorbehaltes auch insoweit, als bei einer Auf- oder Abwertung Devisenschuldner betroffen würden. Art. 14 GG schütze den Vermögensinhaber sowohl vor der Auferlegung als auch der Erhöhung von

---

[4] *Hoffmann*, Währungsparität, 51 ff.; *Hoffmann-Riem*, BB 1969, 1376. *Hoffmann* untersucht zwar die Eigentumsrelevanz der Paritätsänderung primär unter dem Aspekt der Kompetenzverteilung zwischen Exekutive und Legislative, während sich die vorliegenden Betrachtungen auf das Verhältnis der Paritätsänderung zu Art. 14 GG beschränken, doch überschneiden sich beide Fragenkreise innerhalb des Art. 14 I 2 GG.

[5] *Hoffmann*, Währungsparität, 58 unter Anlehnung an *Dürig*, in: Festschrift Apelt, 26.

[6] *Hoffmann*, Währungsparität, 58 f.; zustimmend *Friauf*, Die Verwaltung 5 (1972), 352. *Hoffmann*, Währungsparität, 59 f. stützt seine Argumentation wesentlich auf die — von einer soziologischen Betrachtungsweise ausgehenden — Ausführungen Luhmanns. *Luhmann*, Grundrechte, 108 ff. sieht im Geld die Abstraktion der in einer Gesellschaft vorhandenen Tauschchancen (*Luhmann*, 111) und begreift Art. 14 GG als eine Garantie der „in Geld oder geldwerten Rechten symbolisierten Kommunikationschancen nach den jeweiligen Marktbedingungen" (*Luhmann*, 127).

[7] *Hoffmann*, Währungsparität, 61 f.

[8] *Hoffmann*, Währungsparität, 62.

[9] *Hoffmann*, Währungsparität, 62 ff.

Geldleistungspflichten[10]. Zwar werde hier das Eigentum nicht an konkreten Einzelgegenständen betroffen, wenn jedoch Geld durch Art. 14 GG geschützt werde, „dann könne der Schutz nicht von dem Kriterium abhängen, ob ‚konkretes Geld' betroffen werde oder ob dem Grundrechtsträger die Auswahl zwischen verschiedenen Geldzeichen bzw. Geldforderungen belassen werde"[11]. Der Umfang des Gesetzesvorbehaltes erstrecke sich darüber hinaus auf jede Beeinträchtigung des Rechtes am eingerichteten und ausgeübten Gewerbebetrieb, soweit durch die währungspolitische Entscheidung der Gebrauchs- oder Tauschwert eines Unternehmens tangiert werde[12]. Wenn auch die Paritätsänderung des Vollzuges durch die Zentralbank bedürfe, so gelte doch der Gesetzesvorbehalt bereits für die Paritätsentscheidung der Bundesregierung und nicht erst für den Vollzug durch die Bundesbank, da die erste Entscheidung wegen ihrer Maßgeblichkeit für den folgenden Paritätsvollzug bereits „tauschwertbestimmende — d. h. grundrechtsrelevante — Signalwirkungen" entfalte[13].

Auch *Tomuschat*[14] sieht die Paritätsänderung als gezielte Einschränkung der allgemeinen Handlungsfreiheit (Art. 2 I GG) und Bindung des Eigentums an, die entsprechend Art. 14 I 2 GG nur durch oder auf Grund eines Gesetzes vorgenommen werden dürfe. Infolge der Monopolstellung der Bundesbank beim An- und Verkauf von Devisen wirke die Paritätsfestsetzung wie eine Preisregelung für Devisen[15]. Die Monopolisierung bewirke, daß eine konkrete Preisbindungsvorschrift entbehrlich sei und gebe dem Staat die Möglichkeit, mit marktkonformen Mitteln zu intervenieren[16].

Die Veränderung des Außenwertes der Währung sei durch Art. 14 GG geschützt und unterliege dem Regelungsvorbehalt, da dieser Vorgang unmittelbar die Vermögenssphäre des einzelnen beeinflusse, ohne daß es dazu eines weiteren Vollzugsaktes bedürfe. Um „extreme Fernwirkungen" auszuschließen, sieht Tomuschat Art. 14 GG allerdings nur bezüglich solcher Rechte oder Rechtsverhältnisse involviert, „die bestimmungsgemäß zu einem Transfer mit Devisentausch führen". Den Eingriff in das Eigentum nicht ausschließend sei die Tatsache, daß die

---

[10] *Hoffmann*, Währungsparität, 65; zustimmend *Friauf*, Die Verwaltung 5 (1972), 352 (Im Ergebnis lehnt *Friauf* die Unterstellung der Paritätsänderung unter Art. 14 I 2 GG allerdings ab).

[11] *Hoffmann*, Währungsparität, 64.

[12] *Hoffmann*, Währungsparität, 66 f.

[13] *Hoffmann*, Währungsparität, 82.

[14] Vgl. zum folgenden *Tomuschat*, 26 ff.

[15] *Tomuschat*, 27; so auch *Hoffmann*, Währungsparität, 53; *K. Müller*, BB 1971, 729.

[16] Vgl. zum folgenden *Tomuschat*, 27 ff.

Forderung nominal unberührt bleibe, da die Eigentumsgarantie ihrem Wesen nach nichts anderes als eine Wertgarantie darstelle. Im Unterschied zu Hoffmann-Riem nimmt Tomuschat an, daß das Eigentum des DM-Schuldners durch eine Aufwertung nicht berührt werde, da Schulden nicht Eigentum im Sinne des Art. 14 I 1 GG seien.

Neben den eingehenden Ausführungen von Hoffmann-Riem und Tomuschat findet sich eine Reihe weiterer Stimmen, die entweder unmittelbar für die Anwendbarkeit des Art. 14 I 2 GG auf Paritätsänderungen eintreten[17] oder allgemein Maßnahmen, die eine Geldentwertung herbeiführen, dem Regelungsvorbehalt des Art. 14 I 2 GG unterstellen[18]. Häufig wird auf die von der Auf- und Abwertung verursachte Wertherabsetzung abgestellt[19], die als Inhalts- und Schrankenbestimmung zu qualifizieren sei, da sie einen Eingriff in die Eigentumssphäre enthalte[20]. Der Geldwert sei als Voraussetzung der funktionellen Nutzung des Geldes unmittelbar geschützter Bestandteil des „Geldeigentums", so daß seine Veränderung die individuelle Rechtsstellung des Eigentümers berühre[21]. *Scheuner*[22] leitet die Anwendbarkeit des Regelungsvorbehaltes bei Paritätsänderungen aus dem Rechtsstaatsprinzip ab, während v. *Schelling*[23] aufgrund einer historischen Argumentation zur

---

[17] *Scheuner*, Staatliche Einwirkung, 82 (Allgemeiner und nicht auf die Paritätsänderung bezogen *Scheuner*, VVDStRL 11, 43); *Möller*, § 4 Anm. 8 (in Anlehnung an *Hoffmann*, Währungsparität, 55); *Erler*, 174; *Henze*, 53; *Hahn*, AöR 95 (1970), 667; *Huber*, Wirtschaftsverwaltungsrecht, Bd. 2, 21 (Huber spricht vom „gesetzlich fundierten Eingriff" in den Geldwert durch Maßnahmen der Auf- oder Abwertung); *W. Weber*, VVDStRL 14, 82 f.; *Reimer*, ZöR 1937, 248 (die Ausführungen beziehen sich auf den gleichliegenden Fall einer Veränderung der Goldparität); im Ergebnis ebenso *v. Schelling*, ZHR 132 (1969), 287, 288; *Körber*, 63 ff. (Körber sieht den Gesetzesvorbehalt nur dann involviert, wenn das Auslandsgeschäft eines Unternehmers infolge der Paritätsänderung zurückgeht); unklar *Badura*, Wirtschaftsverfassung, 45, der die Aufwertung als eine „nur mittelbar wirksame Beeinflussung des wirtschaftlichen Prozesses" bezeichnet).

[18] *Fögen*, Währungsrecht, 45 (anders jedoch *ders.*, Zs. f. d. ges. Kreditwesen 1969, 618); *Haas*, 44; *Mammitzsch*, 95 ff. u. 137 ff.; *Benda*, NJW 1967, 852 bei bewußter Inflationspolitik oder Zulassen bzw. Förderung fortgesetzter Kaufkraftentwertung. Darüber hinaus sieht *K. Müller*, BB 1971, 729, ohne auf Art. 14 GG einzugehen, die Paritätsänderung als eine Regelung der Berufsausübung in quantitativer Hinsicht für diejenigen Personen an, für die „der Abschluß von Verträgen mit oder in Beziehung auf Fremdwährungen zum Gegenstand ihrer beruflichen Tätigkeit gehöre", so daß Art. 12 I 2 GG Anwendung finden müsse.

[19] *Möller*, § 4 Anm. 8; *Reimer*, ZöR 1937, 248; *Haas*, 44.

[20] *Möller*, § 4 Anm. 8. Von einem „Eingriff" in das Eigentum geht auch *Erler*, 174 aus.

[21] *Mammitzsch*, 137 (dessen Argumentation allerdings vom inneren Geldwert ausgeht und insbesondere Kaufkraftveränderungen betrifft; Mammitzsch sieht hier auch die Institutsgarantie des Eigentums tangiert).

[22] *Scheuner*, Die staatliche Einwirkung, 82.

[23] *v. Schelling*, ZHR 132 (1969), 288.

Geltung des Art. 14 I 2 GG gelangt. Paritätsänderungen seien bereits in der Vergangenheit der Kompetenz der Legislative zugeordnet gewesen; unter dem erweiterten Gesetzmäßigkeitsprinzip des Grundgesetzes könne eine Änderung dieses Zustandes nicht angenommen werden.

2. Die Auffassung, wonach Paritätsänderungen keine Inhalts- und Schrankenbestimmungen des Eigentums darstellen

Soweit der Paritätsänderung eine in bezug auf das Eigentum inhalts- und schrankenbestimmende Wirkung abgesprochen wird, kann man drei Begründungsversuche unterscheiden: die Ablehnung wird zum Teil unmittelbar aus dem Wesen der Paritätsänderung abgeleitet[24], andere Autoren sehen das „Geldeigentum" oder den Geld- bzw. Tauschwert nicht durch Art. 14 GG geschützt[25], während eine dritte Ansicht an der grundrechtlichen Relevanz wirtschaftspolitischer Globalsteuerung ansetzt[26].

a) Die unmittelbar auf die Paritätsänderung bezogene Ablehnung des Eingreifens des Art. 14 I 2 GG

Friauf[27] geht zwar ebenso wie Hoffmann[28] vom Tauschwertschutz sowohl individueller Eigentumsobjekte als auch des Vermögens durch Art. 14 GG aus und sieht in der Paritätsänderung eine Beeinträchtigung dieses Tauschwertes, lehnt aber die Geltung des Regelungsvorbehaltes in Art. 14 I 2 GG ab, da der Paritätsänderung lediglich *deklaratorische* Wirkung zukomme[29]. Auf- und Abwertungen seien „bloße Reaktionen auf bereits erfolgte wirtschaftliche Veränderungen"[30]. Die Währungswertveränderung müsse in dem wirtschaftspolitischen Verhalten gesehen werden, das schließlich zur Paritätsänderung führe, jedoch zeitlich vor ihr läge. Bei einem Währungssystem mit flexiblen Devisenkursen würde die Wertveränderung unmittelbar auf den Außenwert der Währung durchschlagen, ohne daß jedoch Grundrechtsschutz zu gewähren sei. Die Entscheidung über die Änderung der Parität beruhe nur auf dem starre Paritäten vorsehenden Währungssystem, so daß der Paritätsänderung keine Grundrechtsrelevanz zukomme.

---

[24] So insbesondere *Hall*, 105 ff.; *Brackmann*, 49; *Friauf*, Die Verwaltung 5 (1972), 351 ff.

[25] So etwa *Arndt*, 205 ff., 274; *Veit*, Währungspolitik, 195.

[26] *Friauf*, VVDStRL 27, 14 f.; *Wagner*, VVDStRL 27, 74; *Forsthoff*, Verwaltungsrecht, 343 f.

[27] *Friauf*, Die Verwaltung 5 (1972), 351 ff.

[28] *Hoffmann*, Währungsparität, 61 ff.

[29] *Friauf*, Die Verwaltung 5 (1972), 353.

[30] Ähnlich *Wundram*, Der Betrieb 1973, 678 im Zusammenhang mit den durch Paritätsänderungen entstehenden Bilanzierungsproblemen.

Hall[31] entnimmt aus Inhalt und Zweck der einschlägigen Bestimmungen über die Währungsparität — Art. IV IWFA, Art. 9 EWA —, daß durch eine Paritätsänderung Individualinteressen nicht berührt würden, da die Paritätsfestsetzung nur dem Allgemeininteresse diene. Die aus einer fixierten Parität den wirtschaftenden Individuen erwachsenden Vorteile[32] seien bloße Reflexwirkungen der völkerrechtlichen Abkommen[33]. Selbst die gezielte Steuerung von Reflexwirkungen könne, da keine subjektiven vermögenswerten Rechte verletzt würden, nicht als Eigentumsbindung qualifiziert werden; es fehle am unmittelbaren Eingriff[34]. Der Staat sei daher bei der Währungslenkung grundsätzlich nicht durch Art. 14 GG begrenzt. Der Wert des Geldes werde durch die übergreifende Wirtschafts-, Finanz- und Währungspolitik bestimmt[35].

Ohne auf Art. 14 GG einzugehen, weisen Brackmann[36], Helmken[37] und Caspers[38] die Paritätsänderung der Kompetenz der Exekutive zu. *Brackmann*[39] gelangt zu diesem Ergebnis, weil in der Bundesrepublik weder die Bindung der D-Mark an den US-Dollar noch der Umtauschsatz gesetzlich geregelt ist, so daß die Paritätsänderung nicht in die Zuständigkeit des Parlaments falle. Dieser Argumentation kommt zugleich grundrechtliche Bedeutung zu. Da Brackmann[40] auch eine den Anforderungen des Art. 80 GG entsprechende Ermächtigung der Exekutive nicht für erforderlich hält, würde der grundrechtliche Regelungsvorbehalt nicht eingreifen.

b) Ablehnung der Geltung des Art. 14 I 2 GG wegen eigentumsrechtlicher Irrelevanz von Wertveränderungen des „Geldeigentums"

Das Eingreifen des Regelungsvorbehaltes des Art. 14 I 2 GG wird von einigen Autoren mit der Begründung abgelehnt, Art. 14 GG biete keinen Schutz für das Eigentum in Form von Geld, soweit damit dessen Geld(tausch)wert erfaßt werden solle[41].

---

[31] *Hall*, 105 f.

[32] Vgl. dazu auch *Heilperin*, 48.

[33] Eine bloße Reflexwirkung nimmt auf *Friauf*, VVDStRL 27, 15 an.

[34] *Hall*, 109 f. unter Berufung auf BGHZ 37, 44, 47; BGH DÖV 1964, 100; BGH DÖV 1964, 203. Der „Eingriffs-Charakter" der Paritätsänderung wird auch von *Fögen*, Zs. f. d. ges. Kreditwesen 1969, 618 abgelehnt (anders jedoch *Fögen*, Währungsrecht, 45).

[35] *Hall*, 110 u. 116 f.

[36] *Brackmann*, 48 f.

[37] *Helmken*, BB 1949, 693. Helmken nimmt an, daß die Paritätsänderung in die Richtlinienkompetenz des Bundeskanzlers fällt.

[38] *Caspers*, BB 1961, 343. Caspers sieht in der Paritätsänderung einen Regierungsakt im justizfreien Raum.

[39] *Brackmann*, 48 f.

[40] *Brackmann*, 48 f. i. V. m. 36.

Arndt[42] geht davon aus, daß die verfassungsrechtliche Sicherung des Geldwertes in der Marktwirtschaft unmöglich sei. Um einen Geldwert garantieren zu können, dürfte der Staat die Wirtschafter nicht frei walten lassen, sondern müßte ihr Verhalten so weit als möglich durch nicht marktkonforme, planwirtschaftliche Maßnahmen reglementieren[43]. In einer Marktwirtschaft sei der Adressat des Währungswertes daher auch die Gesellschaft. Eigentum sei nicht in seinem Wert geschützt, denn vom Staat verlange niemand, er solle den Tauschwert von Sacheigentum stabil halten; ebenso werde auch beim Geld der Tauschwert durch die jeweilige Marktsituation bestimmt[44].

Luhmann[45] sieht allerdings die Institution des Geldes dadurch verfassungsrechtlich abgesichert, daß das individuelle Verfügungsrecht über Geld oder geldwerte Güter in ihrem Geldwert und damit die Vertrauensbasis des Geldsystems vor staatlichem Zugriff bewahrt werde. Diese Sicherung sei notwendig, da die Funktionsfähigkeit des Wirtschaftssystems einen absoluten Schutz der auf Geld beruhenden individuellen Kommunikationschancen erfordere. Der Verfassungsschutz des Eigentums sei auf die Kommunikationsrolle des einzelnen zugeschnitten, und zwar auf seine Möglichkeit, nach bestimmten, vorhersehbaren Regeln über Geld oder geldäquivalente Sachwerte verfügen zu können. Gewährleistet werde nur die „Teilnehmerrolle des einzelnen am Kommunikationssystem der Wirtschaft, weil ohne diese Garantie das Kommunikationssystem nicht generalisiert werden“ könne. Das einzelne Eigentumsrecht stelle sich als ein „Komplex von Verwendungsalternativen“ dar.

c) Ablehnung des Eingreifens des Art. 14 I 2 GG wegen bloßer Globalsteuerung

Friauf[46] und *Wagner*[47] sehen in Globalsteuerungsmaßnahmen keine Inhalts- und Schrankenbestimmungen des Eigentums, da sie nur im makroökonomischen, nicht aber im mikroökonomischen Bereich wirkten und daher die Grundrechtssphäre nicht tangierten. Bezug genom-

---

[41] *Arndt*, 205, 274 ff.; *Veit*, Währungspolitik, 195; *ders.*, Der Wert unseres Geldes, 260; *Ballerstedt*, Wirtschaftsverfassungsrecht, 37 (Ballerstedt will eigentumsrechtlichen Schutz dann gewähren, wenn der Staat eine bewußt auf die Schädigung der Wirtschaft gerichtete Inflationspolitik betreibt); *Luhmann*, Grundrechte, 108 ff.

[42] *Arndt*, 277.

[43] *Arndt*, 278 f.

[44] *Arndt*, 274; im Ergebnis ebenso *Luhmann*, Grundrechte, 119, 127 Fußn. 50: „es gibt im materiellen Recht bisher kein ... Grundrecht auf eine stabile oder doch funktionsfähige Währung.“

[45] Vgl. zum folgenden *Luhmann*, Grundrechte, 120 ff.

[46] *Friauf*, VVDStRL 27, 14 ff.

[47] *Wagner*, VVDStRL 27, 74.

men wird insbesondere auf Maßnahmen, die auf Grund des Stabilitätsgesetzes ergehen, neben anderen auch auf die Paritätsänderung[48]. Aus § 1 StabG ergebe sich, daß die Ziele des Stabilitätsgesetzes im Rahmen der *marktwirtschaftlichen* Ordnung anzustreben seien, also die individuelle Entscheidung des Wirtschafters unberührt bleibe[49]. Entstehende Benachteiligungen seien nur Reflexe der Steuerungsmaßnahmen. Allerdings wird anerkannt, daß in Extremfällen eine unmittelbare Betroffenheit anzunehmen sei, und zwar dann, wenn die Quantität der makroökonomischen Steuerung in die Qualität mikroökonomischer Eingriffe umschlage[50].

§ 2 Inhalts- und Schrankenbestimmungen des Eigentums

Um erkennen zu können, ob der Paritätsänderung als Inhalts- und Schrankenbestimmung Eigentumsrelevanz im Sinne des Art. 14 I GG zukommt, sind die Merkmale einer Inhalts- und Schrankenbestimmung des Eigentums darzustellen. Zur verfassungsrechtlichen Einstufung der Paritätsänderung ist es weiter wichtig, die Funktion der Gesetzgebung gemäß Art. 14 I 2 GG im Hinblick auf die Eigentumsgarantie zu beleuchten.

1. Die Kennzeichen einer Inhalts- und Schrankenbestimmung des Eigentums

Aus Art. 14 I 2 GG ist zu schließen, daß es keinen ein für alle Mal feststehenden Begriff des Eigentums gibt[1], da es sonst keiner Inhalts- und Schrankenbestimmung dieses Rechtes bedürfte. *Ausgangspunkt* ist aber die in Art. 14 I 1 GG enthaltene grundsätzliche Gewährleistung

---

[48] *Wagner*, VVDStRL 27, 74.

[49] *Friauf*, VVDStRL 27, 15. Ähnlich argumentiert *Forsthoff*, Verwaltungsrecht, 343 f., der es generell ablehnt, Gesetze, die irgendwelche Sozialabläufe regeln, also insbesondere solche mit wirtschaftslenkendem Charakter, als Inhalts- und Schrankenbestimmung des Eigentums anzusehen, da Sinn derartiger Gesetze nicht die Inhalts- und Schrankenbestimmung sei, sondern die Sicherung des Erreichens von Ordnungs- und Lenkungszielen.

[50] *Friauf*, VVDStRL 27, 15.

[1] So allgemein auf den Eigentumsbegriff bezogen BVerfGE 31, 229, 240; 31, 248, 251; *Janssen*, 136 ff.; *Forsthoff*, Verwaltungsrecht, 340; *Menger*, Verw. Arch. 48 (1957), 273; *Kröner*, in: Festschrift W. Geiger, 150; *Schulz*, 218; *Wipfelder*, in: Festschrift Küchenhoff, 752; vgl. auch *Badura*, BayVBl. 1973, 1; dagegen *Wolf*, 75 und 81 ff., wonach eine Änderung des Eigentumsbegriffes rechtlich und logisch nicht möglich sei, da sich die Merkmale eines Gegenstandes nicht ändern können und deshalb auch nicht sein Begriff. Daran ist richtig, daß sich der Begriff eines feststehenden Gegenstandes nicht ändern kann; es kann sich aber ein Gegenstand ändern und damit auch seine Merkmale und somit auch sein Begriff. Unter dem Begriff „Eigentum“ werden also zu verschiedenen Zeiten verschiedene Gegenstände erfaßt. Indem sich der Gegenstand ändert, verändert sich auch der Begriff.

des Eigentums[2]. Die durch Art. 14 I 2 GG geschaffene Befugnis, Inhalt und Schranken des Eigentums zu bestimmen, kann daher nicht den gesamten Inhalt des Eigentums umfassen. Träfe dies nicht zu, so hätte der Verfassungsgeber in Art. 14 I 1 GG ein Eigentum gewährleistet, ohne bereits feste Vorstellungen von dessen Inhalt und Umfang zu haben. Das Bundesverfassungsgericht hat aber wiederholt betont, daß Art. 14 GG das Eigentum so schützen will, wie es das bürgerliche Recht und die gesellschaftlichen Anschauungen geformt haben[3], und darauf hingewiesen, daß der Gesetzgeber einen *grundlegenden Gehalt* des Eigentums zu *wahren* hat[4]. Badura[5] spricht daher zutreffend von „bestandsfesten Konturen des Rechtsinstitutes Eigentum". Diese Grundstrukturen des Eigentums sind einer Veränderung im Wege der Regelungsgesetzgebung nach Art. 14 I 2 GG nicht zugänglich[6].

Trotz der Verschiedenartigkeit der Güter, die unter dem Begriff „vermögenswerte Rechte" zusammengefaßt werden[7], und der, eine feste Umgrenzung nicht zulassenden Dynamik des Eigentumsbegriffes[8], läßt sich als charakteristisches Merkmal jedes vermögenswerten Rechtes seine in der Nutzungs- und Verfügungsbefugnis des Eigentümers zum Ausdruck kommende *Privatnützigkeit* kennzeichnen[9]. Diese Grundstruktur wird durch die grundlegende Schutznorm des Art. 14 I 1 GG gesichert. Strukturell liegt eine Inhalts- und Schrankenbestimmung des Eigentums daher vor, wenn ein vermögenswertes Recht der Eigentumsgarantie unterstellt wird[10] oder (und) die Nutzungs- und Verfügungsbefugnis des Eigentümers mit Allgemeinverbindlichkeit[11] festgelegt werden[12].

---

[2] Zutreffend daher *Leisner*, NJW 1975, 234, der die *verfassungsrechtliche* Eigentumsgarantie in den Vordergrund stellt.

[3] BVerfGE 1, 264, 278; 2, 380, 402; 11, 64, 70; 28, 119, 142.

[4] BVerfGE 31, 229, 240; 31, 248, 252.

[5] *Badura*, Wirtschaftsverfassung, 106.

[6] Daher sind auch die von *Schumacher*, ZHR 113 (1950), 176 f. erhobenen Bedenken der Gefahr einer Aufweichung der Eigentumsgarantie bei Bestimmung des Eigentumsinhaltes unter Berücksichtigung seiner Gemeinschaftsgebundenheit nicht begründet.

[7] Vgl. dazu *v. Mangoldt / Klein*, Art. 14 Anm. III 1 b; *Stödter*, DÖV 1953, 98.

[8] *Janssen*, 138.

[9] Siehe grundlegend zur Privatnützigkeit des Eigentums: *Reinhardt*, Art. 14, 14 ff.

[10] Vgl. hinsichtlich der Anerkennung des Urheberrechtes als Eigentum im Sinne des Art. 14 I 1 GG: BVerfGE 31, 229, LS 1 und S. 238 ff.

[11] Dieses Kriterium ist im Rahmen des Art. 14 I 2 GG unstreitig; vgl. dazu *Kaiser*, Verfassungsrechtliche Eigentumsgewähr, 38; *Maunz*, Staatsrecht, 175; *Haas*, 43; BGHZ 23, 30, 32.

Das Merkmal der Allgemeinverbindlichkeit wird vom Bundesgerichtshof — vgl. BGHZ 23, 30, 32 — und früher vom Reichsgericht — vgl. RGZ 129,

Inhalts- und Schrankenbestimmungen des Eigentums werden maßgeblich von dem in Art. 14 II GG zum Ausdruck kommenden Prinzip der *Sozialgebundenheit* des Eigentums beeinflußt, denn Art. 14 II GG enthält eine für die Bestimmung des Inhaltes und der Schranken des Eigentums[13] grundlegende Weisung an den Gesetzgeber[14], aus der sich ergibt, daß das Eigentum nicht allein durch Privatnützigkeit ausgezeichnet ist, sondern auch einen Gemeinschaftsbezug aufweist[15]. Die in Art. 14 II GG — als Konkretisierung des Sozialstaatsprinzips[16] — angesprochene gesellschaftliche und soziale Funktion des Eigentums ist diesem als immanente Schranke beigefügt[17] und zählt daher zum Inhalt

---

146; 133, 124 — im Rahmen der von diesen Gerichten aufgestellten Einzelakttheorie zur Abgrenzung von Eigentumsbeschränkungen gegenüber Enteignungen verwendet. Während die Enteignung durch den Verstoß gegen den Gleichheitssatz gekennzeichnet ist — BGHZ 6, 270, 280; 15, 268, 271; 23, 30, 32 — stellt die Sozialpflichtigkeit eine jedem Eigentum innewohnende Beschränkung dar; sie ist also „allgemein".

Die Allgemeinverbindlichkeit läßt sich aber auch auf Art. 19 I 1 GG stützen, wonach ein Gesetz, das ein Grundrecht einschränkt, allgemein und nicht nur für den Einzelfall gelten muß; so z. B. *Diester,* 133 f.; *v. Mangoldt / Klein,* Art. 14 Anm. V 1 d.

[12] Ähnlich hinsichtlich des zweiten Teils der Definition *W. Weber,* Eigentum und Enteignung, 347; *Bender,* NJW 1965, 1297 f. *Wolf,* 69 ff. versucht dagegen durch eine Definition des zivilrechtlichen Eigentumsbegriffes, den er im Unterschied zur h. M. (vgl. z. B. *Maunz,* in: Maunz / Dürig / Herzog, Art. 14 Rdnrn. 31 ff.; *Ipsen,* AöR 91 (1966), 87; *Hamann,* Rechtsstaat, 81; *Janssen,* 143 f.) auf Art. 14 GG überträgt, zu einer Bestimmung des verfassungsrechtlich geschützten Eigentums zu gelangen und beurteilt auf der Grundlage dieser Definition die eigentumsrechtliche Relevanz einer hoheitlichen Regelung.

[13] Also nicht nur für die Inhaltsbestimmung wie *Krüger,* in: Festschrift Schack, 75 meint.

[14] BVerfGE 21, 73, 83; *Diester,* 134; *Ipsen,* AöR 91 (1966), 93, 99. Art. 14 II GG ist kein bloßer Programmsatz, sondern unmittelbar geltendes Recht; vgl. *Kimminich,* in: Bonner Kommentar, Art. 14 Rdnr. 34; *Ramm,* JZ 1972, 140; vgl. auch BVerfGE 21, 73, 83; 34, 139, 147 (Art. 14 II GG als „verbindliche Richtschnur"); *Maurer,* VVDStRL 30, 182 f.; *Stein,* in: Festschrift G. Müller, 515; einschränkend *v. Mangoldt / Klein,* Art. 14 Anm. V 2: „Grundpflicht mit nur sittlicher Verpflichtung"; zustimmend *Schnur,* Gemeinwohl, 68 (dazu ist kritisch zu bemerken, daß v. Mangoldt / Klein und Schnur Art. 14 II GG zu einseitig als eine an den Eigentümer gerichtete Verpflichtung ansehen, ohne Art. 14 II GG auch für das Handeln des Gesetzgebers im Rahmen von Art. 14 I 2 GG anzuwenden. Die verpflichtende Wirkung des Art. 14 II GG ist zudem ein Gebot des Art. 1 III GG).

[15] Vgl. dazu *Hesse,* 178 ff.; *Janssen,* 138; allgemein zu den staatlichen Beschränkungen des Eigentums *Friedmann,* 85 ff.

[16] *Kimminich,* in: Bonner Kommentar, Art. 14 Rdnr. 36; *v. Mangoldt / Klein,* Art. 14 Anm. V 2 a; *Bender,* NJW 1965, 1299; *Maunz,* Staatsrecht, 176; *Ipsen,* AöR 91 (1966), 97 f.; *Leisner,* Sozialbindung, 63 ff.; vgl. auch *Häberle,* VVDStRL 30, 85 Fußn. 180.

[17] *Forsthoff,* Verwaltungsrecht, 343; *Kimminich,* in: Bonner Kommentar, Art. 14 Rdnr. 37; Ipsen, AöR 91 (1966), 99; *W. Weber,* in: Festschrift Michaelis, 325; *Häberle,* AöR 95 (1970), 97 Fußn. 34; *ders.,* Öffentliches Interesse, 300 f. sieht „durch lange rechtsstaatliche Tradition begrenzte Gemeinwohl-

des Eigentums. Im Wege der Gesetzgebung nach Art. 14 I 2 GG gestaltet der Gesetzgeber die Gemeinschaftsbezogenheit des Eigentums[18], wobei hinsichtlich der schrankensetzenden Funktion des Art. 14 I 2 GG die Betonung auf den Gemeinschafts*bindungen* des Eigentums liegt, während die Ermächtigung zur Inhaltsbestimmung die gemeinwohlbezogene *Ausgestaltung* des Eigentums deckt[19]. Inhalts- und schrankenbestimmende Regelungen lassen sich daher auch an ihrem, Art. 14 II GG konkretisierenden Gemeinwohlbezug erkennen.

Nicht alle Maßnahmen, die das Eigentum in der beschriebenen Weise tangieren, stellen sich auch im Sinne des Art. 14 I 2 GG als Inhalts- und Schrankenbestimmungen dar[20]. Soweit von hoheitlichen Regelungen bloße *Rand*- oder *Fernwirkungen* auf das Eigentum ausgehen, kann nicht von verfassungsrechtlicher Eigentumsrelevanz gesprochen werden. Entsprechend der Rechtsprechung des Bundesverfassungsgerichts zu Art. 12 I GG[21] ist zu fordern, daß die in Frage stehende Regelung einen engen Zusammenhang mit dem Eigentum aufweist und objektiv eine eigentumsregelnde Tendenz erkennen läßt. Nicht entscheidend kommt es dagegen auf die Zielrichtung der hoheitlichen Maßnahme an, die jedoch als Indiz für Eigentumsrelevanz zu werten ist[22]. Ebenso stellt die Beschränkung des Regelungsvorbehaltes des Art. 14 I 2 GG auf Maßnahmen mit unmittelbar eigentumsrelevanter Wirkung[23] kein

---

institute als dem Eigentum immanent" an; *Bachof*, VVDStRL 12, 45; *ders.*, Freiheit des Berufs, 207; *Staudinger / Seufert*, BGB, Sachenrecht, Vorbem. zu § 903, Rdnr. 17; BayVerfGH VRspr. 4, 298, LS 6; 12, 1, 5; 16, 773, 774; 17, 385, 394; die „Inhärenzlehre" ablehnend: *Wolf*, 89; *Leisner*, Sozialbindung, 164 ff. *v. Mangoldt / Klein*, Art. 14 Anm. V unterscheiden zwischen gesetzlicher und sozialethischer Eigentumsbindung, wobei sich die gesetzliche auf diejenigen Gesetze stützt, die in Ausführung des Art. 14 I 2 GG ergehen, während die sozialethische Eigentumsbindung auf Art. 14 II GG beruht, ohne daß es dazu einer legislativen Konkretisierung bedürfte (*v. Mangoldt / Klein*, Art. 14 Anm. V 2 a unter Zitierung von *Huber*, Wirtschaftsverwaltungsrecht, Bd. 2, 15).

[18] Vgl. *Bachof*, Freiheit des Berufs, 207; *Häberle*, Wesensgehaltgarantie, 133 u. 207; siehe auch *Hamel*, Grundrechte, 42; *Martens*, VVDStRL 30, 17: „... Gemeinschaftsinteressen kommt ... gleichsam die Rolle ungeschriebener Tatbestandsmerkmale der verfassungsrechtlichen Gesetzesvorbehalte zu." *Leisner*, Sozialbindung, 44 sieht in Art. 14 I 2 und Art. 14 II GG einen „einheitlichen Sozialvorbehalt".

[19] A. A. dagegen *Kaiser*, Verfassungsrechtliche Eigentumsgewähr, 38 wonach die Sozialbindung nicht durch Gesetze realisiert wird, die die Inhaltsbestimmung als solche zum Ziel haben, sondern die irgendwelche Sozialabläufe festlegen und dabei Eigentum berühren.

[20] Ähnlich *Gronefeld*, 98: „Allein die Feststellung, daß der von Art. 14 GG geschützte Bereich berührt wurde, kann noch nicht grundrechtlichen Schutz aktualisieren."

[21] BVerfGE 13, 181, 185 f.; 16, 147, 162; 22, 380, 383 f.; vgl. auch *Hamann / Lenz*, Art. 12 Anm. A 4.

[22] Zur Zielgerichtetheit: *Forsthoff*, Mittel und Methoden, 33; zur Indizwirkung: *Hoffmann*, Währungsparität, 76.

taugliches Kriterium zur Feststellung des eigentumsregelnden Charakters dar, da auch mittelbar eigentumswirksame Maßnahmen infolge ihrer tatsächlichen Auswirkung geeignet sein können, die Nutzungsbefugnisse des Eigentümers zu beeinträchtigen[24].

Eine hoheitliche Regelung trägt somit eigentumsinhalts- und -schrankenbestimmenden Charakter, wenn sie mit allgemeinverbindlicher Wirkung vermögenswerte Rechte der Eigentumsgarantie unterstellt und (oder), in engem Zusammenhang mit der Eigentumsgarantie stehend, die Nutzungs- und Verfügungsbefugnisse des Eigentümers unter Beachtung von Gemeinwohlforderungen festlegt.

2. Das Verhältnis der Gesetzgebung gemäß Art. 14 I 2 GG zur Eigentumsgewährleistung des Art. 14 I 1 GG

a) Die Auffassungen in Literatur und Rechtsprechung

Das Verhältnis der Gesetzgebung nach Art. 14 I 2 GG zur Eigentumsgewährleistung in Art. 14 I 1 GG wird in Literatur und Rechtsprechung nicht einheitlich beurteilt.

Die noch herrschende Auffassung zur Dogmatik der „Gesetzgebung im Grundrechtsbereich"[25] geht davon aus, daß hoheitliche Regelungen, die im Rahmen der einzelnen Grundrechte beigefügten Gesetzesvorbehalte ergehen, in das jeweilige Grundrecht „eingreifen"[26]. Obwohl Art. 14 I 2 GG keinen mit anderen Grundrechten vergleichbaren Gesetzesvorbehalt enthält[27], da Art. 14 I 2 GG als einziges Grundrecht ausdrücklich auch eine Ermächtigung zur Eigentumsgestaltung gewährt, ist auch bei Art. 14 I 2 GG die Vorstellung anzutreffen, daß der Inhalt

---

[23] So wohl *Hall*, 110; *Zuck*, BB 1967, 808.

[24] Vgl. zur entsprechenden Problematik im Rahmen des Art. 12 I GG BVerfGE 13, 181, 185 f.; 16, 147, 162; 22, 380, 383 f.

[25] *Häberle*, Wesensgehaltgarantie, 126.

[26] Vgl. *Herzog*, in: Maunz / Dürig / Herzog, Art. 8 Rdnr. 72 („Eingriffsermächtigung"); *Hamann / Lenz*, Art. 10 Anm. B 6 („Eingriff der öffentlichen Gewalt"); *Badura*, in: Bonner Kommentar, Art. 10 Rdnr. 45; *Dürig*, in: Maunz / Dürig / Herzog, Art. 11 Rdnrn. 55 f.; *Dagtoglou*, in: Bonner Kommentar, Art. 13 Rdnr. 120; *Ekkehart Stein*, 208 (zu Art. 13 III GG); *Schunck / de Clerck*, 167; *Schramm*, 17.

[27] So zutreffend *Hamann / Lenz*, Art. 14 Anm. B 4 b ee. *Maunz*, Staatsrecht, 175 sieht in Art. 14 I 2 GG eine Paralelle zu dem allgemeinen Verfassungsvorbehalt zur gesetzgeberischen Interpretation immanenter Grundrechtsschranken. *Kimminich*, in: Bonner Kommentar, Art. 14 Rdnr. 30 und *v. Mangoldt / Klein*, Art. 14 Anm. IV 1 b sprechen von einer „verfassungsmittelbaren Vorbehaltsschranke". *Häberle*, Wesensgehaltgarantie, 134 ff. ordnet zwar auch die grundgesetzlichen Ermächtigungen zur Inhaltsbestimmung unter den Oberbegriff ‚Gesetzesvorbehalt' ein (138), differenziert aber zwischen Begrenzungs- und Ausgestaltungsvorbehalten (140 f.).

und Schranken des Eigentums Regelnde in das Eigentum eingreift[28]. Aus der Sicht des Art. 14 III GG erscheint der als Inhalts- und Schrankenbestimmung qualifizierte „Eingriff" somit nur als ein qualitatives minus gegenüber dem mit enteignender Wirkung ausgestatteten Eingriff[29].

Eine im Vordringen befindliche Ansicht mißt der Ermächtigung zur Inhalts- und Schrankenbestimmung eines Grundrechtes eine zum Teil über die Eingriffs-Vorstellung hinausgehende, zum Teil diese ablehnende Bedeutung zu[30]. Gegenüber der negativen Vorstellung von der Tätigkeit des Gesetzgebers, die dem Kriterium „Eingriff" zugrunde liegt, wird die Grundrechtsbegrenzung und -ausgestaltung durch den Gesetzgeber als „rechtsschöpferische Konkretisierung" der Verfassung verstanden[31], bei der der Gesetzgeber nicht vom Grundrecht abweiche, sondern den Grundrechtsgehalt durch Freiheitsausgestaltungen und -begrenzungen realisiere[32]. Die Vorbehaltsgesetzgebung wird im Grundrechtsbereich angesiedelt und tritt nicht von außen an diesen heran[33].

---

[28] *Zippelius*, 53 f. und 59; *Hamann*, Rechtsstaat, 89; *Kröner*, Eigentumsgarantie, 11 und 64; *Leisner*, Sozialbindung, 162 („Sozialbindung als Eingriffsform"); *Hall*, 110; *Erler*, 174; *Möller*, § 4 Anm. 8; wohl auch *Maunz*, in: Maunz / Dürig / Herzog, Art. 14 Rdnr. 47 (für die Sozialbindung); *Friauf*, VVDStRL 27, 15; allgemein für das Verhältnis Wirtschaftslenkung — Grundrechte *Wagner*, VVDStRL 27, 63 u. 79, LS 15 a; BGHZ 6, 270, 289 (anders jedoch jetzt BGHZ 48, 46, 51). Das Bundesverfassungsgericht spricht bei Art. 14 I 2 GG dann von einem Eingriff, wenn bereits begründeten Eigentums-Rechten ein neuer Inhalt gegeben wird (BVerfGE 31, 275, 285). Dagegen sieht das Bundesverfassungsgericht nicht in jeder Begrenzung des Urheberrechts einen Eingriff in dieses Recht (BVerfGE 31, 229, 241). Die „Eingriffs-Vorstellung" klingt auch dort an, wo davon ausgegangen wird, daß die Eigentumsgarantie durch Art. 14 I 2 GG eine wesentliche *Modifizierung* erfährt; so *Maunz*, Staatsrecht, 175; ebenso *Hamann*, Wirtschaftsverfassungsrecht, 142; *Hamann / Lenz*, Art. 14 Anm. B 4; *Schunck / de Clerck*, 177; *Diester*, 133 sieht sogar in Art. 14 I 2 GG eine Ausnahme von Art. 1 III GG.

[29] So *Zippelius*, 54; dagegen *Kimminich*, in: Bonner Kommentar, Art. 14 Rdnr. 37.

[30] Vgl. zu Art. 14 I 2 GG sowie allgemein zur Funktion der Gesetzesvorbehalte *Häberle*, Wesensgehaltgarantie, insbesondere 134 ff.; *ders.*, VVDStRL 30, 67, 74, 86, 102; *Kloepfer*, Grundrechte, 22; *Martens*, VVDStRL 30, 13 f.; *Rupp*, AöR 92 (1967), 224, 227; *Lerche*, DÖV 1961, 486 ff.; *ders.*, DÖV 1965, 212; *ders.*, Übermaß, 106 ff.; zustimmend zu Häberle, *Hoffmann*, Währungsparität, 72 ff.; ähnlich *Hamel*, Grundrechte, 41; *Menger*, Verw. Arch. 56 (1965), 275 konstatiert, daß die Rechtsprechung des Bundesgerichtshofes zum „Eingriff" mit einem Eingriff nichts mehr zu tun habe.

[31] *Häberle*, Wesensgehaltgarantie, 187; *Hesse*, 127.

[32] *Häberle*, Wesensgehaltgarantie, 205.

[33] *Häberle*, Wesensgehaltgarantie, 1. Aufl. (1962), 134 (abweichend und einschränkend allerdings *ders.*, Wesensgehaltgarantie, 2. Aufl. (1972), Vorwort S. VI) lehnt daher die Eingriffs-Vorstellung generell ab; ebenso hinsichtlich der Inhaltsbestimmung *Jäckel*, 47 Fußn. 14; zu Art. 12 I 2 GG *Rupp*, AöR 92 (1967), 224. Einen teilweisen Verzicht auf die Eingriffs-Vorstellung befürwortet auch *Martens*, VVDStRL 30, 14.

Häufig wird auch der grundrechtsgestaltende Aspekt gesetzlicher Regelungen im Grundrechtsbereich — ohne daß die „Eingriffs-Vorstellung“ grundsätzlich abgelehnt wird — neben die Bedeutung der Grundrechte als Eingriffswehr gegen hoheitliches Handeln gestellt[34]. Die grundrechtsgestaltende Seite erfasse insbesondere die leistungsstaatliche Gesetzgebung[35], während ein Eingriff in den Grundrechtsbereich mittels der Vorbehaltsgesetzgebung dort noch möglich sein soll, wo der Abwehrcharakter der Grundrechte angesprochen sei, also insbesondere bei der Festlegung der Grundrechtsschranken[36].

b) Inhalts- und Schrankenbestimmung des Eigentums nach Art. 14 I 2 GG als Grundrechtsausgestaltung

Auch soweit die Eingriffs-Vorstellung neben der Anerkennung der grundrechtsgestaltenden Funktion des Gesetzgebers aufrechterhalten wird, zeichnet sich eine Tendenz ab, den hoheitlichen Eingriff auf die Mittel des sozialen Leistungsstaates einzustellen und entsprechend dessen Erfordernissen umzuwandeln[37]. Während nach traditioneller Vorstellung Staat und Gesellschaft gegenüber gestellt werden konnten[38]

---

[34] So insbesondere *Lerche*, DÖV 1961, 486; *ders.*, Übermaß, 107; *ders.*, DÖV 1965, 213; jetzt auch *Häberle*, Wesensgehaltgarantie, 2. Aufl., Vorwort S. VI (vgl. Fußn. 33 oben); *ders.*, VVDStRL 30, 67, 74 f.; *ders.*, in: Festschrift Küchenhoff, 466; *Martens*, VVDStRL 30, 14; wohl auch *F. Müller*, 66 f.; ähnlich *Kloepfer*, Grundrechte, 21 f.

[35] *Häberle*, VVDStRL 30, 75, 81 Fußn. 164; vgl. allgemein zum „Leistungsrecht“ *Häberle*, in: Festschrift Küchenhoff, 453 ff.

[36] Vgl. *Häberle*, VVDStRL 30, 75; die Beziehung zwischen Grundrechtsschranke und Eingriff betont auch *Lerche*, DÖV 1965, 213.

[37] So deutlich bei *Martens*, VVDStRL 30, 13 f.; *Häberle*, VVDStRL 30, 66, 81 Fußn. 164, 86; *ders.*, in: Festschrift Küchenhoff, 455; *Lerche*, DÖV 1961, 486; vgl. auch *Evers*, VVDStRL 23, 158 f.; *Böckenförde*, Der Staat 11 (1972), 375; *Friauf*, Jur. Analysen 1970, 299 (m. w. N. in Fußn. 6).

Lerche, DÖV 1961, 486 will als Ersatz für die Eingriffs-Vorstellung an die Strukturgerechtigkeit einer Steuerungs- oder Planungsmaßnahme anknüpfen und dabei den „Eingriff“ durch die Strukturwidrigkeit der Regelung ersetzen (Ansätze, das Prinzip der Systemkonformität in der Wirtschaftspolitik nutzbar zu machen, finden sich auch im volkswirtschaftlichen Schrifttum; vgl. *Steinmann*, Das Wirtschaftsstudium 1972, 417). Auch der BFH stellt in einer neueren Entscheidung über die Besteuerung von Einkünften aus dem Kapitalvermögen auf die Systemgerechtigkeit der steuerlichen Regelung ab (BFH, U. v. 14. 5. 1974, VIII R 95/72, NJW 1974, 2330, 2333). *Häberle*, VVDStRL 30, 86 schlägt vor, das Tatbestandselement „Eingriff“ neu zu definieren, es insbesondere von den ihm beigefügten dogmatischen Kriterien — wie „Unmittelbarkeit“ und „Finalität“ — zu befreien, um es so den verfeinerten Formen der hoheitlichen Wirtschaftsbeeinflussung anzupassen. Rechtspolitisch weisen *Häberle*, VVDStRL 30, 86 f.; *ders.*, in: Festschrift Küchenhoff, 456 und *Lerche*, DÖV 1965, 213 f. auf einen „verfahrensrechtlichen Leistungsvorbehalt“ hin, wobei in einem vor der Regelung liegenden Verfahren ein optimaler Interessenausgleich geschaffen werden soll.

[38] Siehe dazu *Ehmke*, in: Festgabe für R. Smend, 23 ff.

und darauf das Bild der Eingriffsverwaltung zugeschnitten war, läßt sich diese Trennung unter dem Grundgesetz nicht mehr strikt durchführen. Die Träger hoheitlicher Gewalt und die Bürger sind gerade im wirtschaftlichen Bereich wechselseitig miteinander verbunden. Diese Verknüpfung läßt sich z. B. an den Art. 74 Zif. 16 und 17, Art. 91 a I Zif. 2 und 3, Art. 104 IV, 109 II - IV, 115 I 2 2. Halbsatz GG ablesen. Ein für die Volkswirtschaft der Prosperität grundlegender Faktor, das gesamtwirtschaftliche Gleichgewicht, ist als verfassungsrechtliche Gemeinwohlvorstellung im Grundgesetz verankert und wird Bund und Ländern in Art. 109 II GG zur Beachtung aufgegeben[39]. Auch die Erfüllung der Sozialstaatsklausel verlangt nach staatlicher Einflußnahme auf die Volkswirtschaft[40]. Der Staat lenkt, plant und steuert den Wirtschaftsablauf. Es kann von einer der Volkswirtschaft immanenten Präsenz des Staates gesprochen werden. Die Einflußnahme des Staates erfolgt zunehmend im Wege makroökonomischer Globalsteuerung, die den mikroökonomischen Dirigismus-Mechanismen vorgezogen wird. Diese auf den gesamtwirtschaftlichen Prozeß bezogene Beeinflussung bildet den Anstoß zur Umwandlung der Eingriffs- und Schrankenvorstellung. Das Eingriffs-Bild im Zusammenhang mit grundrechtsrelevanten Maßnahmen ist damit insgesamt fragwürdig geworden.

aa) Die Regelung des Inhaltes des Eigentums als Grundrechtsausgestaltung

Im Katalog der Grundrechte ist lediglich in Art. 14 I 2 GG und Art. 12 I 2 GG ein Regelungsvorbehalt bezüglich des Grundrechtsinhaltes enthalten. Die dem Art. 14 I 2 GG zugrunde liegende Vorstellung von der Ausgestaltungsbedürftigkeit des Eigentums weist darauf hin, daß die darauf gerichtete gesetzgeberische Tätigkeit nicht als „Eingriff" in das Grundrecht verstanden werden kann. Dem Gesetzgeber kommt im Rahmen des Art. 14 I GG *grundrechtsprägende Funktion* — auch in leistungsstaatlicher Hinsicht — zu[41].

Das Eigentum soll dem Eigentümer einen Freiheitsraum im vermögensrechtlichen Bereich sicherstellen[42]. Wenn der Gesetzgeber den Inhalt des Eigentums regelt, so trägt er dazu bei, dieser Funktion des Eigentums zu realer Geltung zu verhelfen. Inhaltsbestimmung einerseits und die Vorstellung von einem gleichzeitig dadurch bewirkten ho-

---

[39] Art. 109 II GG stellt eine Rechtspflicht und keinen bloß unverbindlichen Programmsatz dar; vgl. *Stern*, NJW 1967, 1833.

[40] Vgl. *Krüger*, Staatslehre, 588.

[41] *Lerche*, Übermaß, 107.

[42] BVerfGE 24, 367, 389.

heitlichen „Eingriff" in das Grundrecht andererseits stehen sich daher diametral, einander ausschließend gegenüber. Eines Rückgriffes auf die Eingriffs-Formel zur Bestimmung, wann eine gesetzliche Maßnahme den Inhalt des Eigentums regelt, bedarf es daher nicht.

bb) Die Regelung der Schranken des Eigentums als Grundrechtsgestaltung — Ablehnung der Eingriffs-Vorstellung

Soweit im Rahmen des Art. 14 I 2 GG auf die Eingriffs-Vorstellung rekurriert wird, geschieht dies mit dem Schwergewicht in bezug auf die schrankensetzende Funktion des Gesetzgebers im Eigentumsbereich.

α) *Schrankenbestimmung als Teil der Inhaltsbestimmung des Eigentums*

Begreift man mit der hier vertretenen Auffassung die Inhaltsbestimmung nicht als Eingriff in das Eigentum, so mangelt es auch der Schrankenziehung an der Eingriffsqualität, wenn diese nur als spezieller Fall der Inhaltsbestimmung zu qualifizieren ist.

Eine verbreitete Auffassung[43] trennt die Ermächtigung zur Inhaltsbestimmung von der Befugnis zur Schrankenbestimmung. Andere Autoren[44] sowie die Rechtsprechung[45], sehen die Inhaltsbestimmung als Schrankenbestimmung und umgekehrt eine Schrankenbestimmung zugleich als Inhaltsbestimmung an. Die pointierteste Position zur Trennung von Inhalts- und Schrankenbestimmung innerhalb des Art. 14 I GG nimmt *Krüger*[46] ein. Nach seiner Auffassung kann jede Grenz-

---

[43] *Krüger*, in: Festschrift Schack, 72; *ders.*, DÖV 1961, 726; zustimmend *Bachof*, Verfassungsrecht, Bd. I, 157 Fußn. 39 (Bachof betont allerdings ebenso wie *Schulz*, 218 die praktische Schwierigkeit der Trennung); *Ipsen*, VVDStRL 10, 94; *F. Müller*, 66; *Selmer*, Steuerinterventionismus, 309 ff.; *v. Mangoldt / Klein*, Art. 14 Anm. IV 1 b u. Anm. V: Ermächtigung zur Schrankenbestimmung = verfassungsmittelbare Vorbehaltsschranke; Ermächtigung zur Inhaltsbestimmung = Rechtsgrundlage für gesetzliche Eigentumsbindungen; wohl auch *Bender*, NJW 1965, 1297 f.

[44] *Maunz*, Staatsrecht, 175; *Häberle*, Wesensgehaltgarantie, 179, 185, 188 Fußn. 374; *ders.*, DÖV 1972, 732; *Faehling*, 85; *Hamel*, Grundrechte, 45; *ders.*, DVBl. 1958, 39; *Leisner*, Sozialbindung, 165; *Lerche*, Übermaß, 144 Fußn. 140; *Schulz*, 218; *Hesse*, 128 („Die Übergänge zwischen Ausgestaltung und Begrenzung verfliessen"), 181; *Kimminich*, in: Bonner Kommentar, Art. 14 Rdnr. 29 (der allerdings ausdrücklich nur die Schrankensetzung zugleich als Inhaltsbestimmung ansieht); wohl auch *Schulte*, 52 Fußn. 8; *Jesch*, DÖV 1962, 431, wonach zu Inhalt und Umfang des Eigentums auch seine Schranken gehören, und *Ridder*, VVDStRL 10, 137 Fußn. 47.

[45] BVerwGE 3, 28, 29: „Das Eigentum birgt gewisse Bindungen und Schranken in sich, die zum Inhalt des Eigentums gehören"; 21, 251, 255; BVerfGE 14, 263, 279; zu Art. 12 I 2 GG BVerfGE 7, 377, 404.

[46] Vgl. *Krüger*, in: Festschrift Schack, 72; *ders.*, DÖV 1961, 726.

ziehung Inhaltsbestimmung nur insoweit sein, als sie ausspricht was *nicht* Inhalt ist oder sein soll. Die Inhaltsbestimmung werde zugunsten der sekundären Schrankenbestimmung aufgegeben, wenn man beides nicht voneinander trenne; die Gleichsetzung laufe darauf hinaus, daß der Raum innerhalb des Eigentums der Willkür seines Inhabers überantwortet werde; ein zweifacher Auftrag des Verfassungsgebers an den Gesetzgeber werde zu einem einfachen verkürzt. Die Gegenmeinung hebt hervor, daß die Worte „Inhalt“ und „Schranken“ dasselbe besagen: das eine Mal von der Warte des begrenzten Inhalts, das andere Mal von der Warte der Grenze des Inhalts aus[47].

Bei einer Stellungnahme zu dieser Frage erscheint es zweckmäßig, zwei Gesichtspunkte voneinander zu unterscheiden: das Verhältnis der von inhalts- und schrankenbestimmenden Regelungen erfaßten Bereiche des Eigentums zueinander sowie die funktionale Differenzierbarkeit zwischen Inhalts- und Schrankenbestimmung des Eigentums[48].

Betrachtet man den von einer Inhaltsbestimmung und den von einer Schrankenziehung geregelten Eigentumsbereich, so ergibt sich eine untrennbare Verknüpfung. Die Schranken eines Rechtes gehören zu seinem Inhalt so wie umgekehrt der Inhalt auch durch die Schranken des Rechts bestimmt wird. Die Schranken eines Rechts begrenzen dessen Inhalt; sie sagen damit etwas über den *Randbezirk* des Rechtes aus. Dieser Randbezirk tritt aber nicht etwa von außen an das Recht heran, sondern ist Bestandteil des gesamten Inhalts des Rechts. Der Inhalt umfaßt die Schranken; diese gehen gleichsam in dem Inhalt auf. Dieses Ergebnis läßt sich dogmatisch auch mit dem Hinweis auf die Zugehörigkeit der Sozialbindung zu den immanenten Schranken des Eigentums stützen. Eine Schranke eines Rechtes ist diesem Recht nur dann als immanent zugehörig vorstellbar, wenn sie zu dem Inhalt des Rechtes zählt.

Die Einbeziehung der Schranken in den Inhalt des Eigentums zwingt aber nicht dazu, die Inhalts- und die Schrankenbestimmung auch ihrer *Funktion* nach anzugleichen[49]. Eine gesetzgeberische Inhaltsbestimmung des Eigentums ist auf die *Ausgestaltung* der Eigentumsgarantie bezogen[50]; dagegen bedeutet eine Schrankensetzung *Abgrenzung* des Eigentums gegenüber anderen Schutzgütern[51]. Die Begrenzung des Ei-

---

[47] *Hamel*, Grundrechte, 45.

[48] Insbesondere *Krüger*, in: Festschrift Schack, 71 ff. unterscheidet nicht zwischen diesen beiden Aspekten.

[49] Darauf zielen einige der Vorwürfe von *Krüger*, in: Festschrift Schack, 71 ff.; *ders.*, DÖV 1961, 726.

[50] *Hesse*, 181; *Häberle*, Wesensgehaltgarantie, 180.

[51] *Hesse*, 181.

gentums durch den Gesetzgeber führt damit zu Konfliktlösungen, die durch verfassungsrechtliche Interessenabwägungen gewonnen werden. Die Inhaltsbestimmung ist zudem genereller, wogegen die Schrankenziehung häufig punktuell ansetzt[52]. Wegen dieser voneinander verschiedenen Funktionen von Inhalts- und Schrankenbestimmungen des Eigentums können die beiden in Art. 14 I 2 GG enthaltenen Aufträge auch nicht zu einem Auftrag verkürzt werden[53]. Die funktionale Differenzierbarkeit zwischen inhaltsbestimmenden und schrankenziehenden Gesetzen beseitigt jedoch nicht die Zugehörigkeit der Schranken des Eigentums zum Inhalt der Eigentumsgewährleistung. Daher kann, da die Inhaltsbestimmung nicht als „Eingriff" in das Eigentum zu verstehen ist, auch die Schrankenziehung nicht mit einer solchen Wertung versehen werden.

β) *Ablehnung der Eingriffs-Vorstellung wegen des Verhältnisses zwischen Grundrecht und Regelungsvorbehalt*

Die Ablehnung der Eingriffs-Vorstellung ergibt sich aber auch aus dem Verhältnis zwischen Grundrecht und Regelungsvorbehalt in Art. 14 I GG. Der durch Art. 14 GG gewährte vermögensrechtliche Freiheitsbereich erhält seinen Umfang sowohl durch inhalts- als auch durch schrankenbestimmende Gesetze. Die verschiedene Funktion von Inhaltsbestimmung und Schrankenziehung steht dem nicht entgegen. Der Geltungsbereich eines Grundrechtes ist erst dann abgesteckt, wenn auch seine Grenzen konkretisiert und festgelegt sind[54]. Auch die Eingrenzung prägt den Grundrechtsgehalt[55]. Der Geltungsbereich des Eigentums geht nicht weiter als seine Grenzen. Bei der Festlegung der Grenzen wird daher auch nicht in das Eigentum eingegriffen, sondern nur der dem verfassungsrechtlichen Schutz unterliegende Bereich konkretisiert, und zwar selbst dann, wenn die Regelung im Eigentumsbereich für den Eigentümer nachteilige Wirkungen äußert[56].

Der Gesetzgebung nach Art. 14 I 2 GG kommt sowohl nach der inhaltsgestaltenden wie nach der begrenzenden Seite klarstellende, konkretisierende und konfliktlösende Funktion zu[57]. Schrankenziehung

---

[52] Vgl. *Lerche*, Übermaß, 143 ff.

[53] So aber die Kritik von *Krüger*, in: Festschrift Schack, 72; zustimmend zu Krüger: *Selmer*, Steuerinterventionismus, 310.

[54] Vgl. *Stein*, in: Festschrift G. Müller, 525.

[55] *Lerche*, Übermaß, 112 spricht hier von „mittelbaren Grundrechtsprägungen".

[56] Anders *Selmer*, Steuerinterventionismus, 310, der schrankenziehenden Regelungen grundrechtsbeeinträchtigende Qualität beimißt.

[57] Vgl. *Häberle*, Wesensgehaltgarantie, 202 ff.

ist daher auch gegenüber der Inhaltsbestimmung nicht subsidiär[58]. Ein Rangverhältnis zwischen beiden im Sinne einer Über-Unterordnung läßt sich nicht aufstellen, da beide Aufträge der verfassungsrechtlichen Eigentumsgestaltung dienen. Wenn ein Interessenausgleich nicht ohne einen „Eingriff" in das Eigentum zu lösen ist, so spricht dies nicht gegen die hier vertretene Ansicht, sondern vielmehr dafür, daß in derartigen Fällen Art. 14 III GG involviert und eine Entschädigung zu gewähren ist. Im Rahmen von Art. 14 I 2 GG bedeutet jedoch auch ein schrankensetzendes Gesetz keinen „Eingriff" in das Eigentum, da nicht von außen an das Eigentum herangetreten wird, sondern nur die Grenzen der grundrechtlichen Befugnisse gezogen werden[59].

Auch ein *Nebeneinander* von „Eingriffen" und Eigentumsgestaltungen wird daher der Funktion des Art. 14 I 2 GG nicht gerecht. Führt etwa Leistungsstaatlichkeit für viele zur Benachteiligung weniger, so wird dabei nicht in die Rechte der Wenigen eingegriffen, sondern auch derartige Auswirkungen sind Folgen des verfassungsrechtlich legitimierten Interessenausgleiches, der auch auf den Umfang der Grundrechte Einfluß nehmen kann. Die Eingriffsschwelle wird erst dann überschritten, wenn die Regelungen enteignenden Charakter annehmen. In diesen Fällen kann — bei Vorliegen der Enteignungsvoraussetzungen — von einem verfassungsrechtlich zulässigen Eingriff in das Eigentum gesprochen werden.

Ob eine Maßnahme Inhalt und Schranken des Eigentums bestimmt, beurteilt sich allein nach ihren Auswirkungen, also nach der Effektivität der Regelung[60]. Der Disput um den „Eingriffs-Charakter" einer Maßnahme zur Kennzeichnung ihrer Grundrechtsrelevanz zeigt, daß die Lösung nicht in der Entwicklung und Herausarbeitung dogmatischer Kriterien zur Erfassung der differenzierten und subtilen Maßnahmen der staatlichen Einflußnahme auf die Wirtschaft zu finden ist[61], sondern daß die Grundrechtstangierung eher über Fallgruppenbildungen und Interessenabwägungen feststellbar wird. Dabei scheint es angezeigt, die Grundrechte „offen" zu halten[62] für hoheitliche Maßnahmen mit wirtschaftspolitischer Bedeutung. Starre dogmatische Kriterien, wie die Eingriffs-Formel, vermögen diese Aufgabe nicht zu erfüllen.

---

[58] So aber *Krüger*, DÖV 1961, 726.

[59] A. A. *Stein*, in: Festschrift G. Müller, 525.

[60] Vgl. zu diesem Kriterium und der Begründung des Gesetzesvorbehaltes bei der Vergabe von Haushaltsmitteln *H. H. Klein*, Wettbewerb, 263.

[61] Dies versucht aber auch *Hoffmann*, Währungsparität, 70 ff., wenngleich nicht im Sinne der herrschenden Lehre, z. B. hinsichtlich der Differenzierung zwischen indirekten, reflexiven, gezielten, vermittelten Wirkungen einer Maßnahme.

[62] Zur „Offenheit" der Verfassung vgl. *Hesse*, 12 ff.

3. Die „leistungsstaatliche" Seite des Regelungsvorbehaltes in Art. 14 I 2 GG

In den vorangegangenen Ausführungen zum Inhalt des Regelungsvorbehaltes in Art. 14 I 2 GG und zum Verhältnis der Gesetzgebung nach Art. 14 I 2 GG zur Eigentumsgewährleistung in Art. 14 I 1 GG ist bereits der „positive Grundrechtsbezug"[63] der Gesetzgebung im Rahmen des Art. 14 I GG herausgestellt worden. Im folgenden soll die leistungsstaatliche Funktion des Regelungsvorbehaltes in Art. 14 I 2 GG aufgezeigt werden, da ohne sie eine adäquate Beurteilung der verfassungsrechtlichen Relevanz wirtschafts- und währungspolitischer Maßnahmen nicht möglich ist[64].

Regelungen des Inhaltes und der Schranken des Eigentums müssen nicht allein dazu dienen, der Abwehrfunktion des Art. 14 I GG zur Geltung zu verhelfen, sie können das Eigentum auch in leistungsstaatlicher Hinsicht beeinflussen. Leistungsstaatliche Wirkungen gehen von einer hoheitlichen Regelung im Eigentumsbereich aus, wenn sie die Interessen einzelner, von Gruppen oder aller Eigentümer — unter Einbeziehung künftiger Eigentümer hinsichtlich noch zu begründender Eigentumsrechte — fördert[65]. In Art. 14 I 2 GG tritt diese Funktion des Gesetzgebers deutlich hervor: Die Gestaltung des Eigentums dient grundsätzlich den Interessen der Eigentümer und wirkt *freiheitserweiternd;* im Vordergrund steht nicht der Abwehr-Gedanke, sondern die grundrechtsprägende Funktion. Leistungsstaatliche Wirkungen haften der Regelungsgesetzgebung nach Art. 14 I 2 GG auch insoweit an, als durch sie der in Art. 14 II GG fixierte Gemeinschaftsbezug des Eigentums realisiert wird[66]. Indem die Sozialbindung den Befugnissen des Eigentümers Grenzen zieht, erhöht sie zugleich den Freiheitsraum der übrigen Grundrechtsträger[67].

Leistungsstaatliche Bezüge auf dem — währungspolitische Maßnahmen einschließenden — wirtschaftlichen Sektor weisen insbesondere das Gebiet der hoheitlichen Wirtschaftslenkung und die zur Aufrecht-

---

[63] *Häberle,* VVDStRL 30, 55.

[64] So sind z. B. die Ausführungen von *Hall,* 107 ff. einseitig auf die „Eingriffs-Wirkung" der Paritätsänderung ausgerichtet, wogegen die wirtschafts- bzw. stabilitätspolitische Funktion verfassungsrechtlich nicht nutzbar gemacht wird.

[65] Siehe allgemein zum Begriff „Leistungsstaatlichkeit" *Martens,* VVDStRL 30, 8 m. w. N.; *Häberle,* VVDStRL 30, 55.

[66] Siehe *Häberle,* VVDStRL 30, 46, der in Art. 14 II GG eine leistungsstaatliche Aussage sieht.

[67] *H. H. Klein,* Grundrechte, 66 will unter Ablehnung eines Verständnisses der Grundrechte als „soziale Teilhaberechte" die modernen Aufgaben der Grundrechte, wie z. B. im Umweltschutz, allein unter dem Aspekt der Schranken der Grundrechte lösen.

erhaltung des gesamtwirtschaftlichen Gleichgewichtes erforderlichen Regelungen auf[68]. Die hier getroffenen Maßnahmen kommen sowohl individuellen Eigentumsrechten zugute, sie stärken aber auch die in Art. 14 GG zum Ausdruck gebrachte grundlegende Wertentscheidung zugunsten des Eigentums als einem Element objektiver Ordnung[69]. Typisch bei derartigen Regelungen ist die Kombination von positiven Auswirkungen für eine Gruppe sowie der positive Bezug zu Art. 14 GG als wertentscheidender Grundsatznorm und die Beeinträchtigung bisher innegehabter wirtschaftlicher Positionen anderer Zielgruppen, da der ordnende und verteilende Leistungsstaat auch Leistungen fordern muß[70].

Die im Rahmen der Leistungsgesetzgebung und -verwaltung eingesetzten Mittel kennzeichnen sich durch eine vielfache typologische Verästelung[71], die für die staatliche Einflußnahme auf den wirtschaftlichen Bereich charakteristisch ist[72]. Gebräuchliche Typen von Leistungsgesetzen sind *Maßnahme, Plan-, Lenkungs-, Rahmen-* und *Steuerungsgesetze*[73], wobei zwischen den verschiedenen Arten Überschneidungen denkbar sind. Die mit dieser Typologie zugleich gekennzeichneten Aufgaben und Intentionen der Gesetzgebung werden auch von der Verwaltung mit den ihr zur Verfügung stehenden Mitteln, also insbesondere Rechtsverordnung und Verwaltungsakt, aber auch dem öffentlich-rechtlichen Vertrag, wahrgenommen. Die vom Staat ausgeübte Formenwahl ist grundsätzlich nicht als illegitim anzusehen[74], da der Staat im wirtschaftlichen Bereich in der Wahl seiner Mittel und Gestaltungsformen frei ist. Die gegenüber staatlichen Interventionen im Wirtschaftsbereich aufgeworfenen Rechtsschutzprobleme[75] werden dadurch aufgewogen, daß die Variationsbreite der staatlichen Regelungsarten und -techniken zur Optimierung und Effektivierung der leistungsstaatlichen Einflußnahme beiträgt.

Der Regelungsvorbehalt muß somit auch als Mittel zur Realisierung leistungsstaatlicher Maßnahmen von Gesetzgebung und Verwaltung

---

[68] Vgl. *Häberle*, VVDStRL 30, 102. *Herzog*, Staatslehre, 117 spricht von einem „Verfassungsauftrag zur Wachstumsvorsorge“.

[69] Siehe zum objektiv-rechtlichen Inhalt des Leistungsrechts *Häberle*, in: Festschrift Küchenhoff, 470. Vgl. zum Eigentum als Element objektiver Ordnung 2. Teil, § 3, 1.

[70] Vgl. *Häberle*, VVDStRL 30, 61.

[71] Vgl. den Überblick bei *Häberle*, VVDStRL 30, 49 ff.

[72] *Friauf*, VVDStRL 27, 7, 42 LS 9 b; *Scheuner*, VVDStRL 11, 27; *H. H. Klein*, Wettbewerb, 44 ff.

[73] Vgl. *Häberle*, VVDStRL 30, 49 ff.

[74] *Friauf*, VVDStRL 27, 7 f.; *Badura*, AöR 92 (1967), 386; *Menger / Erichsen*, Verw. Arch. 56 (1965), 381.

[75] Vgl. dazu *Scheuner*, VVDStRL 11, 53 ff.; *Friauf*, VVDStRL 27, 1, 42 LS 9 b.

im Eigentumsbereich gesehen werden[76]. Die Untersuchung der Eigentumsrelevanz der Paritätsänderung, Devisenkursfreigabe und Bandbreitenveränderung hat daher auch ihre leistungsstaatlichen Aspekte zu berücksichtigen.

Die in den nach Art. 14 I 2 GG getroffenen Regelungen zum Ausdruck kommende Leistungsstaatlichkeit befördert Art. 14 GG jedoch nicht zu einem *sozialen Grundrecht* im Sinne eines „Rechts auf Eigentum"[77], dem ein originärer, d. h. sich allein aus dem Grundrecht ableitender Leistungs- bzw. Teilhabeanspruch des Bürgers entspricht[78]. Die Leistungsstaatlichkeit wird durch den Gesetzgeber und die Exekutive vermittelt, die zu einer sachgerechten, Art. 3[79] und 14 II GG — als Konkretisierung des Sozialstaatsprinzips — berücksichtigenden Ausgestaltung des Eigentums verpflichtet sind[80]. Über die Gewährung grundrechtlicher Teilhabeansprüche kann nur für jedes einzelne Grundrecht differenziert entschieden werden[81]. Die vom Bundesverfassungsgericht in der Numerus-clausus-Entscheidung[82] und dem Urteil über das niedersächsische Vorschaltgesetz[83] im Rahmen der Art. 5 III und 12 I GG eingeräumten Teilhabeansprüche rechtfertigen sich aus der besonderen Situation des Wissenschafts- und Hochschulbetriebes, in denen der Staat eine faktische Monopolstellung innehat[84] und die Beteiligung an der staatlichen Leistung zugleich notwendige Voraussetzung für die

---

[76] Vgl. *Häberle*, in: Festschrift Küchenhoff, 473: der Gesetzesvorbehalt verweist von vornherein auf Leistungsrecht.

[77] Vgl. zum Begriff der sozialen Grundrechte: *Brunner*, 5 ff.; *Krüger*, Staatslehre, 531 f.; *Häberle*, Wesensgehaltgarantie, 8 ff.; *ders.*, ZHR 136 (1972), 425; *ders.*, VVDStRL 30, 76; *Martens*, VVDStRL 30, 30; *Forsthoff*, Industriegesellschaft, 147 ff.; *Herzog*, Staatslehre, 387; *Maunz*, in: Maunz / Dürig / Herzog, Art. 9 Rdnr. 7; *Geiger*, 29 f.; *Hesse*, 84, 121; *Ipsen*, Grundgesetz, 19; *W. Weber*, Der Staat 4 (1965), 435 ff.; *Leibholz*, 31 ff.; *Tomandl*, 1 ff.; *van der Ven*, insbesondere 54 ff.; *Friauf*, DVBl. 1971, 675 ff.; ohne Verfasser, Art. 12 I GG als Teilhaberecht, JA 1972, 797 ff. (Öffentliches Recht 229 ff.); vgl. auch den bezeichnend titulierten Rechtsprechungsbericht von *Zacher*, Soziale Gleichheit, AöR 93 (1968), 341 ff.

[78] Ebenso für sämtliche Grundrechte *Martens*, VVDStRL 30, 29 ff.; *Häberle*, VVDStRL 30, 112; *Brunner*, 13 ff., 37; *Tomandl*, 30 ff. Vgl. dazu noch 4. Teil, § 1, 5.

[79] Siehe zur Bedeutung des Art. 3 GG in diesem Rahmen *Martens*, VVDStRL 30, 22 ff.

[80] Vgl. *Sellmann*, NJW 1965, 1689, der im Zusammenhang mit Art. 14 I 2 GG von einer „Aufgabe" des Gesetzgebers spricht. Ähnlich *Krüger*, in: Festschrift Schack, 72 (a. E.). Siehe zur leistungsstaatlichen Grundrechtseffektivierung durch das Sozialstaatsprinzip in Verbindung mit Art. 3 GG *Häberle*, DÖV 1972, 731.

[81] *Häberle*, VVDStRL 30, 109 f.; *ders.*, DÖV 1972, 734.

[82] BVerfGE 33, 303, 331.

[83] BVerfGE 35, 79, 114 ff.

[84] Hierauf weisen BVerfGE 33, 303, 331 f. und 35, 79, 115 hin.

Verwirklichung von Grundrechten ist[85]. Diese Teilhabeansprüche sind nicht übertragbar auf Art. 14 GG. Auf dem Gebiet des Eigentums übt der Staat keine Monopolstellung aus. Die freiheitliche Entfaltung im vermögensrechtlichen Bereich wird nicht allein durch den Staat, sondern auch durch die Beziehung Privater zueinander vermittelt. Die Wahrnehmung des Grundrechtes aus Art. 14 GG setzt jedenfalls nicht *notwendig* eine staatliche Leistung voraus[86].

§ 3 Die Paritätsänderung als Inhalts- und Schrankenbestimmung des Eigentums

1. Kritische Würdigung der zur Eigentumsrelevanz der Paritätsänderung vertretenen Ansichten

Bei der Auseinandersetzung mit den Auffassungen zum Verhältnis von Art. 14 I 2 GG zur Paritätsänderung lassen sich drei Problemkreise unterscheiden: Die Frage der eigentumsrechtlichen Relevanz wirtschaftspolitischer Globalsteuerung[1] und der Unmittelbarkeit der Paritätsänderung[2], das Problem des Wertschutzes des Eigentums unter besonderer Berücksichtigung des „Geldeigentums"[3] und die Frage, inwieweit die Paritätsänderung als „bloße Reaktion auf bereits erfolgte wirtschaftliche Veränderungen" anzusehen ist[4], d. h. ob bei einer Paritätsänderung Besonderheiten bestehen, die deren eigentumsinhalts- und -schrankenbestimmenden Charakter ausschließen. Keiner der drei Problemkreise darf für die Paritätsänderung negativ beantwortet werden, damit diese als Inhalts- und Schrankenbestimmung des Eigentums qualifiziert werden kann.

a) Die eigentumsrechtliche Relevanz wirtschaftspolitischer Globalsteuerung

Die Paritätsänderung würde keine Inhalts- und Schrankenbestimmung des Eigentums enthalten, wenn es zuträfe, daß makroökonomisch

---

[85] So BVerfGE 33, 303, 332 (bezogen auf Art. 12 I GG).

[86] Gleichwohl kommt aber auch im Eigentumsbereich der hoheitlichen Gestaltung überragende Bedeutung für die Effektivität des Grundrechts zu (z. B. Vermögensbildung, Mitbestimmung). Vgl. allgemein zur Vermittlung grundrechtlicher Freiheitsentfaltung durch Leistungsgesetze *Häberle*, in: Festschrift Küchenhoff, 456 ff.

[1] Siehe dazu 3. Teil, § 1, 2 c.

[2] Hierzu *Hall*, 110.

[3] Vgl. die Nachweise im 3. Teil, § 1, 1 und 2 b.

[4] Dazu *Friauf*, Die Verwaltung 5 (1972), 352.

wirkende Globalsteuerungsmaßnahmen — zu denen auch die Paritätsänderung gerechnet wird[5] — die Grundrechtssphäre nicht tangierten[6].

Daß Globalsteuerungsmaßnahmen, die in einer irgendwie gearteten Affinität zum Eigentum stehen, auch den Bereich des verfassungsrechtlich geschützten Eigentums berühren, folgt aber aus dem Begriff und der Funktion der Globalsteuerung. Von einer *Steuerung* kann nur dann gesprochen werden, wenn auf ein Objekt Einfluß genommen wird, sei es, daß Veränderungen an dem Objekt allein durch die hoheitliche Steuerungsmaßnahme ohne Zutun des Objekteigentümers auftreten, sei es, daß die Steuerung Einfluß auf das Verhalten des Objekteigentümers nimmt und damit schließlich zu Objektveränderungen führt. Auch von wirtschaftspolitischen Globalsteuerungen gehen daher, soweit sie effizient sind, Wirkungen auf die gesteuerten Objekte aus. *Begrifflich* ist es daher nicht möglich, von einer effizienten Globalsteuerung zu sprechen und gleichzeitig zu konstatieren, die gesteuerten Objekte seien nicht tangiert. Auch wenn die Steuerung im „Rahmen der marktwirtschaftlichen Ordnung", also ohne Befehl und Zwang erfolgt[7], ändert sich an diesem Ergebnis nichts, denn Befehl und Zwang kennzeichnen nur Art und Weise der Durchsetzung der Globalsteuerung, sagen jedoch nicht notwendig etwas über Objekt- oder Grundrechtsrelevanz aus.

Insofern trift auch das Bild vom „Umschlag der Quantität in die Qualität"[8] nicht zu, denn Steuerungsmaßnahmen kommt bereits per definitionem Steuerungsqualität und damit Grundrechtsrelevanz zu. Die „Qualität" einer Steuerungsmaßnahme im Sinne Friaufs[9] kann jedoch als Gradmesser zur Abgrenzung zwischen entschädigungslos hinzunehmender Sozialbindung und dem einen Entschädigungsanspruch auslösenden Eingriff im Sinne des Art. 14 III GG dienen.

Die Berührung des von einer Globalsteuerungsmaßnahme anvisierten und erfaßten Objektes stellt die ratio der Globalsteuerung dar. Sofern eine Globalsteuerungsmaßnahme daher eigentumsverändernd oder in bezug auf die angesprochenen Eigentümer verhaltensbeeinflussend wirkt, aktualisiert sich die grundlegende *Funktion* der Globalsteuerung. Der Eigentumsbereich wird tangiert. Die Intensität der Eigentums-Globalsteuerung wird für Art. 14 I GG nicht relevant, denn Art. 14 I 2 GG stellt nicht auf die Intensität einer Regelung im Eigentumsbereich,

[5] *Wagner*, VVDStRL 27, 74.

[6] So *Friauf*, VVDStRL 27, 14 f.; *Wagner*, VVDStRL 27, 74; *Zuck*, BB 1967, 808 (wegen fehlender Unmittelbarkeit).

[7] Darauf stellt *Friauf*, VVDStRL 27, 15 ab.

[8] *Friauf*, VVDStRL 27, 15.

[9] *Friauf*, VVDStRL 27, 15.

sondern darauf ab, ob die Regelung *überhaupt* im verfassungsrechtlich geschützten Eigentumsbereich des Art. 14 I 1 GG angesiedelt ist.

Selbst wenn man — entgegen der hier vertretenen Auffassung[10] — für eigentumsgestaltende Regelungen *unmittelbare* Grundrechtsrelevanz fordert, kann der Paritätsänderung die inhalts- und schrankenbestimmende Qualität im Sinne des Art. 14 I 2 GG nicht mit dem Hinweis auf fehlende Unmittelbarkeit abgesprochen werden[11]. Da sowohl Parität als auch Devisenkurs auf Grund des Kursgestaltungsmonopols der Zentralbanken wie eine Preisregulierung wirken[12], kommt ihnen für die betroffenen Bürger eine bindende Wirkung zu. Der Wirtschafter kann sich dieser Verhaltens- und Eigentumsbeeinflussung nicht entziehen. Hoheitliche Preisfestsetzungen üben daher grundsätzlich unmittelbare Wirkung aus. Die unmittelbare Beeinflussung wird auch nicht dadurch ausgeschlossen, daß die Festsetzung der Parität des Vollzuges durch die Zentralbank bedarf, um „devisenkursrelevant" zu werden. Da die Deutsche Bundesbank an die Paritätsentscheidung der Bundesregierung gebunden ist und bereits die Paritätsänderung Wirkungen auf das Verhalten der Wirtschafter entfaltet, gehen schon von der Paritätsänderung unmittelbare Wirkungen aus[13].

Der Charakter der Paritätsänderung als Globalsteuerungsmaßnahme läßt sich daher nicht gegen deren Grundrechtsrelevanz anführen, sondern stellt vielmehr ein Indiz für eine Grundrechtstangierung dar. Die Wirkungen der Paritätsänderung entsprechen überdies dem Unmittelbarkeitserfordernis; bereits an die Paritätsänderung knüpfen sich objektbezogene Wirkungen, denen Grundrechtsrelevanz innewohnt.

b) Wert- und Geldwertschutz des Eigentums durch Art. 14 GG

Paritätsänderungen bewirken Wertveränderungen der tangierten Eigentumsobjekte[14]. Diese Wertveränderungen, die sich für die angesprochenen Eigentümer sowohl vorteilhaft als auch nachteilig auswirken können[15], betreffen den Tauschwert konkreter Individualeigentumsobjekte als den durch ihre Veräußerung zu realisierenden wirtschaftlichen Wert[16]. Die Möglichkeit einer Tauschwertbeeinträchtigung

---

[10] Vgl. 2. Teil, § 2, 1 (a. E.).

[11] So aber *Hall*, 110.

[12] *Tomuschat*, 26 f.; *K. Müller*, BB 1971, 729.

[13] Ebenso *Hoffmann*, Währungsparität, 81 f.

[14] *Hoffmann*, Währungsparität, 27 f., 51 ff.; *Hoffmann-Riem*, BB 1969, 1375 f.; *Friauf*, Die Verwaltung 5 (1972), 352; *Tomuschat*, 31; *Möller*, § 4 Anm. 8; *Heilperin*, 47, 48.

[15] Vgl. 2. Teil, § 3, 2.

[16] *Hoffmann*, Währungsparität, 56; ähnlich *Friauf*, Jur. Analysen 1970, 307.

wird nicht dadurch ausgeschlossen, daß die *nominelle* Substanz der von einer Paritätsänderung betroffenen Forderungen und Geldbestände sowie der Schulden bzw. des Vermögens unangetastet bleibt, da Wertveränderungen auch bei nomineller Identität möglich sind.

aa) Wertschutz des Eigentums durch Art. 14 GG

Art. 14 GG schützt nicht nur den Gebrauchs—, sondern auch den Tauschwert des Eigentums[17]. Dieses verfassungsrechtliche Gebot ergibt sich sowohl aus Art. 14 III GG als auch aus der Funktion des Eigentums als personaler Freiheitsgarantie im vermögensrechtlichen Bereich[18]. Vermögenswerte Güter im Sinne des Art. 14 I 1 GG dienen nicht nur der individuellen Nutzung, d. h. der Aktualisierung ihres Gebrauchswertes, sondern sie stellen zugleich „Kommunikationschancen“[19] dar[20]. Durch den Einsatz des in einem Eigentumsobjekt verkörperten Tauschwertes wird die Kommunikationschance wahrgenommen und damit die personale Freiheit realisiert, etwa indem durch Hingabe einer Sache ein anderes Eigentumsobjekt erworben wird. Eine Tauschwertverringerung vermindert die Kommunikationschancen und damit die personale Freiheit in der vermögensrechtlichen Sphäre.

Mit diesem (Tausch- und Gebrauchs-)Wertschutz ist jedoch keine Wert*garantie* verbunden[21]. Auch eine Gleichsetzung von eigentumsrechtlichem Wertschutz und Wertstabilität ist nicht zulässig. Da der Wert bestimmter Eigentumsobjekte ständigen, sowohl durch die privaten Wirtschafter wie durch hoheitliche Maßnahmen verursachten Schwankungen unterworfen ist, schließt die Instabilität des Wertes eines Eigentumsobjektes nicht dessen Wertschutz durch Art. 14 GG aus[22]. Sofern sich aber der Wertschutz nicht in konkreten Normen, aus

---

[17] Für die folgenden Ausführungen kann im wesentlichen auf die Argumentation zum Tauschwertschutz des Eigentums im Zusammenhang mit dem Vermögensschutz durch Art. 14 GG zurückgegriffen werden; vgl. 2. Teil, § 3, 2 b cc.

[18] Zu dieser Funktion des Eigentums: BVerfGE 24, 367, 389; *Hesse*, 178; *Kimminich*, in: Bonner Kommentar, Art. 14 Rdnr. 9; *W. Weber*, Eigentum und Enteignung, 353; *v. Mangoldt / Klein*, Art. 14 Anm. II 3.

[19] *Luhmann*, Grundrechte, 127.

[20] Unzutreffend daher *Arndt*, 274, wonach beim Sacheigentum nur die Verfügungsgewalt, nicht aber der Wert geschützt sei.

[21] Vgl. 2. Teil, § 3, 2 b cc.

[22] Die Ansicht *Arndts*, 274, der eine Wertgarantie und Wertstabilität annimmt, ist daher abzulehnen. Dies gilt auch für *Luhmann*, Grundrechte, 127 Fußn. 50, der einseitig von einer Garantie des Geldwertes ausgeht, die — unstreitig — Art. 14 GG nicht leisten kann. Aus der Ablehnung einer Wertgarantie durch Art. 14 GG folgt jedoch nicht zwingend, daß Art. 14 GG auch keinen Wertschutz beinhaltet.

denen sich subjektive Rechte der Bürger ableiten lassen[23], konkretisiert hat, steht dem Eigentümer kein abstrakter Anspruch auf einen Wertschutz seines Eigentums zu. Der Gesetzgeber hat jedoch bei Erlaß inhalts- und schrankenbestimmender Regelungen des Eigentums den Gesichtspunkt des Wertschutzes in seine Überlegungen miteinzubeziehen und ihm Rechnung zu tragen. Der allgemeine Wertschutz des Eigentums kann, wenn eine konkrete Inhalts- und Schrankenbestimmung des Eigentums vorliegt, zum Gegenstand der verfassungsgerichtlichen Kontrolle werden, wenngleich nicht übersehen werden darf, daß sich auf Grund der weiten wirtschaftspolitischen Freiheit des Gesetzgebers[24] die verfassungsgerichtliche Überprüfung auf die Anlegung eines groben Rasters beschränken muß.

Da Art. 14 GG keine *statische* Wertgarantie enthält, fällt auch nicht jede durch hoheitliche Maßnahmen bewirkte Wertveränderung unter Art. 14 III GG; vielmehr wird eine Entschädigungspflicht erst dann ausgelöst, wenn ein bestimmtes Maß an Wertbeeinträchtigung überschritten ist. Bei einem hoheitlichen Zugriff von enteignender Wirkung wird der Wert des entzogenen Eigentumsgegenstandes fixiert und als Entschädigung ausgeglichen.

Soweit eine gesetzliche oder auf einer gültigen Ermächtigungsgrundlage beruhende hoheitliche Regelung den Wert eines verfassungsrechtlich geschützten Eigentumsobjektes verändert, und diese Wirkung — wie bei einer Paritätsänderung — nicht nur als bloße Rand- oder Fernwirkung anzusehen ist, unterliegt sie dem Regelungsvorbehalt des Art. 14 I 2 GG[25].

bb) Wertschutz des Geldes durch Art. 14 GG[26]

Der Eigentumsschutz durch Art. 14 GG wäre an der sozial und gesellschaftlich wichtigsten Stelle unvollkommen, wenn Geld im Gegensatz zu den übrigen verfassungsrechtlich von Art. 14 I GG umfaßten Eigentumsobjekten in seinem Wert nicht geschützt würde[27]. Der Geld-

[23] Zu denken ist dabei insbesondere an § 1 StabG; vgl. zur Justiziabilität des § 1 StabG *Wiebel*, 74.

[24] Vgl. BVerfGE 8, 71, 80 (zu Art. 14 II GG); 21, 150, 157; 36, 66, 71 (Stabilitätszuschlag); 36, 383, 398.

[25] Der historischen Betrachtung *von Schellings*, ZHR 132 (1969), 288 kommt daher nur unterstützende Funktion zu, da sich das Eingreifen des Regelungsvorbehaltes aus Art. 14 GG selbst ergibt.

[26] Die folgenden Ausführungen knüpfen an die Erörterungen zum Geldwertschutz im Zusammenhang mit dem Vermögensschutz durch Art. 14 GG an (siehe 2. Teil, § 3, 2 b dd) und sind auf die im 3. Teil, § 1, 2 b referierten ablehnenden Auffassungen zum Geldwertschutz bezogen.

[27] Zur Argumentation siehe 2. Teil, § 3, 2 b dd.

wert ist als Voraussetzung der funktionsgemäßen Nutzung des Geldes anzusehen[28]. Da dem Geld kein spezifischer Gebrauchswert innewohnt, würde die Versagung des Tauschwertschutzes des Geldes dazu führen, daß die Aufnahme des Geldes in den Katalog der durch Art. 14 I 1 GG geschützten Güter faktisch leerlaufen und nur gegenüber nominellem Entzug ein Schutz gewährt würde.

Selbst wenn man — wie *Luhmann*[29] — nicht an den Wertschutz, sondern den verfassungsrechtlichen Funktionsschutz anknüpft, ändert sich dieses Ergebnis nicht. Eine bestimmte Geldmenge bedeutet nicht nur, daß eine Kommunikationschance vorhanden ist[30], sondern bezeichnet zugleich die *Qualität* dieser Chance. Die Qualität der Kommunikationschance wird aber nicht nur durch die Zahl der Geldeinheiten, sondern zugleich durch deren Wert bestimmt[31].

Auch dem Einwand *Arndts*[32], Marktwirtschaft und staatlicher Geldwertschutz schlössen sich gegenseitig aus, kann nicht gefolgt werden[33]. Die Kritik hat an der Aussage Arndts anzusetzen, wonach „der der Marktwirtschaft konforme Rechtsstaat das konkrete Eigentum gegen ungesetzliche Staatseingriffe sichert, nicht aber dessen Wert am Markt"[34]. Der staatliche Wertschutz des Geldes läßt sich nicht einseitig auf die staatlichen *Eingriffe* reduzieren. Arndt[35] betrachtet nur einen Ausschnitt staatlicher Tätigkeit, wenn er den Blick auf die hoheitlichen Eingriffe in den — vom staatlichen Bereich isolierten[36] — Wirtschaftsablauf beschränkt[37]. Der Geldwertschutz ist vielmehr auch unter dem Aspekt einer verfassungsrechtlich gebotenen *leistungsstaatlichen* Staatstätigkeit zu sehen[38]. Die hoheitliche Wirtschaftslenkung im Währungspolitischen Bereich verfolgt nicht primär das Ziel, in das Eigentum

---

[28] *Mammitzsch*, 137.

[29] *Luhmann*, Grundrechte, 127.

[30] So *Luhmann*, Grundrechte, 127.

[31] *Luhmann*, Grundrechte, 127 müßte von daher ebenfalls zu einem Geldwertschutz gelangen. *Luhmann*, Grundrechte, 127 Fußn. 50 differenziert jedoch nicht zwischen Wertschutz und Wertgarantie.

[32] *Arndt*, 274 ff.

[33] Im folgenden wird nur auf den Einwand, soweit er den Geldwertschutz durch Art. 14 GG betrifft, eingegangen, da eine Geldwertgarantie unstreitig nicht von Art. 14 GG umfaßt wird.

[34] *Arndt*, 274.

[35] *Arndt*, 274.

[36] Diese unzutreffende Vorstellung vom Verhältnis Staat — Gesellschaft soll hier nicht weiter problematisiert werden.

[37] Interessant auch die in anderem Zusammenhang stehende Bemerkung Arndts, daß „solche Maßnahmen (sc. Änderung der Währungsparität) für den ‚über-staatlichen' Markt nicht-konforme Eingriffe" darstellen (*Arndt*, 45).

[38] Vgl. allgemein zur leistungsstaatlichen Funktion der Regelungen gemäß Art. 14 I 2 GG 3. Teil, § 2, 3.

„einzugreifen", sondern will durch Stabilisierung des gesamtwirtschaftlichen Gleichgewichtes die in Art. 14 GG enthaltene Grund- und Wertentscheidung[39] stärken[40]. Marktwirtschaft und staatlicher Geldwertschutz schließen sich daher nicht gegenseitig aus. Dafür spricht auch § 1 StabG, wonach die zum gesamtwirtschaftlichen Gleichgewicht beitragenden wirtschafts- und finanzpolitischen Maßnahmen, zu denen auch die Paritätsänderung zählt[41], „im Rahmen der *marktwirtschaftlichen* Ordnung" zu treffen sind.

Auch das Geldeigentum unterliegt — ebenso wie andere Eigentumsobjekte — in seinem Wert dem verfassungsrechtlichen Schutz des Art. 14 GG. Auf hoheitliche Maßnahmen zurückzuführende Tauschwertveränderungen des Geldes sind daher als Inhalts- und Schrankenbestimmungen des Eigentums zu bezeichnen.

c) Unmittelbar auf die Paritätsänderung bezogene Bedenken gegen das Eingreifen des eigentumsrechtlichen Regelungsvorbehaltes

Es bleibt zu prüfen, ob der allgemeine Grundsatz, daß hoheitliche Tauschwertveränderungen des Eigentums dem Regelungsvorbehalt des Art. 14 I 2 GG unterliegen, auch auf die Paritätsänderung Anwendung finden kann.

Ein gewichtiges Argument gegen die Annahme einer Inhalts- und Schrankenbestimmung bei einer staatlichen Entscheidung über die Änderung der Parität bringt *Friauf*[42] vor, der in der Paritätsänderung eine Entscheidung mit „überwiegend bloß deklaratorischem" Charakter sieht, da in den vorangegangenen wirtschaftlichen Veränderungen die Ursache der nachfolgenden Paritätsänderung liege. Friauf[43] ist in seiner Analyse des speziellen Charakters einer Paritätsänderung teilweise beizupflichten; das von ihm gezogene Ergebnis ist jedoch abzulehnen.

Die Vorstellung eines deklaratorischen Charakters der Paritätsänderung trifft zunächst nicht alle wirtschaftlichen Situationen, die schließlich zu einer Paritätsänderung führen. So etwa nicht die denkbare Konstellation, daß eine Paritätsänderung auf Grund einer bestimmten wirtschaftspolitischen Konzeption in einem höheren oder geringeren Maß festgesetzt wird als dies den tatsächlichen Währungs-

[39] Dazu 2. Teil, § 3, 1.

[40] Vgl. zu dieser Funktion der Paritätsänderung im einzelnen 3. Teil, § 3, 2 b.

[41] Vgl. *Möller*, § 4 Anm. 8; *Hoffmann*, Währungsparität, 184 f.

[42] *Friauf*, Die Verwaltung 5 (1972), 352 f.; siehe zur Argumentation Friaufs im 3. Teil, § 1, 2 a.

[43] *Friauf*, Die Verwaltung 5 (1972), 352 f.

wertverhältnissen entspricht. Die Paritätsänderung wirkt hier in bezug auf die Tauschwertveränderung *konstitutiv*.

Zutreffend in der Beurteilung Friaufs[44] ist, daß bei flexiblen Devisenkursen die Devisenkurs- und damit die Tauschwertveränderungen auf dem Markt durch die privaten Wirtschafter erfolgen würden, so daß wegen fehlender hoheitlicher Regelung eine Inhalts- und Schrankenbestimmung des Eigentums nicht angenommen werden könnte. Wenn jedoch die Parität — und entsprechend den Bandbreiten der Devisenkurs — hoheitlich festgesetzt und der Preis für Devisen damit reguliert wird, so tritt der Effekt der Währungswertveränderung, auch wenn ihre Ursachen faktisch bereits in einem früheren Stadium gesetzt wurden[45], erst mit der Änderung der hoheitlichen Regulierung, d. h. der Paritätsänderung ein. Der *Effekt* einer Beeinträchtigung ist aber maßgeblich für den Grundrechtsschutz gegenüber hoheitliche Maßnahmen[46]. Auf einen eventuellen deklaratorischen Charakter der Paritätsänderung kann daher im Zusammenhang mit Art. 14 I GG nicht abgestellt werden.

Wenn es der Staat übernimmt, den Währungswert durch die Festsetzung einer Parität zu fixieren, also marktbeeinflussend tätig wird, so könnte der Grundrechtsschutz durch Art. 14 I GG nur dann ausgeschlossen sein, wenn der durch eine Paritätsänderung bewirkte Effekt in *gleicher* Weise auch ohne staatliche Einflußnahme eingetreten wäre. In geltenden Währungssystemen läßt sich diese Gleichsetzung jedoch nicht feststellen. Während bei flexiblen Devisenkursen eine kontinuierliche, sich in kleinen Schritten vollziehende Devisenkursveränderung erfolgt, wird bei einer fixierten Parität eine *stufenweise* Anpassung der Devisenkurse vorgenommen. Das System der begrenzt flexiblen Devisenkurse und fixen Paritäten führt damit zu einer hoheitlich verursachten *Verzögerung* der Anpassung der Währung an das reale Währungswertverhältnis[47]. Der Staat nimmt daher auf den Devisenkurs in jedem Fall insoweit Einfluß, als er die Parität nicht den Marktverhältnissen entsprechend, sondern — nach dem Schema starrer

---

[44] *Friauf*, Die Verwaltung 5 (1972), 353.

[45] Dabei ist auch zu berücksichtigen, daß die Ursachen für die Veränderung des Außenwertes der Währung nicht allein von den inländischen Wirtschaftern und der Bundesregierung, sondern auch von ausländischen Wirtschaftern und den Regierungen ihrer Staaten gesetzt werden. In diesen Fällen fehlt es hinsichtlich der vom Ausland verursachten Wertverschiebung vor einer Paritätsänderung an einem Ansatzpunkt für eine Inhalts- und Schrankenbestimmung des Eigentums.

[46] Vgl. *Gallwas*, 25 ff.

[47] Dies folgt auch daraus, daß eine Paritätsänderung erst zulässig ist, wenn ein „fundamental disequilibrium" besteht; vgl. Art. IV, Abschnitt 5 IWFA.

Paritäten — verzögert an die tatsächlichen Währungswertverhältnisse angleicht. Die eigentumsrechtliche Relevanz der Anpassung der Devisenkurse in einem System flexibler Devisenkurse ist daher durchaus verschieden von derjenigen einer Paritätsänderung in einer Währungsordnung mit hoheitlich festgesetzten Paritäten. Wenngleich Friauf[48] also zuzugeben ist, daß eine Paritätsänderung in der Regel nur bereits erfolgte Veränderungen nachvollzieht, so schließt jedoch weder ein deklaratorischer Charakter der Paritätsänderung das Eingreifen des Regelungsvorbehaltes in Art. 14 I GG aus, noch lassen sich wegen der hoheitlichen Verzögerung der Tauschwertbestimmung die Voraussetzungen des Art. 14 I 2 GG verneinen.

Abzulehnen ist die Ansicht *Halls*[49], daß Paritätsänderungen lediglich als „gezielte Chancenbeeinträchtigungen und gewollte Steuerung von Reflexwirkungen“ anzusehen und daher nicht als Inhalts- und Schrankenbestimmungen des Eigentums zu qualifizieren seien. Die makro- und mikroökonomischen Auswirkungen, die der Paritätsänderung zugeschrieben werden, haften dieser immanent an[50]. Da Globalsteuerungsmaßnahmen Wirtschaftsabläufe steuern, sind die Wirkungen, die dieser Funktion entsprechen, nicht bloßer Reflex, sondern als Wirkungsinhalt der Globalsteuerung zuzurechnen. Der Preisregulierungseffekt einer fixierten Parität[51] stellt sich als wesentlicher Bestandteil und nicht nur als *Reflex* der Parität bzw. der Paritätsänderung dar.

Soweit von einer Paritätsänderung Tauschwertveränderungen individueller Eigentumsobjekte ausgehen oder eingerichtete und ausgeübte Gewerbebetriebe tangiert werden, kann auch nicht von einer verfassungsrechtlich irrelevanten *Chancenbeeinträchtigung* gesprochen werden, da der Tauschwert des Eigentums dem verfassungsrechtlich geschützten Inhalt der von Art. 14 I GG erfaßten Eigentumsobjekte zuzuordnen ist. Eine bloße Hoffnungs- und Chancenbeeinträchtigung, die nicht in den Schutzkreis des eingerichteten und ausgeübten Gewerbebetriebs fällt[52], stellen jedoch die *Fernwirkungen* von Paritätsänderungen dar[53]. Diese Fernwirkungen, die etwa die allgemeinen Konsequenzen einer veränderten wirtschaftlichen Situation für den industriellen Bereich erfassen, können nicht als Inhalts- und Schrankenbestimmungen des Eigentums angesehen werden, da sie nur Erwerbsmöglichkeiten, nicht aber das verfassungsrechtlich geschützte Eigentum tangieren.

---

[48] *Friauf*, Die Verwaltung 5 (1972), 352 f.

[49] *Hall*, 105 f., 109 ff.; 3. Teil, § 1, 2 a.

[50] Vgl. auch 3. Teil, § 3, 1 a.

[51] *Tomuschat*, 27; *K. Müller*, BB 1971, 729.

[52] *Badura*, Entschädigung, 22; vgl. 2. Teil, § 3, 2 c.

[53] Vgl. *Hoffmann*, Währungsparität, 67.

Gegen die Zuordnung der Paritätsänderung zu Art. 14 I 2 GG kann auch die fehlende gesetzliche Fixierung der Parität nicht angeführt werden[54], da dieser Umstand die verfassungsrechtliche Qualifikation unberührt läßt. Ebensowenig vermag die Entscheidung in der Frage der Kompetenz zur Paritätsänderung auf den Charakter der Paritätsänderung als Inhalts- und Schrankenbestimmung des Eigentums Einfluß zu nehmen[55]. Die Grundrechtsbindung wird auch nicht dadurch ausgeschlossen, daß die Entscheidung über die Änderung der Währungsparität in erster Linie nach politischen Gesichtspunkten getroffen wird[56]. Selbst die sogenannten „gerichtsfreien Hoheitsakte" sind allenfalls *gerichts*frei, d. h. nicht justiziabel, sie sind jedoch in keinem Fall *rechts*frei[57].

Die Paritätsänderung als hoheitliche Regelung mit tauschwertverändernder Qualität stellt daher eine Inhalts- und Schrankenbestimmung des Eigentums dar. Da Art. 14 I 2 GG sämtliche eigentumsrelevanten Maßnahmen erfaßt, wird der Regelungsvorbehalt des Art. 14 I 2 GG aber nicht nur durch die im Zuge einer Auf- oder Abwertung erfolgenden Tauschwert*beeinträchtigungen,* sondern auch bei *positiven* Wirkungen sowohl auf den Tauschwert konkreten Individualeigentums als auf die in Art. 14 GG enthaltene Grund- und Wertentscheidung sowie die Institutsgarantie ausgelöst[58].

2. Der Umfang der Eigentumsrelevanz der Paritätsänderung

Bei der Bestimmung des Umfanges der dem Regelungsvorbehalt in Art. 14 I GG unterliegenden Eigentumsobjekte kann zwischen *nachteiligen,* d. h. eigentumswertbeeinträchtigenden, und positiven, *leistungsstaatlichen* Wirkungen unterschieden werden. Die Verbindung von positiven Auswirkungen einerseits und die Benachteiligung einzelner oder bestimmter Gruppen andererseits ist charakteristisch für wirtschaftspolitische Globalsteuerungsmaßnahmen[59]. Um Leistungsfunktionen erfüllen zu können, muß die Globalsteuerung partiell benachteiligen

---

[54] Darauf weist *Brackmann,* 48 f. hin. Neben einer mündlichen Mitteilung über die Änderung der Parität auf einer Pressekonferenz erfolgt lediglich eine Bekanntmachung im Bundesanzeiger; vgl. 1. Teil, § 3.

[55] So aber *Helmken,* BB 1949, 693. Vgl. zur Kompetenzfrage *Hoffmann,* Währungsparität, 158 ff.; *Brackmann,* 73; *Greitemann,* 254 f.; *Tomuschat,* 39 ff.

[56] So *Caspers,* BB 1961, 343.

[57] *Dürig,* in: Maunz / Dürig / Herzog, Art. 1 Abs. III Rdnr. 108.

[58] So auch *Hoffmann,* Währungsparität, 62.

[59] Vgl. 3. Teil, § 2, 3; *Stachels,* 10: „Stetiges Wachstum bedeutet keine konstante, gleichförmige Ausdehnung aller Wirtschaftszweige, erst recht nicht aller Unternehmen."

und umverteilen[60]. In der Ausbalancierung der Kombination von Begünstigungen und Benachteiligungen liegen die „Konfliktfelder“[61], auf denen sich Globalsteuerungsmaßnahmen bewegen. Wirtschaftlich lassen sich Vor- und Nachteile einer Globalsteuerungsmaßnahme nicht strikt voneinander trennen; beide Wirkungen können in einer Person zusammentreffen. Der durch eine Aufwertung benachteiligte Wirtschafter vermag bei anderen Eigentumsobjekten einen Gewinn zu erzielen.

a) Die nachteiligen Wirkungen einer Paritätsänderung

Nachteilige Wirkungen können von einer Paritätsänderung insbesondere bei denjenigen Objekten eintreten, die Gegenstand der Individualeigentumsgarantie des Art. 14 I GG sind. Daneben kommt eine eigentumsrechtliche Relevanz der Änderung der Währungsparität in bezug auf die Gewährleistung der Institutsgarantie des Eigentums in Betracht.

aa) Wertbeeinträchtigungen bei den Objekten der Individualeigentumsgarantie

Wertbeeinträchtigungen, die verfassungsrechtlich geschütztes Eigentum und Grundrechtsträger des Art. 14 GG betreffen, erfahren im Zuge einer Paritätsänderung die Eigentümer von Devisen, Forderungs-Gläubiger und -Schuldner sowie diejenigen Wirtschafter, die Eigentümer eines eingerichteten und ausgeübten Gewerbebetriebes sind[62].

α) Devisenbestände; Forderungen

Für die Eigentümer von Devisen und Inhaber von Forderungen ändert sich durch eine Paritätsänderung der Tauschwert ihres Eigentums[63]. Inländische Gläubiger von Devisenforderungen, ausländische Gläubiger von DM-Forderungen sowie inländische Deviseneigentümer erleiden einen Verlust, der in Höhe des Auf- bzw. Abwertungssatzes liegt. Die durch die Paritätsänderung ausgelöste Wertminderung beeinträchtigt den Inhalt des Deviseneigentums bzw. der Forderungen und stellt sich nicht als bloße Chancenbeeinträchtigung dar, die bestehenden Fremdwährungsforderungen zu den gleichen Konditionen

---

[60] Vgl. *Häberle*, VVDStRL 30, 66. Nachteilige individuelle Wirkungen känen dabei durch subtilen Mitteleinsatz, wie etwa die „moral suasion“ ausgelöst werden (vgl. *Hansmeyer*, Die Aussprache 1968, 92).

[61] *Stern*, Wirtschaftssteuerung, 18.

[62] Vgl. 2. Teil, § 3, 2.

[63] *Hoffmann*, Währungsparität, 61; *Hoffmann-Riem*, BB 1969, 1376; *Tomuschat*, 27 ff.; *Möller*, § 4 Anm. 8: „Eingriff in individuelles Vermögen (Tauschwert der Devisen).“

wie vor der Paritätsänderung eintauschen zu können[64]. Da der Tauschwert der Devisen und Forderungen eigentumsrechtlich zu deren Inhalt zu rechnen ist, kann die Beeinträchtigung des Tauschwertes nicht als bloße Chancenbeeinträchtigung qualifiziert werden[65].

Die Tauschwertbeeinträchtigung ist eigentumsrelevant, da sich die betroffenen Wirtschafter auf Grund ihrer allgemeinverbindlichen Wirkung und des monopolistischen Preisregulierungseffektes der Währungsparität der Wertbeeinträchtigung nicht entziehen können. Die Aufrechterhaltung der nominellen Substanz des betroffenen Eigentums beeinflußt die verfassungsrechtliche Relevanz der Paritätsänderung nicht[66]. Hinsichtlich der nachteiligen Wirkungen einer Paritätsänderung wird die Gemeinschaftsbindung des Eigentums[67] durch die Auf- oder Abwertung aktualisiert und für die betroffenen Eigentümer konkretisiert.

Soweit von einer Paritätsänderung Tauschwertbeeinträchtigungen auf Devisen und Fremdwährungsforderungen ausgehen, stellt die Paritätsänderung eine Inhalts- und Schrankenbestimmung des Eigentums dar und ist daher dem Regelungsvorbehalt des Art. 14 I 2 GG zu unterstellen.

β) *Schulden- bzw. Vermögensbeeinträchtigungen*

Eine Paritätsänderung wirkt sich für diejenigen Schuldner, die nicht in einheimischer Währung fakturiert haben[68], faktisch als Erhöhung ihrer Schulden aus, die sich darin äußert, daß die Schuldner nunmehr einen höheren Betrag als vor der Paritätsänderung zur Tilgung ihrer Schulden aufbringen müssen[69]. Der einer fixierten Parität immanente Preisregulierungseffekt läuft hier für die Betroffenen auf eine Preiserhöhung hinaus. Die Paritätsänderung beeinträchtigt damit den Wert des dem Schutz des Art. 14 GG unterstellten Vermögens[70]. Unerheblich ist auch bei der Vermögensbeeinträchtigung, daß die Schuld des von der Paritätsänderung Betroffenen sich nominell nicht verändert[71].

Ebenso wie bei einer Forderungsbeeinträchtigung wirkt bereits die Paritätsänderung vermögenswertverändernd und weist damit den für

[64] So aber *Körber*, 64.

[65] Vgl. 2. Teil, § 3, 2 b cc und 3. Teil, § 3, 1 c.

[66] Vgl. 3. Teil, § 3, 1 b.

[67] Wobei die Gemeinschaftsbindung hier nicht im Sinne einer Abgrenzung zur Enteignung, sondern als spezifisches Merkmal einer Regelung nach Art. 14 I 2 GG verstanden wird (vgl. 3. Teil, § 2, 1).

[68] Vgl. 2. Teil, § 3, 2.

[69] Vgl. 2. Teil, § 3, 2 b.

[70] Siehe zur Argumentation 2. Teil, § 3, 2 b ee.

[71] Vgl. 3. Teil, § 3, 1 b und 2 a aa d.

Regelungen nach Art. 14 I 2 GG erforderlichen, objektiv erkennbaren engen Zusammenhang mit der Eigentumsgarantie auf[72]. Der Wert des Vermögens wird nicht erst dann reduziert, wenn der von der Paritätsänderung Tangierte seine Schuld abträgt, sondern schon mit dem Wirksamwerden der Paritätsänderung. Der Tauschwert aller im Eigentum einer Person stehenden Eigentumsobjekte[73] wird bereits dadurch gemindert, daß eine bestimmte, an dem Wert der Schuld ausgerichtete Anzahl von Eigentumsobjekten zur Tilgung der Schuld ersatzlos[74] von dem Schuldner an seinen Gläubiger hingegeben werden muß.

Die Paritätsänderung ist daher, soweit sie die Schulden derjenigen Wirtschafter erfaßt, die nicht in einheimischer Währung fakturiert haben, als Inhalts- und Schrankenbestimmung des Eigentums gemäß Art. 14 I 2 GG anzusehen.

γ) Eingerichteter und ausgeübter Gewerbebetrieb

Die von einer Paritätsänderung ausgehenden nachteiligen Wirkungen entfalten sich am intensivsten bei dem durch Art. 14 GG geschützten eingerichteten und ausgeübten Gewerbebetrieb[75], und zwar besonders ausgeprägt im Falle einer Aufwertung bei den exportorientierten Unternehmen. Bei der Abwicklung bereits geschlossener Verträge können infolge der veränderten Devisenkursrelationen Rentabilitätsminderungen oder Verluste entstehen; bei den geschäftlichen Beziehungen werden — zumindest für eine gewisse Zeit — Rückgänge und Ertragseinbußen auftreten[76].

Die Paritätsänderung trifft bei denjenigen Betrieben, die diesen Wirkungen ausgesetzt sind, nicht nur bloße, durch Art. 14 GG nicht geschützte Erwerbschancen, da sich die genannten Wirkungen bei Kundenkreis und geschäftlichen Beziehungen, also im verfassungsrechtlich garantierten Bereich niederschlagen. Damit wird die Substanz des Gewerbebetriebes tangiert, so daß eine Eigentumsrelevanz der Paritätsänderung anzunehmen ist.

Die Änderung der Währungsparität aktualisiert daher den Regelungsvorbehalt des Art. 14 I 2 GG auch im Blick auf den Schutz des eingerichteten und ausgeübten Gewerbebetriebes, soweit sich die aufgezeigten Beeinträchtigungen im Einzelfall einstellen.

---

[72] Vgl. zu diesem Merkmal 3. Teil, § 2 1 (a. E.).

[73] So der hier verwendete Vermögensbegriff, vgl. 2. Teil, § 3, 2 b cc.

[74] Im Hinblick auf den verlorenen Tauschwert verstanden; nicht hinsichtlich der Befreiung von der gegen den Schuldner gerichteten Forderung.

[75] Vgl. zum Schutzumfang 2. Teil, § 3, 2 c.

[76] Vgl. *Hoffmann*, Währungsparität, 67; *Körber*, 63 f.

bb) Beeinträchtigungen der Institutsgarantie sowie der Grund- und Wertentscheidung zugunsten des Eigentums

Eine Paritätsänderung dient der Anpassung des Austauschverhältnisses der auf- bzw. abgewerteten Währung zu anderen Währungen; d. h. die Parität wird den realen marktwirtschaftlichen Verhältnissen angeglichen. Das Eigentum kann daher durch eine rechtmäßige Paritätsänderung weder in seinem institutionellen Gehalt noch als objektive Norm im Sinne einer Grund- und Wertentscheidung[77] verletzt werden, da der Wert des individuellen Eigentums nur auf das Maß reduziert wird, das dem Eigentum ohne hoheitliche Lenkung immanent ist. Eine „angemessene wirtschaftliche Verwertung“[78] des tangierten Eigentums wird durch eine Paritätsänderung nicht vereitelt. Damit wird deutlich, daß der „Gehalt“ der Institution sowie der Grund- und Wertentscheidung zugunsten des Eigentums nicht durch die Änderung der Parität angegriffen werden, sondern daß die Festsetzung der Parität primär das Eigentum in seinem institutionellen Charakter und Art. 14 GG als objektive Norm *stärkt*[79].

Eine Verletzung der Institutsgarantie und der Grund- und Wertentscheidung zugunsten des Eigentums käme nur dann in Betracht, wenn die Parität entgegen der verfassungsrechtlichen Gemeinwohlvorstellung des gesamtwirtschaftlichen Gleichgewichts bewußt zum Nachteil der innerstaatlichen Wirtschaft geändert würde[80]. Parallelfälle hinsichtlich der Beeinflussung des inneren Geldwertes sind in einer bewußt inflatorischen oder deflatorischen Wirtschaftspolitik zu sehen, die ebenfalls die institutionelle Garantie sowie die Grund- und Wertentscheidung zugunsten des Eigentums tangiert[81]. Die verfassungsrechtliche Sanktionierung einer derartigen mißbräuchlichen Wirtschaftslenkung erfolgt durch den auch den institutionellen Grundrechtsgehalt schützenden Art. 19 II GG[82] und das vom Gesetzgeber bei Regelungen nach Art. 14 I 2 GG zu beachtende Übermaßverbot[83].

---

[77] Vgl. zum Inhalt der Institutsgarantie sowie der Grund- und Wertentscheidung 2. Teil, § 3, 1.

[78] Diesen Gesichtspunkt hebt das Bundesverfassungsgericht für die Institutsgarantie in Art. 14 I 1 GG beim Schutz des Urheberrechtes hervor; BVerfGE 31, 275, 291.

[79] Vgl. zur Wirkung der Wirtschaftslenkung auf den institutionellen Gehalt des Eigentums *Scheuner*, VVDStRL 11, 48.

[80] Eine genaue Aussage läßt sich nur für eine konkrete Paritätsänderung in einer bestimmten wirtschaftlichen Situation treffen; ein generelles Urteil kann nur für Extremfälle abgegeben werden; vgl. *Häberle*, Wesensgehaltgarantie, 124.

[81] *Mammitzsch*, 135 f.; *W. Weber*, Eigentum und Enteignung, 361.

[82] *Häberle*, Wesensgehaltgarantie, 237; ähnlich *Tomandl*, 42.

[83] BVerfGE 8, 71, 80; 14, 263, 278; 18, 121, 132; 20, 351, 361; 21, 150, 155; 25, 112, 117; 31, 275, 290.

Da eine Paritätsänderung, die den Vorschriften des IWFA entspricht, gemäß Art. IV, Abschnitt 5 (a) der Behebung einer Störung eines Zahlungsbilanzgleichgewichtes dient, Auf- und Abwertungen also auf die Schaffung eines realen Austauschverhältnisses gerichtet sind, wird die Institutsgarantie sowie die Grund- und Wertentscheidung zugunsten des Eigentums durch die nachteiligen Wirkungen einer rechtmäßigen Auf- oder Abwertung nicht tangiert.

b) Die positiven, „leistungsstaatlichen" Wirkungen der Paritätsänderung

Die verfassungsrechtliche Relevanz einer Paritätsänderung als inhalts- und schrankenbestimmende Regelung des Eigentums wird wesentlich durch ihre leistenden Wirkungen für den Wirtschaftsablauf bestimmt. Um diese Funktion der Paritätsänderung erfassen zu können, ist es, bevor unmittelbar auf die begünstigten individuellen vermögenswerten Rechte und die in Art. 14 GG zum Ausdruck kommende Grund- und Wertentscheidung eingegangen wird, notwendig, die Parität bzw. die Paritätsänderung in das System der staatlichen Maßnahmen zur Wirtschaftsbeeinflussung einzuordnen.

aa) Die Paritätsänderung im System wirtschaftsbeeinflussender, leistungsstaatlicher Maßnahmen

α) Überblick über die Typologie der im wirtschaftlichen Bereich relevanten leistungsstaatlichen Maßnahmen

Der im Grundgesetz konzipierte Staat tritt mit der Wahrnehmung wichtiger Funktionen als *Leistungsstaat* auf[84]. Im Rahmen der verfassungsrechtlichen Betrachtung stechen als Kristallisationspunkte staatlicher Leistungen im wirtschaftlichen Bereich die Art. 3, 12, 14, 15, 20 I — als Sozialstaatsgarantie —, 33, 34, 91 a und b, 104 a IV und 109 GG[85] hervor. Der Bereich der Daseinsvorsorge ist verfassungsrechtlich in diesem Katalog deutlich überschritten[86]. Bei der Erfüllung dieser verfassungsrechtlichen Aufgabe[87] im Wege der Gesetzgebung läßt sich eine

---

[84] Vgl. dazu insbesondere die Referate von *Martens* und *Häberle*, VVDStRL 30, 1 ff. und 43 ff.; siehe auch *Häberle*, in: Festschrift Küchenhoff, 453 ff.; zu Art. 12 GG: *Häberle*, DÖV 1972, 729 ff.

[85] Vgl. den Überblick bei *Häberle*, VVDStRL 30, 46.

[86] So auch *Herzog*, Verwaltung und Verwaltungsrecht, 9; a. A. *Forsthoff*, Mittel und Methoden, 22 (Das Grundgesetz schweigt zur Daseinsvorsorge).

[87] Dazu *Häberle*, in: Festschrift Küchenhoff, 456 Fußn. 18 (Häberle spricht von einer „sozialen Grundrechtspflicht" des Gesetzgebers).

Typologie aufstellen, die charakteristische Inhalte und Wirkungen von Leistungsmaßnahmen umreißt[88]:

(1) *Rahmen-* oder *Richtliniengesetze*[89] geben Leit- und Fixpunkte, die der Ausfüllung[90] durch konkrete objektbezogene Leistungsgesetze bedürfen. Auch das Stabilitätsgesetz trägt insoweit Rahmencharakter[91]. Wesentlich für die Kennzeichnung von Rahmengesetzen ist, daß eine Gemeinwohlaufgabe zunächst als solche erkannt und zielmäßig festgelegt ist. Die Bestimmung der Mittel zur Zielverwirklichung bleibt dagegen noch offen[92].

(2) Hinsichtlich seines Konkretisierungsgrades stellt das *Maßnahmegesetz,* „als ein auf einen konkreten Einzelfall abgestelltes Gesetz"[93] einen Gegensatz zum Rahmengesetz dar. Als Beispiel mit hoher inhaltlicher Affinität zur Paritätsänderung ist das Absicherungsgesetz vom 29. 11. 1968[94] zu nennen.

Zwischen diesen Polen liegen Steuerungs-, Lenkungs- und Plangesetze[95].

(3) Das *Steuerungsgesetz* ist ein mit einem flexiblen und jederzeit einsetzbaren Instrumentarium ausgestattetes Gesetz, das nicht nur retrospektiv reagiert, sondern auch zukünftige Abläufe zu steuern vermag[96]. Das Steuerungsgesetz hat im wirtschaftlichen Bereich weitgehend den punktuellen und nur reaktiven Dirigismus und Interventionismus durch eine permanente Globalsteuerung abgelöst[97]. Das magische Vier-

[88] Vgl. dazu *Häberle,* VVDStRL 30, 49 ff.; *ders.,* in: Festschrift Küchenhoff, 456 ff., dessen Einteilung im folgenden übernommen wird.

[89] Beispiele bei *Häberle,* VVDStRL 30, 50 Fußn. 30; *ders.,* in: Festschrift Küchenhoff, 461.

[90] Die Ausfüllungsbedürftigkeit ist auch ein Kennzeichen der Rahmenvorschriften des Bundes gemäß Art. 75 GG; siehe *Maunz,* in: Maunz / Dürig / Herzog, Art. 75 Rdnr. 8; BVerfGE 4, 115, 130; 8, 186, 193.

[91] *Stern,* in: Stern / Münch / Hansmeyer, Einf. C I 2.

[92] *Häberle,* VVDStRL 30, 51 f.; *ders.,* in: Festschrift Küchenhoff, 461.

[93] So das Bundesverfassungsgericht in BVerfGE 25, 371, 396 (mit Nachweisen zur früheren Rechtsprechung des Bundesverfassungsgerichtes); grundlegend *Forsthoff,* in: Gedächtnisschrift Jellinek, 221 ff.; vgl. *Maunz,* Staatsrecht, 137 f.; *Menger,* VVDStRL 15, 8 („Ein Rechtssatz, in welchem der Gesetzgeber einen zeitlich und/oder zahlenmäßig begrenzten Kreis von Lebenssachverhalten in einem Tatbestand mit der Absicht zusammenfaßt, ihn einer rein zweckmäßigen Rechtsfolge zu unterwerfen"); *Wehrhahn,* VVDStRL 15, 64 LS 1 a; *Ipsen,* Rechtsfragen, 85, bezeichnet Maßnahmegesetze als „Wirtschaftsplanungsgestaltungen".

[94] BGBl. 1968 I, 1255.

[95] Organisations- und Verfahrensgesetze (dazu *Häberle,* VVDStRL 30, 51; *ders.,* in: Festschrift Küchenhoff, 465) haben für die Paritätsänderung (noch!) keine Bedeutung.

[96] Vgl. *Häberle,* in: Festschrift Küchenhoff, 462; *ders.,* VVDStRL 30, 51.

[97] *Stern,* Wirtschaftssteuerung, 2; ähnlich *Scheuner,* Staatliche Einwirkung, 66.

eck des § 1 StabG kennzeichnet den Umfang und die makroökonomischen Größen, an denen die wirtschaftliche Globalsteuerung anzusetzen hat[98].

(4) *Lenkungsgesetze* enthalten Regelungen, die „zur Erreichung eines bestimmten sozialen (grundrechts-)politischen Zieles starre Mittel befristet oder unbefristet einsetzen[99]. Im wirtschaftlichen Bereich wird die Wirtschaftslenkung als die gezielte staatliche Einflußnahme auf den privaten Wirtschaftsablauf angesehen[100].

(5) *Plangesetze* beinhalten die zukunftsorientierte Festlegung bestimmter ordnungspolitischer Ziele, die durch den Einsatz der vom Plan bereitgestellten Mittel zur Verhaltensbeeinflussung der Planadressaten verwirklicht werden sollen[101]. Wirtschaftsplanung erfaßt den auf die private Wirtschaft gerichteten Ausschnitt der hoheitlichen Planung[102], d. h. die am Planziel ausgerichtete Verhaltensbeeinflussung privater Wirtschafter und (oder) die Aufstellung von Bedingungen ihrer Marktteilnahme. Die Wirtschaftsplanung unterscheidet sich von dem Maßnahmegesetzen anhaftenden Interventionismus durch ihren zukunftsbezogenen, flexiblen Mitteleinsatz[103]. Variabel sind jedoch nicht nur die einzusetzenden Mittel, sondern auch das angestrebte Ziel kann bei sich verändernden Strukturen revidiert werden.

Nach dem Grad der Verhaltensbeeinflussung der Planadressaten lassen sich Pläne in drei Abstufungen katalogisieren[104], und zwar als Pläne mit indikativem, influenzierendem und imperativem Charakter[105]. Der *indikative* Plan enthält insbesondere die Aufarbeitung und

---

[98] Vgl. *Zuck*, NJW 1967, 1301 m. w. N. in Fußn. 4; *Möller*, Einl. VIII; zur Globalsteuerung durch Steuern nach dem StabG: *Selmer*, Steuerinterventionismus, 221 ff.

[99] *Häberle*, in: Festschrift Küchenhoff, 458.

[100] Vgl. z. B. *Depenheuer*, 39; *Ehlermann*, 9; *Wiebel*, 12 ff.; *Körber*, 4 ff.; sehr weit der Wirtschaftslenkungsbegriff bei *H. H. Klein*, Wettbewerb, 43: „Die Gesamtheit staatlicher Einflußnahmen auf die Wirtschaft ..., soweit sie nicht rein politisch motiviert sind oder ... fiskalischen Charakter tragen."

[101] Allgemeine Plandefinitionen sind wegen der Vielfalt der einzelnen Planungsformen und -inhalte schwierig und praktisch kaum nutzbar zu machen (dazu *Oldiges*, 42, 45, 55); vgl. die Überblicke bei *Egerer*, 19 f.; *Oldiges*, 55 ff.

[102] Vgl. zum Begriff Wirtschaftsplanung: *Ipsen*, Rechtsfragen, 88 f.; *Gygi*, 114.

[103] Vgl. *Gygi*, 114; *Kewenig*, DÖV 1973, 24.

[104] Diese Unterscheidung ist auch wichtig für etwaige Entschädigungsansprüche bei Planänderungen.

[105] Diese Drei-Teilung ist nicht unumstritten; sie findet sich jedoch in einem erheblichen Teil der Literatur, so z. B. bei *Egerer*, 28 ff.; *Ipsen*, Fragestellungen, 45 f.; *ders.*, Rechtsfragen, 81; *Scheuner*, Verfassungsrechtliche

Zurverfügungstellung von Daten und Informationen[106], die dem Wirtschafter Entscheidungshilfen und Orientierungspunkte bieten[107] und dadurch privatwirtschaftliches Handeln in Richtung auf bestimmte Bahnen motivieren, während vom *influenzierenden* Plan gezielte Anreize — etwa Steuervergünstigungen, Subventionen oder Kredite — ausgehen, die verhaltensbeeinflussend wirken sollen[108]. Der *imperative* Plan läßt dagegen den Planadressaten keine eigene Entscheidungsfreiheit hinsichtlich des vom Plan erfaßten Wirtschaftens; seine Regelungen sind zwingend. Die Übergänge zwischen den einzelnen Planformen sind fließend[109]; ein Plan kann auch in sich verschiedene Stufen der Verhaltensbeeinflussung enthalten[110].

Wirtschaftspläne bedürfen der Durchführung und des Vollzuges durch Einzelmaßnahmen[111]. Die einzelnen Vollzugsmaßnahmen lassen — wenn man sie isoliert betrachtet — nicht auf das zugrunde liegende Konzept schließen und tragen „nichts Planhaftes an sich"[112]. Die unter dem von *Ipsen*[113] geprägten Begriff des *Planulismus* zusammengefaßten Einzelakte lösen jedoch „in ihrer sachlichen, zeitlichen, thematischen oder sonstwie komplexen Bedingtheit, wechselseitigen Zuordnung und Koordination ... jenen Effekt öffentlichen Interesses in der privaten Wirtschaft" aus, „der dem diesen Einzelaktionen zugrunde liegenden Planziel entspricht"[114].

β) *Merkmale leistungsstaatlicher Maßnahmen bei der Paritätsänderung*

Die Paritätsänderung trägt zunächst den Charakter einer *Maßnahmeregelung*. Es wird ein konkreter, individualisierter wirtschaftlicher Sachverhalt, nämlich das Außenwertverhältnis der auf- bzw. abge-

---

Probleme, 83 ff. (der imperative Plan wird als „normativer" Plan bezeichnet); *ders.*, Staatliche Einwirkung, 51; *Redeker*, JZ 1968, 537 f. (Redeker betrachtet den indikativen Plan nicht als Plan, sondern als „Planung"); *Körber*, 7; ähnlich *Tholl*, Ordo XV/XVI (1965), 263; *Fröhler*, Wirtschaftsrecht, 142 f. differenziert nur zwischen imperativen und nichtimperativen Plänen; *Burmeister*, Die Verwaltung 2 (1969), 24 Fußn. 12 unterscheidet imperative und indikative Pläne; so auch *Maecker*, 28 ff.

106 *Redeker*, JZ 1968, 537.

107 *Kaiser*, Theorie der Planung, 23; *Egerer*, 28 f.

108 *Redeker*, JZ 1968, 537.

109 *Egerer*, 29.

110 *Kaiser*, Theorie der Planung, 23; *Kern*, 368 führt als einschlägiges Beispiel den Marshall-Plan an.

111 Vgl. *Ipsen*, Fragestellungen, 55.

112 *Ipsen*, Rechtsfragen, 76; *Oldiges*, 77; *Maecker*, 18 ff.

113 *Ipsen*, Fragestellungen, 55.

114 *Ipsen*, Rechtsfragen, 76; siehe auch *Kölble*, NJW 1966, 477.

werteten Währung zu anderen Währungen in einem bestimmten Zeitpunkt und in einem einmaligen Vorgang[115] geregelt.

Der Paritätsänderung kommen jedoch auch, da die Änderung und die zugleich erfolgende Neufestsetzung der Parität nicht nur Wirkungen im Änderungszeitpunkt, sondern auch für die Zukunft entfaltet, *Lenkungswirkungen* zu[116]. Durch den der Parität anhaftenden Preisregulierungseffekt[117] fungiert die Paritätsänderung als Lenkungsmittel und nimmt Einfluß auf das Verhalten der privaten Wirtschafter; so z. B. dadurch, daß auf Grund der veränderten Devisenkursrelationen Exportgeschäfte nach einer Aufwertung nicht mehr im bisherigen Maß gewinnversprechend erscheinen und daher von den betroffenen Wirtschaftern reduziert werden.

Der dritte Bereich, dem die Paritätsänderung im System leistungsstaatlicher Maßnahmen zugeordnet werden kann, ist die *Wirtschaftsplanung*. Das Stabilitätsgesetz ist von *Stern* als der „Plan der Pläne“ bezeichnet worden[118]. Die Beeinflussung der für das gesamtwirtschaftliche Gleichgewicht maßgeblichen Größen des magischen Vierecks bildet den Gegenstand der staatlichen Niveauplanung[119]. Die Direktiven des magischen Vierecks des § 1 StabG sind damit Ausgangspunkt jeder weiteren Planung und des Planvollzuges[120] im wirtschaftlichen Bereich[121]. Das Stabilitätsgesetz hält ein nach dem Grad der Verhaltensbeeinflussung abgestuftes Instrumentarium bereit, das teils aus sich heraus erkennbaren Plancharakter hat[122], teils typische Planulismen vorsieht[123]. Als eine derartige Einzelmaßnahme kann die Paritätsän-

---

[115] Vgl. zu diesem Merkmal *Häberle*, VVDStRL 30, 49.

[116] So auch *Scheuner*, Staatliche Einwirkung, 81 f.; *Hall*, 9 bezeichnet die Paritätsänderung als Währungslenkung, die — als engerer Begriff im Verhältnis zur Wirtschaftslenkung — zugleich als Wirtschaftslenkung anzusehen ist. Wohl auch *Ehlermann*, 91 i. V. m. 93 f.; *Körber*, 63 ff. i. V. m. 56.

[117] *Tomuschat*, 27; *K. Müller*, BB 1971, 729.

[118] *Stern*, in: Stern / Münch / Hansmeyer, Einl. C I 2. *Kaiser*, Der Plan, 17, 18, sieht im StabG ein normatives Aktionsmodell und spricht vom „normativen Plan in Aktion“.

[119] *Jürgensen / Kantzenbach*, Ansatzmöglichkeiten, 53, die Niveauplanung in Gegensatz zur Struktur- und Einzelplanung einer Wirtschaft stellen; siehe dazu *Kantzenbach*, 71.

[120] Siehe dazu auch *Jürgensen / Kantzenbach*, Ansatzmöglichkeiten, 60.

[121] Der Plancharakter des StabG steht nicht im Widerspruch zu der in ihm korporierten Globalsteuerung, da sich Wirtschaftsplanung und Globalsteuerung nicht gegenseitig ausschließen.

[122] Z. B. die mehrjährige Finanzplanung (§ 9 StabG); der Zeitplan für eine Kreditbegrenzung (§ 22 StabG); die Orientierungsdaten für eine konzertierte Aktion (§ 3 StabG).

[123] *Forsthoff*, Mittel und Methoden, 28: Der Verwirklichung des gesamtwirtschaftlichen Gleichgewichts des § 1 StabG „sollen Maßnahmen und Verfahren dienen, die alle in hohem Grade planerische Züge aufweisen“.

derung eingestuft werden, die ein im Rahmen des § 4 S. 2 StabG einsetzbares wirtschaftspolitisches Mittel zur Wahrung des außenwirtschaftlichen Gleichgewichtes darstellt[124]. Der Paritätsänderung kommt daher über ihren Maßnahme- und Lenkungscharakter hinaus in der Gesamtkonzeption der §§ 1 und 4 StabG die Stellung eines Planvollzugsmittels zu.

Der Grad der von der Paritätsänderung ausgehenden Verhaltensbeeinflussung ist entsprechend ihrer verschiedenen Wirkungsebenen mehrschichtig. Soweit der Paritätsänderung die Wirkung einer hoheitlichen Preisregulierung zuzusprechen ist, muß die Änderung der Währungsparität dem Bereich der *imperativen* Planung zugeordnet werden[125]. Die Festsetzung einer Währungsparität ist jedoch zugleich als Planungsmaßnahme mit *indikativem* Charakter anzusehen. Für die privaten Wirtschafter, und zwar hauptsächlich für die im Exporthandel tätigen, gibt eine fixierte Parität eine Orientierungs- und Kalkulationsgrundlage für die betriebliche Kosten- und Gewinnrechnung ab[126], die in einem System flexibler Devisenkurse nicht in gleichem Maße vorhanden wäre. Eine Paritätsänderung verändert die der Kalkulation zugrunde liegenden Daten und wirkt insoweit indikativ.

Neben diesen beiden, jeder Parität bzw. Paritätsänderung innewohnenden imperativen und indikativen Planelementen können von einer Parität(sänderung) auch *influenzierende* Einflüsse ausgehen. Wenn vor einer Aufwertung ein bestehendes Währungswertungleichgewicht zugunsten der einheimischen Exporteure ausschlägt, so wird eine derartige — unrealistische — Parität diese Wirtschafter auf Grund der günstigen Absatz- und Gewinnmöglichkeiten zu erhöhtem Export motivieren. Die Parität wirkt hier wie eine ungewollte Exportsubventionierung, hat also typisch influenzierenden Charakter. Auch eine Abwertung führt zu einer dem außenwirtschaftlichen Gleichgewicht dienenden Exportförderung für die inländischen Wirtschafter, da sich deren Waren im Ausland verbilligen, so daß verstärkte Gewinnchancen bestehen.

Die Paritätsänderung erweist sich damit als eine wirtschaftspolitische Maßnahme, die sich entsprechend ihres Maßnahme-, Lenkungs- und Plancharakters nahtlos in das System der leistungsstaatlichen Maßnahmen einfügen läßt.

---

[124] Vgl. *Hoffmann*, Währungsparität, 184 f.; *Möller*, § 4 Anm. 8.

[125] Vgl. *Tomuschat*, 26 f., der zwar die Paritätsänderung nicht in ihrem Plancharakter darstellt, sie aber als eine in ihrer Wirkung ein Gebots- oder Verbotsgesetz übertreffende Maßnahme kennzeichnet.

[126] Vgl. z. B. *DIHT*, 37; *Börner*, EuR 1966, 103.

bb) Leistungsstaatliche Wirkungen der Paritätsänderung bei individuellen Vermögensrechten

Ebenso wie die nachteiligen Wirkungen der Paritätsänderung auf Forderungen, Schulden, Devisen und den eingerichteten und ausgeübten Gewerbebetrieb Inhalts- und Schrankenbestimmungen des Eigentums enthalten und somit dem Regelungsvorbehalt des Art. 14 I 2 GG unterliegen, lösen die bei der Änderung der Währungsparität spiegelbildlich eintretenen *Gewinne* bei den genannten Individualeigentumsobjekten den Regelungsvorbehalt des Art. 14 I 2 GG aus. Diese Gewinne können zum Teil in die Zielrichtung der Paritätsänderung unmittelbar eingeschlossen sein, so z. B. die Verbesserung der wirtschaftlichen Situation exportorientierter Unternehmen bei einer Abwertung[127], zum Teil stellen sie sich aber auch nur als Nebenfolgen der leistungsstaatlichen Maßnahme dar, etwa wenn ausländische Schuldner von DM-Forderungen einen Abwertungsgewinn erzielen[128]. Da Art. 14 I 2 GG sowohl seinem Wortlaut als auch seiner Funktion nach nicht einseitig auf die Schranken des Eigentums abstellt, sondern *alle* das Eigentum tangierenden Regelungen erfaßt, haftet auch den den Inhalt des Eigentums *stärkenden* Maßnahmen Eigentumsrelevanz an[129]. Hoheitliche Tauschwertgestaltungen mittels einer Paritätsänderung bestimmen Inhalt und Schranken des Eigentums[130] daher nicht allein im Falle von Tauschwert*minderungen,* sondern auch bei Tauschwert*erhöhungen.*

Für bestimmte Gläubiger und Deviseneigentümer ergibt sich bei einer Paritätsänderung ein Gewinn[131], da sich der Tauschwert ihres Eigentums erhöht. Soweit inländische Schuldner von Devisenforderungen bei einer Aufwertung bzw. ausländische Schuldner von DM-Forderungen bei einer Abwertung Vorteile erlangen, steigt der Wert ihres — durch Art. 14 GG geschützten — Vermögens, da sie nunmehr zur Tilgung ihrer Schulden weniger Geldeinheiten als vor der Paritätsänderung aufzubringen haben. Auch der eingerichtete und ausgeübte Gewerbebetrieb kann durch eine Paritätsänderung eine Wertsteigerung erfahren; eine Abwertung kann z. B. auf Grund erhöhter Auslandsnachfrage für Unternehmen der Exportindustrie zur Steigerung des Geschäftsvolumens und des Gewinnumfanges führen[132].

---

[127] Vgl. 1. Teil, § 4, 1.

[128] Siehe 2. Teil, § 3, 2.

[129] Vgl. 3. Teil, § 2, 3; allgemein dazu *Häberle,* VVDStRL 30, 48: „Leistungs(rechts)verhältnisse sind potentiell Grundrechtsverhältnisse"; S. 49: „Plangesetze haben Grundrechtsbezug"; S. 52: „... Leistungsgesetze zeichnen sich durch prinzipiell positive Grundrechtsrelevanz aus ..."

[130] Siehe zur grundsätzlichen Eigentumsrelevanz hoheitlicher Tauschwertregulierungen 2. Teil, § 3, 2 b cc.

[131] Vgl. zur genaueren Kennzeichnung die Übersicht im 2. Teil, § 3, 2.

Die Wertsteigerung steht in einem engen, objektiv erkennbaren Zusammenhang mit der Paritätsänderung. Der Tauschwert ändert sich nicht erst beim Umtausch der Devisen bzw. bei der Tilgung der Schuld; insoweit kann nichts anderes gelten als das zu den nachteiligen Wirkungen der Paritätsänderung Gesagte[133].

Soweit eine Paritätsänderung Forderungsinhabern, Deviseneigentümern, Schuldnern sowie Eigentümern von eingerichteten und ausgeübten Gewerbebetrieben wirtschaftliche Vorteile durch Tauschwerterhöhungen bringt, ist sie als eigentumsgestaltende Regelung im Sinne des Art. 14 I 2 GG anzusehen.

cc) Leistungsstaatliche Wirkungen der Paritätsänderung auf Art. 14 GG als objektive Norm

Während eine Verletzung der Institutsgarantie des Eigentums und des Art. 14 GG als objektiver Norm durch eine Paritätsänderung nicht festzustellen ist[134], entfalten ihre leistungsstaatlichen Wirkungen mit breitester Streuung Relevanz für Art. 14 GG als objektiver Norm im Sinne einer Grund- und Wertentscheidung[135].

Als Mittel zur Beseitigung einer Störung des außenwirtschaftlichen Gleichgewichtes und zur Förderung des gesamtwirtschaftlichen Gleichgewichtes gemäß §§ 1 und 4 StabG strebt die Paritätsänderung verfassungsrechtlich ausgewiesene wirtschaftliche Rahmenbedingungen an und weist damit einen bezug zum Eigentum als einem Element objektiver Ordnung des Gemeinwesens auf[136]. Von Maßnahmen, die zur Erhaltung des gesamtwirtschaftlichen Gleichgewichtes beitragen sollen, gehen werterhaltende Impulse auf das Eigentum aus; sie stärken daher die Grund- und Wertentscheidung zugunsten des Eigentums, die wesentlich durch die Qualität der staatlichen Wirtschaftspolitik bestimmt wird.

Die Wirkung der Paritätsänderung kann nicht nur auf die Erhaltung der „Funktionsfähigkeit des Außenhandelsmarktes“[137] beschränkt wer-

---

[132] Siehe zur Parallelsituation hinsichtlich nachteiliger Wirkungen der Paritätsänderung 3. Teil, § 3, 2 a aa y.

[133] Vgl. 3. Teil, § 3, 2 a aa d und ß.

[134] Vgl. 3. Teil, § 3, 2 a bb.

[135] Siehe zur Bedeutung des Art. 14 GG als Element objektiver Ordnung 2. Teil, § 3, 1.

[136] Vgl. *Hoffmann*, Währungsparität, 201; Hoffmann trennt allerdings das Eigentumsinstitut und Art. 14 GG als Element objektiver Ordnung nicht und zieht aus der Beziehung der Paritätsänderung zu Art. 14 GG als objektiver Norm keine Konsequenzen für den Regelungsvorbehalt des Art. 14 I 2 GG. *Hall*, 113 ff. stellt allein auf die Institutsgarantie ab, und zwar nur im Zusammenhang mit den nachteiligen, nicht aber den positiven Wirkungen.

[137] *Hoffmann*, Währungsparität, 201.

den, sondern ist auf die staatliche Vorsorge für die Prosperität der *gesamten* Volkswirtschaft zu beziehen, da eine außenwirtschaftliche Absicherung, zu der eine Paritätsänderung beiträgt, die Voraussetzung einer wirksamen nationalen Wirtschaftspolitik darstellt[138]. So wirkt etwa die Hemmung des Geldzustromes durch eine Aufwertung inflationsreduzierend und preisstabilisierend[139]; die Aufwertung beeinflußt also auch den Binnenwert der Währung und dient damit zugleich in dieser Richtung fundamental der Sicherung der in Art. 14 GG enthaltenen Grund- und Wertentscheidung[140]. Die wirtschaftspolitische Zielrichtung einer Paritätsänderung geht über die Benachteiligung der Wirtschafter bestimmter Handelszweige hinaus; die Paritätsänderung ist am gesamtwirtschaftlichen Gleichgewicht und damit am *Gemeinwohl* ausgerichtet. Die wirtschaftliche Breitenwirkung und das verfassungsrechtliche Schwergewicht der Paritätsänderung zeigen sich in diesen Auswirkungen, für die der Maßnahme-, Lenkungs- und Plancharakter von Auf- und Abwertung typisch ist. Das Beispiel der Paritätsänderung verdeutlicht, daß die Grund- und Wertentscheidung zugunsten des Eigentums leistungsstaatlicher Maßnahmen bedarf, um nicht allmählich untergraben zu werden[141]. Leistungsstaatlichkeit führt hier zum Ausbau und zur Fortschreibung der grundrechtlichen Grund- und Wertentscheidung.

c) Ergebnis

Das eigentumsrechtliche Schwergewicht der Paritätsänderung liegt in ihren leistungsstaatlichen Wirkungen auf die Grund- und Wertentscheidung zugunsten des Eigentums. Die Paritätsänderung löst insoweit in jedem Fall den Regelungsvorbehalt des Art. 14 I 2 GG aus. Die Institutsgarantie wird jedoch nicht durch die nachteiligen Wirkungen einer Paritätsänderung tangiert.

Der *Umfang* der von einer Paritätsänderung berührten individuellen vermögenswerten Rechte läßt sich nur an einem konkreten Einzelfall feststellen. Grundsätzlich werden jedoch Forderungen, Devisen, Schulden und eingerichtete und ausgeübte Gewerbebetriebe — in unterschiedlicher Zahl und Intensität — betroffen oder begünstigt, so daß auch hier eine Inhalts- und Schrankenbestimmung des Eigentums vorliegt, die gemäß Art. 14 I 2 GG durch Gesetz bestimmt werden muß.

---

[138] Vgl. *Pohmer / Göckeler*, 74. Zur Beeinträchtigung der Preisniveaustabilität und der Vollbeschäftigung durch zu- oder abfließendes Auslandsgeld siehe *Dürr*, 167 f.

[139] Siehe 1. Teil, § 4, 1.

[140] Vgl. zum Verhältnis des Binnenwertes der Währung zur Eigentumsinstitutsgarantie 2. Teil, § 2, Fußn. 30 m. w. N.

[141] Ein Gegensatz zwischen sozialen Grundrechten und Einrichtungsgarantien, in denen sich die Grund- und Wertentscheidung der Verfassung widerspiegelt, kann daher nicht hergestellt werden; so aber *Tomandl*, 42.

§ 4 Eingreifen des Art. 14 I 2 GG bei der Freigabe der Devisenkurse und bei Bandbreitenveränderungen

Neben einer Paritätsänderung kommen auch die Freigabe der Devisenkurse und die Bandbreitenveränderung als Inhalts- und Schrankenbestimmungen des Eigentums in Betracht, soweit von diesen Maßnahmen gleiche Wirkungen wie von einer Paritätsänderung ausgehen und die Voraussetzungen einer eigentumsgestaltenden Regelung vorliegen.

1. Die Devisenkursfreigabe als Inhalts- und Schrankenbestimmung des Eigentums

a) Wirkungen einer Freigabe der Devisenkurse auf das Eigentum

Die Wirkungen einer Devisenkursfreigabe gleichen denjenigen einer Paritätsänderung[1]. Auf Grund der Lösung des Devisenkurses von der begrenzten Bandbreite ergibt sich ein Auf- oder Abwertungseffekt, so daß ebenso wie bei einer Paritätsänderung eine im Rahmen des Art. 14 GG relevante Tauschwertveränderung des tangierten Eigentums eintritt[2]. Für den Tatbestand der Tauschwertveränderung ist es nicht maßgeblich, daß ein neuer Tauschwert nicht hoheitlich festgesetzt wird; es kommt entscheidend darauf an, daß die hoheitliche Maßnahme die Tauschwertveränderung bedingt.

Auch für eine Devisenkursfreigabe gilt, daß in den Fällen, in denen sie nur wegen bereits erfolgter Veränderungen des Außenwertes der Währung vorgenommen wird, ihr nur *deklaratorischer* Charakter die eigentumsgestaltenden Wirkungen einer Auf- oder Abwertung nicht auszuschließen vermag, zumal die Tauschwertveränderung auf Grund der vorherigen Fixierung[3] der Devisenkurse zeitlich verzögert erfolgt[4]. Die Tauschwertveränderung tritt bereits mit der Entscheidung über das Floating ein, da schon die Aufgabe der Interventionen der Bundesbank am Devisenmarkt tauschwertrelevant ist, wenn sich auch der tatsächliche „freie" Devisenkurs[5] erst im Verlauf der Markttätigkeit herausbilden wird. Die hoheitliche Entscheidung über die Freigabe der

---

[1] Vgl. 1. Teil, § 4, 2; siehe auch *Hoffmann-Riem*, BB 1969, 1381 f. Voraussetzung ist allerdings, daß sich nach der Devisenkursfreigabe der Devisenkurs außerhalb der bisherigen Bandbreite ansiedelt (diese Voraussetzung wird in der Regel erfüllt sein, da hier ein Anlaß zu einem Floaten liegt).

[2] *Hoffmann-Riem*, BB 1969, 1374, 1381.

[3] Wobei Fixierung im Rahmen der Bandbreite zu verstehen ist.

[4] Vgl. dazu im einzelnen zur entsprechenden Argumentation bei der Paritätsänderung 3. Teil, § 3, 1 c.

[5] Vom sogenannten „schmutzigen Floating" kann in diesem Zusammenhang abgesehen werden.

Devisenkurse berührt daher mit ihren tauschwertverändernden Effekten die Eigentumsgarantie des Art. 14 I 1 GG.

b) Die Bedeutung der rechtstechnischen Ausgestaltung; „grundrechtsrelevantes Unterlassen"?

Im Gegensatz zu einer Paritätsänderung, bei der unter Aufgabe der alten eine neue Parität festgesetzt wird, beinhaltet eine Devisenkursfreigabe nur die Lösung des Devisenkurses von der bisherigen Einbindung innerhalb der Bandbreite, ohne daß eine neue Fixierung erfolgt. Der hoheitliche Preisregulierungseffekt der begrenzt flexiblen Devisenkurse wird damit aufgehoben; das Kennzeichen der Devisenkursfreigaben liegt also in einem *Unterlassen* der bisherigen staatlichen Marktintervention[6]. Zu fragen ist daher, ob ein so gestaltetes Unterlassen als eine Regelung im Grundrechtsbereich angesehen werden kann, d. h. ob es trotz seiner rechtstechnischen Gestaltung als Inhalts- und Schrankenbestimmung des Eigentums zu qualifizieren ist.

Ein Unterlassen hat im Rahmen des Art. 14 GG den Bundesgerichtshof bisher nur als besondere Eingriffsform eines enteignungsgleichen Eingriffs beschäftigt. Nach Auffassung des Bundesgerichtshofes „kann ein bloßes Unterlassen, das sich nicht wie ein in den Rechtskreis des Betroffenen eingreifendes Handeln qualifizieren läßt, kein enteignender Akt und mithin auch kein enteignungsgleicher Eingriff sein"[7]. Der Streit darüber, wie diese Rechtsprechung zu verstehen[8] und ob ihr zuzustimmen ist[9], bedarf hier keiner Entscheidung, da die Devisenkursfreigabe nicht als bloßes Unterlassen gewertet werden kann, sondern vielmehr auf die Aufgabe der bisherigen hoheitlichen Devisenkursre-

---

[6] Vgl. *Hoffmann-Riem*, BB 1969, 1381. Entsprechend lautet auch die Anweisung der Bundesregierung an die Bundesbank bei einem Floating, die Interventionen am Devisenmarkt *einzustellen* (vgl. Bulletin der Bundesregierung Nr. 123 v. 2. 10. 1969, S. 1056; Nr. 70 v. 11. 5. 1971, S. 709).

[7] BGHZ 32, 208, 211; ebenso BGHZ 12, 52, 56; 56, 40, 42.

[8] *Konow*, 62 Fußn. 97 entnimmt der Formulierung des Bundesgerichtshofs, daß ein Unterlassen dann als Eingriff angesehen werden könne, wenn es sich wie ein in den Rechtskreis des Betroffenen eingreifendes Handeln qualifizieren lasse. Überwiegend wird dagegen davon ausgegangen, daß nach der Rechtsprechung des Bundesgerichtshofes eine Enteignung durch Unterlassen grundsätzlich nicht möglich sei (so *Kröner*, Eigentumsgarantie, 16; *Maunz*, in: Maunz / Dürig / Herzog, Art. 14 Rdnr. 81; *Brinkmann*, Art. 14 Anm. I 4 a; *Hamann / Lenz*, Art. 14 Anm. B 6 [a. E.]).

[9] Zustimmend *Kröner*, DRiZ 1961, 10 f.; *E. Schneider*, Enteignung und Aufopferung, 30 f. Ablehnend dagegen *Brinkmann*, Art. 14 Anm. I 4 a; *Maunz*, in: Maunz / Dürig / Herzog, Art. 14 Rdnr. 81; *Gallwas*, 11 Fußn. 3; *Hamann / Lenz*, Art. 14 Anm. B 6 (a. E.); eingeschränkte Kritik bei *Wagner*, NJW 1966, 570; *Kessler*, DRiZ 1967, 375; *Luhmann*, Entschädigung, 112 ff., 141 f.

gulierung bezogen werden muß[10]. Die Devisenkursfreigabe stellt die Kehrseite der Devisenkursfestsetzung dar. Da die hoheitliche Fixierung der Parität und der Devisenkurse im Sinne des Art. 14 I 2 GG eigentumsrelevant sind, muß gleiches auch für die Aufgabe dieser Regulierung gelten, da von dieser Entscheidung ebenfalls Regelungswirkungen auf das Eigentum ausgehen, die in dieser Form nicht entstünden, wenn nicht zuvor eine staatliche Devisenkursregulierung aufgebaut worden wäre.

Der Parallelfall zum Eingriff durch Unterlassen im Sinne des Art. 14 III GG läge etwa vor, wenn in einem System flexibler Devisenkurse von einem Wirtschafter eine Entschädigung aus enteignungsgleichem Eingriff mit der Begründung geltend gemacht würde, sein Eigentum sei durch eine unterlassene Intervention auf dem Devisenmarkt beeinträchtigt worden. Für Art. 14 I GG kann dagegen bei einem Floating auf ein vorangegangenes *Handeln* — die Festsetzung der Devisenkurse — rekurriert werden. Die Freigabe der Devisenkurse ist daher nicht als „grundrechtsneutrales Unterlassen" einzustufen; ihr kommt in gleichem Maße wie der Festsetzung der Parität Eigentumsrelevanz zu. Sie ist somit entsprechend ihrer tauschwertverändernden Wirkungen als Inhalts- und Schrankenbestimmung des Eigentums anzusehen[11].

c) Der Umfang der von einer Devisenkursfreigabe erfaßten Eigentumsobjekte

Auf Grund der Kongruenz der Wirkungen einer Paritätsänderung und einer Devisenkursfreigabe läßt sich auch bei einer Freigabe der Devisenkurse zwischen nachteiligen, wertbeeinträchtigenden und positiven, leistungsstaatlichen Auswirkungen auf das tangierte Eigentum unterscheiden.

Entsprechend den Ausführungen zur Paritätsänderung[12] können die Inhaber von Forderungen und die Deviseneigentümer sowie Fremdwährungsschuldner durch eine Devisenkursfreigabe Werteinbußen oder -gewinne an ihren vermögenswerten Rechten bzw. ihrem Vermögen erfahren. Der eingerichtete und ausgeübte Gewerbebetrieb wird in gleichem Umfang wie bei einer Paritätsänderung tangiert, und zwar insbesondere auch durch den Entzug der festen Kalkulationsgrundlage, wie sie eine fixierte Parität bietet[13], so daß in der Folge Ertragsein-

---

[10] So *Hoffmann-Riem*, BB 1969, 1381.

[11] So auch *Hoffmann-Riem*, BB 1969, 1382. *Cless*, Die Verwaltung 6 (1973), 373 nimmt dagegen eine „grundrechtsneutrale Entscheidung" an.

[12] Siehe 3. Teil, § 3, 2 a aa.

[13] Vgl. *DIHT*, 12.

bußen auftreten können, die sich tauschwertbestimmend für das gesamte Unternehmen auswirken[14].

Weder die Institutsgarantie des Eigentums noch Art. 14 GG als objektive Norm im Sinne einer Grund- und Wertentscheidung werden durch eine Devisenkursfreigabe beeinträchtigt, da die Devisenkurse sich auf den Angebot und Nachfrage entsprechenden Pegel einstellen können. Ein Floating stärkt vielmehr Art. 14 GG in seiner Bedeutung als wertentscheidende Grundsatznorm, da es der außenwirtschaftlichen Absicherung und damit zugleich dem gesamtwirtschaftlichen Gleichgewicht gemäß §§ 1 und 4 StabG dient[15].

Die Freigabe der Devisenkurse unterliegt daher im gleichen Umfang wie eine Paritätsänderung dem Regelungsvorbehalt des Art. 14 I 2 GG.

2. Eingreifen des Art. 14 I 2 GG bei Bandbreitenveränderungen

Die Festlegung einer Bandbreite bezeichnet den Spielraum der hoheitlichen Preisregulierung. Sofern sich auf Grund einer Bandbreitenveränderung der Devisenkurs ebenfalls verschiebt, liegt zugleich eine Tauschwertveränderung des tangierten Eigentums vor. Einer hoheitlichen Bandbreitenveränderung kann daher grundsätzlich Eigentumsrelevanz zukommen. Bei der Frage, ob der Regelungsvorbehalt des Art. 14 I 2 GG bei einer Bandbreitenveränderung eingreift, ist zwischen Erweiterung und Einengung der Bandbreite zu differenzieren.

a) Bandbreitenerweiterung

Eine Erweiterung der Bandbreite schafft die Möglichkeit, daß sich der Devisenkurs in größerem Maß als zuvor von der Parität entfernen kann, ohne daß diese Entwicklung durch eine Interventionspflicht der Bundesbank unterbunden werden müßte[16]. Die Bandbreitenerweiterung weist also eine inhaltliche Nähe zur Freigabe der Devisenkurse auf, da sie die Flexibilität der Devisenkurse erhöht, wenn auch ohne Aufgabe der Begrenzung durch die Bandbreite[17]. Ihre Eigentumsrele-

---

[14] Vgl. *Hoffmann*, Währungsparität, 67.

[15] Es kann auf die Ausführungen zur Paritätsänderung verwiesen werden (3. Teil, § 3, 2 a bb und b cc), da die gesamtwirtschaftlichen Wirkungen der Paritätsänderung und des Floatings weitgehend identisch sind. Auch der Devisenkursfreigabe haftet daher Maßnahme-, Lenkungs- und Plancharakter an. Da beim Floating aber gerade die bindende Preisregulierung aufgegeben wird, fehlt es der Devisenkursfreigabe an der imperativen Wirkung.

[16] Vgl. 1. Teil, § 4, 3 a.

[17] Vgl. auch Sondergutachten 1971, Textzif. 24, wo die Devisenkursfreigabe „als Bandbreitenerweiterung — ohne Bekanntgabe des Bandes — mit der Absicht, die Bandbreite nach einer gewissen Zeit auf das alte Maß zu reduzieren“ verstanden wird.

vanz unterscheidet sich jedoch von derjenigen einer Devisenkursfreigabe.

Die Erweiterung der Bandbreite muß nicht *zwingend* zu einer Verschiebung des Devisenkurses in den neuen Rahmen führen; es ist möglich, daß der Kurs innerhalb der alten Bandbreite verbleibt. So wird etwa dann, wenn das durch die Parität fixierte Außenwertverhältnis der Währung annähernd der realen Austauschrelation entspricht, eine Kursverlagerung in den durch die neue Bandbreite zusätzlich geschaffenen Spielraum nicht festzustellen sein. Eine Tauschwertveränderung tritt in diesem Fall entweder nicht ein oder sie entsteht erst bei *zukünftigen* Wertverschiebungen der Währung, so daß nur von einer Fernwirkung der Bandbreitenerweiterung gesprochen werden kann, der jedoch zur Zeit der Bandbreitenveränderung keine Eigentumsrelevanz zukommt[18].

Diesem Ergebnis widerspricht es nicht, daß dem Floating eigentumsgestaltende Wirkung zuerkannt wurde[19], obwohl sich auch beim Floaten der neue Devisenkurs erst auf dem Markt herauskristallisieren muß. Die Freigabe der Devisenkurse erfolgt regelmäßig in einer währungspolitisch angespannten Situation, in der sich der Devisenkurs am Rande der Bandbreite befindet und nur durch massive Interventionen der Zentralbank in dem zulässigen Spielraum gehalten werden kann[20]. Der Rückzug der Bundesbank aus dem Devisenmarkt führt also zwangsläufig zu einer Verschiebung der freien Devisenkurse und damit zu einer Tauschwertveränderung. Einer Bandbreitenerweiterung fehlt ein derart unmittelbarer Anlaß, der einen konkreten Bezug zu einer Tauschwertveränderung in sich trägt[21]. Die Bandbreitenerweiterung ist vielmehr als langfristige währungspolitische Maßnahme anzusehen, die die Entwicklung eines Kurstrends ohne die Notwendigkeit

---

18 Vgl. zu den Fern- und Folgewirkungen *Wagner*, NJW 1966, 570; zu den Fernwirkungen einer Paritätsänderung *Hoffmann*, Währungsparität, 67.

19 Vgl. 3. Teil, § 4, 1.

20 Dies beweist z. B. die Währungskrise im Januar / Februar 1973 mit dem anschließenden gemeinsamen Floaten der Währungen Frankreichs, Belgiens, Luxemburgs, der Niederlande, Dänemarks und der Bundesrepublik ab 19. 3. 1973. Die Deutsche Bundesbank hatte bis zum 12. 2. 1973 ca. 6 Mrd. US-Dollar am unteren Interventionspunkt aufkaufen müssen; vgl. Monatsberichte der Deutschen Bundesbank, Februar 1973, 7.

21 Als Beleg kann auf die anläßlich des Washingtoner Realignments der Devisenkurse im Dezember 1971 erfolgte Bandbreitenerweiterung von plus/minus 1 % auf plus/minus 2,25 % verwiesen werden (vgl. dazu 1. Teil, § 3), die global für alle Mitgliedsländer des IWFA vereinbart wurde. Die Bandbreitenerweiterung ist also auch für diejenigen Staaten wirksam, deren Devisenkurs sich fest innerhalb der früheren Bandbreite bewegte. Ein Floaten wird dagegen nur von den Staaten praktiziert, deren Währungswertverhältnis dazu mittelbar Anlaß bietet.

häufiger Paritätsänderungen ermöglichen soll[22]. Eine Bandbreitenerweiterung ist daher nicht als Inhalts- und Schrankenbestimmung des Eigentums anzusehen.

b) Bandbreiteneinengung

Eine Bandbreiteneinengung verringert die Schwankungsmöglichkeiten der Devisenkurse um die Parität. Hinsichtlich der eigentumsgestaltenden Wirkung müssen zwei Fälle unterschieden werden: (1) Der tatsächliche Devisenkurs liegt vor der Einengung bereits innerhalb des engeren neuen Bandes; (2) der tatsächliche Devisenkurs befindet sich vor der Verringerung der Bandbreite außerhalb der neuen Schwankungsbreite.

In der ersten Gestaltung verändert sich der Devisenkurs nicht; die Grenzen der Bandbreite haben sich lediglich näher an den Devisenkurs herangeschoben. Eine Tauschwertveränderung der Devisen liegt daher nicht vor. Die Einengung der Bandbreite hat jedoch den Umfang zukünftiger Devisenkursschwankungen reduziert. Da in dieser Einschränkung ein Preisregulierungseffekt für Devisen enthalten ist — der Devisenpreis wird enger an die Parität gebunden —, haften einer Bandbreiteneinengung tauschwert- und damit eigentumsrelevante Wirkungen an[23]. Es fehlt jedoch an dem für Art. 14 I 2 GG erforderlichen objektiv erkennbaren, *engen* Zusammenhang mit der Eigentumsgarantie[24], da sich die veränderte Preisregulierung erst dann aktualisiert, wenn der Devisenkurs an die Grenzen der neuen Bandbreite stößt. Befindet sich daher der Devisenkurs bei einer Bandbreiteneinengung bereits *innerhalb* der neuen, engeren Schwankungsbreite, so kann keine Inhalts- und Schrankenbestimmung des Eigentums angenommen werden.

Eine Tauschwertveränderung des tangierten Eigentums tritt dagegen ein, wenn der Devisenkurs vor der Bandbreitenverengung *außerhalb* der neuen, verringerten Bandbreite liegt. Da die Bundesbank nach der Bandbreitenverengung gezwungen ist, den Kurs im Rahmen der eingeengten Bandbreite zu halten, siedelt sich der Devisenkurs innerhalb der verringerten Bandbreite an. Sofern der Devisenkurs oberhalb der verengten Bandbreite lag, ergibt sich ein Aufwertungseffekt; befand er sich unterhalb von dieser, so entfaltet die Bandbreitenverengung die Wirkung einer Abwertung. Diese Folgen der Bandbreiteneinengung treten zwingend bei den tangierten Eigentumsobjek-

[22] Vgl. 1. Teil, § 4, 3 a.

[23] Vgl. zum Preisregulierungseffekt einer Paritätsänderung *Tomuschat*, 27 f.; *K. Müller*, BB 1971, 729.

[24] Vgl. 3. Teil, § 2, 1 (a. E.).

ten ein, da sich mit der Entscheidung über die Änderung der Bandbreiten in enger Folge auch der Devisenkurs und damit der Tauschwert des tangierten Eigentums ändert. Die Wirkungen dieser Bandbreitenveränderung sowie der Umfang der betroffenen Eigentumsobjekte entsprechen der Eigentumsrelevanz einer Paritätsänderung[25].

Eine Bandbreitenveränderung enthält somit nur dann eine Inhalts- und Schrankenbestimmung des Eigentums gemäß Art. 14 I 2 GG, wenn sich bei einer Bandbreiten*einengung* der Devisenkurs vor der Einengung *außerhalb* der neu festgesetzten Bandbreite befunden hat.

§ 5 Die verfassungsrechtliche Zulässigkeit der gesetzgeberischen Inhalts- und Schrankenbestimmung des Eigentums mittels Paritätsänderung, Devisenkursfreigabe und Bandbreiteneinengung

Nachdem die Änderung der Parität, die Devisenkursfreigabe und die Bandbreiteneinengung als Inhalts- und Schrankenbestimmungen des Eigentums erkannt worden sind[1], ist die Frage zu beantworten, welche verfassungsrechtliche Grenzen im Rahmen des Art. 14 I 2 GG[2] die diese Entscheidungen treffenden Organe zu beachten haben[3].

Wenn auch dem Wortlaut des Art. 14 I 2 GG nach der Befugnis des Gesetzgebers, Inhalt und Schranken des Eigentums zu bestimmen, keine Grenzen gesetzt sind[4], so ist anerkannt, daß der Legislative bei einer Inhalts- und Schrankenbestimmung des Eigentums eine zwar weite, doch keine unbegrenzte Handlungsfreiheit zusteht[5]. Da das Ei-

---

[25] Es kann daher auf die Ausführungen zur Paritätsänderung verwiesen werden; vgl. 3. Teil, § 3, 2.

[1] Die Bandbreiteneinengung mit den im 3. Teil, § 4, 2 b ausgeführten Einschränkungen.

[2] Ein Verstoß gegen die Eigentumsgewährleistung kann durch eine Verletzung der Regelungsbefugnis gemäß § 14 I 2 GG, aber auch durch eine Mißachtung des Art. 14 III GG erfolgen (vgl. *H. Weber*, JuS 1972, 154).

[3] Dieser Frage wird im Schrifttum, soweit es sich mit dem Verhältnis von Paritätsänderungen zu Art. 14 GG befaßt (*Hoffmann*, Währungsparität, 51 ff.; *Hoffmann-Riem*, BB 1969, 1381 f.; *Tomuschat*, 46 ff.; *Hall*, 48 ff.; *Körber*, 47 ff., 63 ff.; *Henze*, 52 ff.; *Ehlermann*, 91), nicht nachgegangen. Art. 14 GG wird nur unter dem Aspekt der Geltung des Regelungsvorbehaltes und (oder) dem Vorliegen einer Enteignung oder Eigentumsbindung behandelt. Auf Stellungnahmen der währungsrechtlichen Literatur zu diesen Fragen kann daher nicht zurückgegriffen werden.

[4] BVerfGE 14, 263, 278.

[5] BVerfGE 8, 71, 80; 21, 73, 82 f.; 21, 140, 155; 25, 112, 117 f.; 26, 215, 222; 31, 229, 240; 31, 248, 252; BVerwGE 2, 172, 174; 7, 297, 299; 16, 301, 304; 21, 251, 255 f.; BGHZ 59, 332, 336; vgl. *Kimminich*, in: Bonner Kommentar, Art. 14 Rdnrn. 30 ff.; *Badura*, AöR 92 (1967), 406 f.

gentum dem Grundrechtsträger primär einen „Freiheitsraum im vermögensrechtlichen Bereich sicherstellen“ soll[6], zugleich jedoch in gemeinschaftsbezogene Bindungen gestellt wird[7], ist eine den Eigentümer nachteilig beeinflussende eigentumsgestaltende Regelung nur zulässig, wenn ein die Individualinteressen überwiegendes und sich aus der Verfassung ergebendes öffentliches Interesse die Regelung legitimiert[8]. Eine Regelung im Eigentumsbereich unterliegt darüber hinaus den sich unmittelbar aus Art. 14 GG ergebenden Grenzen und hat insgesamt mit der Verfassung in Einklang zu stehen[9]. Werden diese Begrenzungen der Regelungsfreiheit im Rahmen des Art. 14 I 2 GG mißachtet, so ist die getroffene Regelung verfassungswidrig und unwirksam[10]. Soweit von einer solchen Maßnahme Rechtsbeeinträchtigungen auf das Eigentum im Sinne von Art. 14 I 1 GG unmittelbar ausgehen oder bei deren Vollzug auftreten, liegt ein eine Entschädigung auslösender enteignungsgleicher Eingriff vor[11].

Die Begrenzungen der gesetzgeberischen Regelungsbefugnis im Eigentumsbereich sind nun in ihrer Auswirkung auf die Paritätsänderung, die Devisenkursfreigabe und die Bandbreiteneinengung darzustellen.

1. Die Legitimation einer Paritätsänderung, Devisenkursfreigabe und Bandbreiteneinengung durch ein öffentliches Interesse

a) Öffentliches Interesse und Bestimmung von Inhalt und Schranken des Eigentums

Der Staat kann verfassungsrechtlich gewährleistete Freiheiten nur dann begrenzen, wenn vorrangige, der Verfassung zu entnehmende Gemeinschafts- bzw. öffentliche Interessen eine Regelung des getrof-

---

[6] BVerfGE 24, 367, 389; vgl. *Hesse*, 178.

[7] Vgl. dazu die Ausführungen im 3. Teil, § 2, 1.

[8] Vgl. BVerfGE 8, 71, 80; 31, 275, 290; 36, 281, 293. Eine Verbindung zwisien Gemeinwohl und Eigentümerinteressen wird in BVerfGE 25, 112, 117 hergestellt: „Der Gesetzgeber muß bei der Regelung des Eigentumsinhaltes das Wohl der Allgemeinheit beachten.“ Auch das Bundesverwaltungsgericht geht in ständiger Rechtsprechung davon aus, daß zum Wesen der Eigentumsbindung (das Bundesverwaltungsgericht differenziert nicht immer zwischen Bindungen und Inhaltsbestimmungen des Eigentums, vgl. BVerwGE 2, 172, 174) gehört, „daß sie erfolgt, um das Eigentum gegen übergeordnete oder gleichgeordnete kollidierende Werte abzugrenzen“; so BVerwGE 2, 172, 174; ebenso BVerwGE 3, 351, 354; 5, 171, 175; 7, 297, 299; 16, 301, 304. Siehe auch *Martens*, Öffentlich als Rechtsbegriff, 186 ff.

[9] BVerfGE 20, 351, 355 f.; 24, 367, 389.

[10] Vgl. *Badura*, Wirtschaftsverfassung, 112.

[11] Vgl. zur Bedeutung der Rechtswidrigkeit beim enteignungsgleichen Eingriff *Maunz*, in: Maunz / Dürig / Herzog, Art. 14 Rdnrn. 94 ff.

fenen Inhalts gebieten[12]. Die verfassungsrechtliche Bindung an das öffentliche Interesse[13] stellt einen Faktor zur Begrenzung grundrechtlicher Freiheiten dar[14]. Eine Inhalts- und Schrankenbestimmung des Eigentums, die für die angesprochenen Eigentümer nachteilige, d. h. freiheitslimitierende Wirkungen äußert, muß daher durch ein öffentliches Interesse gerechtfertigt sein[15]. Sieht man die in Art. 14 II GG zum Ausdruck kommende Gemeinschaftsbezogenheit des Eigentums als diesem *immanent* anhaftend an[16], so wird deutlich, daß das Spannungsverhältnis zwischen der im öffentlichen Interesse liegenden Gemeinschaftsbezogenheit des Eigentums und der Freiheit des Eigentümers bereits in Art. 14 GG selbst angelegt ist. Im Rahmen des Art. 14 I, II

---

[12] *Hamel,* Grundrechte, 41; vgl. auch *Kaufmann,* VVDStRL 4, 81. Vgl. zur Kongruenz von öffentlichem Interesse und Gemeinwohl *Schaeder,* 100; *Martens,* Öffentlich als Rechtsbegriff, 169; zur Verbindung von öffentlichem Interesse und Gemeinwohl *Wolff / Bachof,* § 29 III a 3.

[13] *Wolff / Bachof,* § 29 III a verstehen unter einem „allgemeinen öffentlichen Interesse" die Interessen einer staatlichen oder sonstigen öffentlichen Gemeinschaft als einer Wirk- und Ordnungseinheit ihrer Mitglieder. Vgl. auch *Martens,* Öffentlich als Rechtsbegriff, 179 ff.; *Ryffel,* 13 ff.

[14] *Martens,* Öffentlich als Rechtsbegriff, 186.

[15] So auch *Bender,* NJW 1965, 1298; *Leisner,* Sozialbindung, 86 ff. (Leisner lehnt allerdings zutreffend das öffentliche Interesse als Abgrenzungskriterium zwischen Sozialbindung und Enteignung ab); a. A. *Krüger,* DÖV 1961, 725; kritisch *Sellmann,* NJW 1965, 1690, der den Begriff „öffentliches Interesse" für zu farblos hält, um einen Eingriff in die Grundrechte zu rechtfertigen. Sellmann geht zu stark von der Vorstellung aus, der Gesetzgeber verkürze durch eine Regelung nach Art. 14 I 2 GG den Grundrechtsschutz; tatsächlich liegt jedoch dann, wenn von einer Inhalts- und Schrankenbestimmung in verfassungsmäßiger Weise Gebrauch gemacht wird, keine Einschränkung des Grundrechtes vor (BVerfGE 21, 92, 93; *Bachof,* Freiheit des Berufs, 208).

Das Bundesverfassungsgericht fordert in BVerfGE 8, 71, 80 für eine Inhalts- und Schrankenbestimmung sowohl eine Motivation als auch eine Legitimation durch ein öffentliches Interesse. Diese „Doppel-Rechtfertigung" ist allerdings Art. 14 I 2 GG nicht angemessen, da die fehlende Legitimation nicht durch eine vorhandene Motivation ersetzt, umgekehrt durch mangelnde Motivation die Legitimation nicht beeinflußt werden kann. Es ist daher entscheidend auf die Legitimation durch ein öffentliches Interesse abzustellen.

BVerfGE 31, 275, 290 und 36, 281, 293 verlangen für die *Veränderung* von durch Art. 14 I GG gewährleisteten Rechtspositionen die Rechtfertigung durch ein öffentliches Interesse. Siehe auch zum öffentlichen Interesse an der in § 9 I Ziff. 1 Grundstücksverkehrsgesetz enthaltenen Eigentumsbindung BVerfGE 21, 73, 84; 21, 92, 93; 21, 306, 309. In BVerfGE 31, 229, 242 wird — inhaltlich mit dem öffentlichen Interesse gleichbedeutend — für die Verfassungsmäßigkeit einer Regelung nach Art. 14 I 2 GG gefordert, daß sie durch Gründe des Gemeinwohls gerechtfertigt ist.

Die Verbindung zwischen öffentlichem Interesse und Regelungen nach Art. 14 I 2 GG wird auch in BVerwGE 2, 172, 174; 3, 351, 354; 5, 171, 175; 7, 297, 299; 16, 301, 304 deutlich (Zulässigkeit einer Regelung nach Art. 14 I 2 GG nur dann, wenn sie der Abgrenzung des Eigentums zu über- oder gleichgeordneten kollidierenden Werten dient).

[16] Vgl. dazu 3. Teil, § 2, 1 m. w. N.

GG wirken öffentliche Interessen auf die Bestimmung der Eigentümerbefugnisse ein[17].

Die bei einer Berücksichtigung öffentlicher Interessen notwendige Abwägung zwischen der Erhaltung des Freiheitsraumes des Individualeigentümers und der Begrenzung dieser Freiheit zugunsten des Gemeinwohls darf jedoch nicht dahin verstanden werden, daß in Kollisionssituationen grundsätzlich der Realisierung des öffentlichen Interesses die Priorität einzuräumen ist. Vielmehr stellt auch das Interesse des Privateigentümers an größtmöglicher Entfaltungsfreiheit ein aus Art. 14 I 1 GG abzuleitendes und somit verfassungsrechtlich gewährleistetes öffentliches Interesse dar[18]. Die Entscheidung darf daher nicht einseitig *gegen* das Eigentum getroffen werden, sondern erst auf Grund einer Abwägung zweier im Grundsatz gleichrangiger Prinzipien ergehen, denen allerdings im Einzelfall unterschiedliches Gewicht zuzumessen sein wird. Da öffentliche Interessen nicht wertfrei sind und häufig das Ergebnis eines Kompromisses einander widerstreitender Ansichten über zu ergreifende Maßnahmen und anzustrebende Ziele darstellen, kommt es nicht darauf an, daß das öffentliche Interesse an der Begrenzung der individuellen Freiheit ein von allen Seiten anerkanntes Interesse ist. Es muß jedoch — insbesondere durch gesetzliche Fixierung — verbindlich, d. h. „maßgebend" sein[19].

Paritätsänderung, Devisenkursfreigabe und Bandbreiteneinengung entsprechen daher nur dann Art. 14 I GG, wenn die staatliche Entscheidung über diese währungspolitischen Regelungen mit Blickrichtung auf das öffentliche Interesse legitimiert ist.

b) *Öffentliches Interesse und Paritätsänderung*

Es ist zunächst nach dem Vorliegen eines öffentlichen Interesses für eine Paritätsänderung zu fragen und abwägend das Individualinter-

---

[17] So auch das Bundesverwaltungsgericht in BVerwGE 4, 120, 122: „Auch bei der Inhaltsbestimmung des Eigentums sowohl wie bei der Enteignung nach Art. 14 GG sind stets Interessen der Allgemeinheit oder Gründe des Allgemeinwohls schlechthin maßgebend." Auch *Ipsen*, AöR 91 (1966), 97 stellt die Beziehung zwischen Art. 14 II GG und dem öffentlichen Interesse her. Vgl. allgemein zur Funktion der Regelungsvorbehalte als Vehikel zum Schutz von Gemeinschaftsinteressen *Bachof*, Verfassungsrecht, Bd. I, 16; *Häberle*, Wesensgehaltgarantie, 133.

[18] Vgl. *Häberle*, Öffentliches Interesse, 34; *Martens*, Öffentlich als Rechtsbegriff, 189 f.; *Reinhardt*, in: Festschrift Hueck, 442; *Hubmann*, AcP 155 (1956), 108.

[19] Während *Wolff / Bachof*, § 29 IV a die verbindliche Festlegung öffentlicher Interessen per Verfassung, Gesetz (auch durch Satzungen) und Gerichte für zulässig erachten, hält *Martens*, Öffentlich als Rechtsbegriff, 187 allein den parlamentarischen Gesetzgeber zur Festlegung legitimiert.

esse der nachteilig betroffenen Wirtschafter entgegenzustellen. Die Existenz eines öffentlichen Interesses läßt sich aus den mit der Auf- bzw. Abwertung verfolgten Zielen ablesen, die sich — soweit sie juristisch erfaßt oder erfaßbar sind — insbesondere aus den einschlägigen Bestimmungen des Stabilitätsgesetzes, des EWG-Vertrages und des Abkommens über den IWF ergeben.

aa) Öffentliches Interesse in bezug auf das Stabilitätsgesetz

Die Paritätsänderung soll im Rahmen der vom Stabilitätsgesetz abgestrebten idealen Wirtschaftskonstellation der Abwehr außenwirtschaftlicher Störungen des gesamtwirtschaftlichen Gleichgewichts dienen[20]. Die Aufrechterhaltung bzw. das Erreichen des gesamtwirtschaftlichen Gleichgewichts liegt kraft verfassungsrechtlicher Normierung in Art. 109 II, IV GG im öffentlichen Interesse[21], das sich auch auf den Teilbereich des außenwirtschaftlichen Gleichgewichtes und die zur Beseitigung seiner Störung einzusetzenden Mittel erstreckt[22]. Gemeinwohl und öffentliches Interesse werden von § 1 StabG zwingend impliziert[23]. Die Wahrung des gesamtwirtschaftlichen Gleichgewichtes kommt dem Gemeinwohl zugute, da es sowohl auf Existenzsicherung als auch auf Förderung des sozialen Status der Mitglieder des Gemeinwesens gerichtet ist[24]. Dieses öffentliche Interesse steht im Rang eines Verfassungsauftrages zur Konjunkturpflege und Wachstumsvorsorge[25], wodurch auch der enge Zusammenhang mit dem Sozialstaatsprinzip zum Ausdruck kommt[26].

---

[20] *Münch,* in: Stern / Münch / Hansmeyer, § 4 Anm. VII und VIII 1 a; *Möller,* § 4 Anm. 8; *Hoffmann,* Währungsparität, 180, 185; Memorandum zur „Neugestaltung der internationalen Wirtschaftsordnung", EA 1972, D 231, 235.

[21] *Stachels,* 16.

[22] Damit ist aber nur festgestellt, daß bei einer außenwirtschaftlichen Störung des gesamtwirtschaftlichen Gleichgewichtes, die sich z. B. in einem Zahlungsbilanzungleichgewicht niederschlägt (*Münch,* in: Stern / Münch / Hansmeyer, § 4 Anm. III 2 a; *Möller,* § 4 Anm. 3; *Hoffmann,* Währungsparität, 184 f.), ein öffentliches Interesse für eine Paritätsänderung besteht, nicht jedoch die Frage beantwortet, *wann* eine derartige Störung vorliegt und ob das öffentliche Interesse an der Beseitigung der Störung die Individualinteressen überwiegt.

[23] *Schaeder,* 109.

[24] *Stachels,* 15.

[25] *Stern,* Wirtschaftssteuerung, 2, 7; *ders.,* in: Stern / Münch / Hansmeyer, Einf. C III 1; *Ipsen,* Rechtsfragen, 87; *Herzog,* Staatslehre, 117; vgl. auch *Hesse,* 86.

[26] Vgl. *Herzog,* Staatslehre, 117; *Stern,* in: Stern / Münch / Hansmeyer, Einl. C III 1. Dagegen kritisch zur Bedeutung des gesamtwirtschaftlichen Gleichgewichtes für den Sozialstaatsgedanken *Grawert,* Der Staat 7 (1968), 80.

bb) Öffentliches Interesse in bezug auf den EWG-Vertrag

Die Ziele der europäischen Wirtschaftspolitik sind durch das in Art. 104 EWGV konstituierte magische Dreieck — hoher Beschäftigungsstand, stabiles Preisniveau, Gleichgewicht der Gesamtzahlungsbilanz — gekennzeichnet. Darüber hinaus verpflichtet Art. 107 I EWGV die Mitgliedstaaten ihre Wechselkurspolitik als eine Angelegenheit von gemeinsamem Interesse zu behandeln.

Zahlungsbilanzungleichgewichten kann neben anderen Maßnahmen durch eine Paritätsänderung begegnet werden[27]. Die Devisenkurse und Paritäten sind daher für ein störungsfreies Funktionieren der europäischen Gemeinschaft von hoher Bedeutung[28]. Devisenkurse, die dem Verhältnis der Kaufkraft der Währungen entsprechen[29], gleichen die zwischen einzelnen Ländern bestehenden Kostenunterschiede aus[30] und stellen somit die Verbindung zwischen nationalen Preisstrukturen her[31]. Unrealistische Paritäten[32] führen zu binnenwirtschaftlich uner-

---

[27] Vgl. *Carli*, EA 1972, 236 ff.; *Degner / Zweig*, 39 f.; *Veit*, Währungspolitik, 77 ff.; *Halm*, Geld, 239 ff.; *Küng*, Wirtschaftswissenschaftl. Studium 1972, 153; *Maass*, 101; *E. Schneider*, 176 ff.; *Lutz*, Währungsordnung, 4, 9; *Schmölders*, 153: „Der jeweils ‚richtige' Wechselkurs ist derjenige, bei dem die Zahlungsbilanz zum Ausgleich kommt." Siehe auch IMF Annual Report 1971, 13 f. sowie „Neugestaltung der internationalen Wirtschaftsordnung"; Memorandum einer Konferenz von zwölf Wirtschaftswissenschaftlern aus den Vereinigten Staaten, der Europäischen Gemeinschaft und Japan in Washington vom 18. bis 21. Dezember 1971 (abgedruckt in EA 1972, D 231 ff.). Vgl. auch die Presseverlautbarung über die 164. Tagung des Rates der Europäischen Gemeinschaften am 13. September 1971 (abgedruckt in EA 1972, D 3); Kommuniqué über die Ministertagung der Zehnergruppe in London am 15. und 16. 9. 1971 (abgedruckt in EA 1972, D 4).

Andere Mittel zur Behebung eines Zahlungsbilanzungleichgewichtes sind z. B. der Einsatz von Währungsreserven — ein Weg der allerdings temporär begrenzt ist (*E. Schneider*, 144; *Lipfert*, Währungspolitik, 52 Fußn. 22; vgl. zum Zusammenhang von Währungsreserven und dem Zahlungsbilanzgleichgewicht *Schiller*, IMF, Summary Proceedings, Annual Meeting 1971, 196) — oder die Kontraktion der Nachfrage im Zahlungsbilanzdefizit-Staat bei gleichzeitiger Nachfrageexpansion im Zahlungsbilanzüberschuß-Staat (*E. Schneider*, 151).

[28] *Wohlfarth / Everling / Glaesner / Sprung*, Vorbem. vor Art. 104 Anm. 1; *Ipsen*, Europäisches Gemeinschaftsrecht, 800.

[29] Sogenannte Kaufkraftparitätentheorie; vgl. *Veit*, Währungspolitik, 79 f.

[30] Siehe zum Verhältnis des binnenwirtschaftlichen zum internationalen Preisniveau in diesem Zusammenhang *Münch*, in: Stern / Münch / Hansmeyer, § 4 Anm. VIII 2 a bb.

[31] *Halm*, Geld, 275.

[32] Devisenkurs und Währungsparität sind zwar keine identischen Größen (der Devisenkurs ist der Preis, der für ausländische Währungen am Devisenmarkt in inländischer Währung zu zahlen ist [*Altvater*, 142; *Hoffmann*, Währungsparität, 4]; die Währungsparität ist ein administrativ festgelegtes Wertverhältnis der Recheneinheit einer Währung zu der Gewichtseinheit eines bestimmten Währungsmetalls, zur Recheneinheit einer anderen Wäh-

wünschten Einflüssen — z. B. zu verstärktem Import bei zu geringem Export — und längerfristig zu Zahlungsbilanzungleichgewichten[33].

Die wirtschaftliche und politische Verflechtung der in der EWG zusammengeschlossenen Staaten weist die Erhaltung des magischen Dreiecks als öffentliches Interesse aus[34]. Zwar wird auf Grund fortschreitender Integration innerhalb der EWG auch eine Paritätsänderung infolge der Vereinheitlichung der Preise und der Verwendung von Rechnungseinheiten zunehmend schwieriger[35], doch schließt diese Entwicklung nicht aus, daß die Kurskorrektur — wegen der dargestellten negativen Auswirkungen einer unrealistischen Parität — zur Erhaltung der Funktionsfähigkeit des gemeinsamen Marktes sogar notwendig sein kann[36]. Zu beachten ist, daß mit dem Zusammenschluß zur EWG ein öffentliches Interesse im Bereich der europäischen Wirtschaftspolitik nicht in jedem Fall die für den einzelnen Staat optimalste wirtschaftliche Lösung darstellen muß, sondern eventuell auch eine Einschränkung partiell staatlicher Interessen zugunsten eines übergeordneten europäischen öffentlichen Interesses bedeutet. Die weitgehende Kongruenz der in § 1 S. 2 StabG aufgestellten Ziele mit den in Art. 104 EWGV enthaltenen Postulaten wird jedoch häufig dazu führen, daß innerstaatliches und europäisches öffentliches Interesse identisch sind.

Auch im Rahmen des EWG-Vertrages können somit durch eine Auf- oder Abwertung Ziele verfolgt werden, deren Erreichung im öffentlichen Interesse liegt.

cc) Öffentliches Interesse in bezug auf das Abkommen über den IWF

Zu den Zielen des IWF gehört die Ausweitung des Welthandels, die Förderung eines hohen Beschäftigungsgrades, die Stabilität der Wäh-

---

rung oder zu einer Einheit Sonderziehungsrechte [vgl. *Hoffmann*, Währungsparität, 4]), infolge der Verknüpfung beider Größen durch die derzeitige Bandbreitenregelung im IWFA (Art. IV, Abschnitt 3 i) braucht hier bei der Frage nach dem öffentlichen Interesse nicht streng zwischen beiden unterschieden zu werden, da die Antwort in jedem Fall für Devisenkurs und Parität gleich ausfällt.

[33] Vgl. *Lipfert*, Währungspolitik, 102 f.

[34] Vgl. zu den Auswirkungen einer Paritätsänderung insbesondere auf die in der EWG zusammengeschlossenen Länder *Ipsen*, Europäisches Gemeinschaftsrecht, 800 f.; *Börner*, EuR 1966, 102 f.; *Lutz*, Ordo XXI (1970), 85 ff.

[35] So die Feststellung des Währungsausschusses der EWG in seinem siebenten Jahresbericht (Siebenter Jahresbericht über die Tätigkeit des Währungsausschusses, ABl. 1965, 633, Ziff. 24 ff.).

[36] Siebenter Jahresbericht über die Tätigkeit des Währungsauschusses, ABl. 1965, 633, Ziff. 25, 27; vgl. auch *Börner*, EuR 1966, 103.

rungen[37] sowie die Vermeidung von Zahlungsbilanzungleichgewichten[38]. Fraglos handelt es sich hierbei um Maximen, die Gültigkeit in der gesamten internationalen Wirtschaftspolitik beanspruchen können[39]; sie finden sich auch in anderen völkerrechtlichen Verträgen wieder, deren Mitglied die Bundesrepublik Deutschland ist[40].

Bei den genannten wirtschaftspolitischen Grundforderungen spielt das Zahlungsbilanzgleichgewicht eine wesentliche Rolle. Zahlungsbilanzüberschüsse, wie sie z. B. an den in den letzten Jahren positiven Salden der Devisenbilanz der Bundesrepublik zu erkennen sind[41], werden als Merkmale unterbewerteter Währungen angesehen[42]. Sie üben inflatorische Einflüsse aus[43]. Die Paritätsänderung als im IWFA vorgesehenes Mittel zur Beseitigung von Zahlungsbilanzungleichgewichten dient daher auch im Hinblick auf das IWFA dem öffentlichen Interesse[44].

dd) Öffentliches Interesse und entgegenstehende Individualinteressen

Da der Gesetzgeber den Gegenstand des öffentlichen Interesses in Art. 104 a und 109 GG in Verfassungsrang erhoben und im Stabilitätsgesetz, dem EWG-Vertrag sowie dem Abkommen über den IWF und anderen völkerrechtsvertraglichen Regelungen kodifiziert hat[45], indiziert die Störung dieser Ziele zugleich das öffentliche Interesse an einer Paritätsänderung in bezug auf Art. 14 I GG[46].

---

[37] Art. I ii, iii IWFA.

[38] Art. I v IWFA.

[39] Vgl. *Morawitz*, EuR 1971, 340.

[40] Z. B. im Abkommen über die OECD (Art. 1 a, b 2 c), das in währungspolitischer Hinsicht durch das EWA ergänzt wird; im Allgemeinen Zoll- und Handelsabkommen GATT (vgl. Präambel des GATT, Anlagenband I zu BGBl. 1951, Teil II, 4), dem die Bundesrepublik am 18. 10. 1951 beigetreten ist (BGBl. 1951, Teil II, 177 und 200); im Abkommen über die internationale Bank für Wiederaufbau und Entwicklung (Art. I iii), dem sogenannten Weltbankabkommen (BGBl. 1952, Teil II, 664), dessen Mitglied die Bundesrepublik am 28. 7. 1952 geworden ist (BGBl. 1952, Teil II, 637 und Bekanntmachung vom 26. 8. 1952, BGBl. 1952, Teil II, 728).

[41] *Cassel*, Das Wirtschaftsstudium 1972, 72; vgl. auch IWF Jahresbericht 1971, Nichtamtl. Übersetzung, 12.

[42] *Cassel*, Das Wirtschaftsstudium 1972, 72.

[43] *Küng*, Wirtschaftswissenschaftl. Studium 1972, 152; *Watrin*, 203.

[44] Vgl. auch das Memorandum zur „Neugestaltung der internationalen Wirtschaftsordnung", EA 1972, D 231, 238, wo es heißt, „daß Wechselkurse Sachverhalte internationalen Interesses sind".

[45] Vgl. zu dieser Technik, Gemeinschaftsinteressen zu schützen, BVerfGE 13, 97, 107; *Martens*, Öffentlich als Rechtsbegriff, 186; *Badura*, AöR 92 (1967), 386.

[46] Vgl. *Schaeder*, 109.

Die Rechtfertigung der Paritätsänderung im Hinblick auf Art. 14 I GG kann nicht durch die von der Maßnahme nachteilig Betroffenen erschüttert werden[47]. Die Abwägung zwischen den *Interessen der Wirtschafter*, die insbesondere die schrankenbestimmende und sich daher nachteilig auswirkende Seite der Paritätsänderung „zu spüren" bekommen[48], und der Notwendigkeit der Begrenzung des Tauschwertes im *Interesse des Gemeinwohls* zwingt dazu, dem Gemeinschaftsinteresse gegenüber dem Individualinteresse den Vorrang einzuräumen. Mit Hilfe der Paritätsänderung werden Ziele verfolgt, die schädliche Entwicklungen für die gesamte Volkswirtschaft abstellen sollen[49]. Das Anstreben des im magischen Viereck (§ 1 S. 2 StabG) anvisierten Zustandes, zu dem die Paritätsänderung einen Beitrag leistet, fördert zugleich die inhaltliche Ausfüllung der Sozialstaatsgarantie[50]. Die Kehrseite der Paritätsänderung im privaten Unternehmensbereich, bei Fremdwährungsgläubigern und -schuldnern beeinträchtigt dagegen bereits zahlenmäßig einen geringeren Personenkreis. Auch nimmt die Intensität der von einer Paritätsänderung insbesondere auf den Gewerbebetrieb ausgehenden Wirkungen in der Regel kein substanzzerstörendes Ausmaß an. Das öffentliche Interesse an einer sich im Gleichgewicht befindlichen Volkswirtschaft[51] erweist sich damit als ein entgegenstehenden Individualinteressen übermächtiges verfassungsrechtliches Gemeinwohltopos, das kaum eine Situation denkbar erscheinen läßt, die eine Priorität des Einzelinteresses rechtfertigen würde.

Der Vorrang des öffentlichen Interesses an einer — rechtmäßigen — Paritätsänderung legitimiert daher die Begrenzung individueller Eigentümerinteressen. Das öffentliche Interesse für eine Eigentumsgestaltung nach Art. 14 I 2 GG ist damit zu bejahen.

---

[47] Es ist nicht erforderlich, daß die Paritätsänderung *allen* von ihr Angesprochenen zu wirtschaftlichem Vorteil gereicht (vgl. *Martens*, Öffentlich als Rechtsbegriff, 187).

[48] Ein Interesse an der Herstellung eines außenwirtschaftlichen Gleichgewichtes durch eine Paritätsänderung werden vor allem diejenigen Wirtschafter nicht aufbringen, zu deren wirtschaftlichem Vorteil das Ungleichgewicht zuvor ausgeschlagen ist, die sich also durch die Paritätsänderung in ihren zukünftigen Erwerbsmöglichkeiten beeinträchtigt sehen (vgl. *Münch*, in: Stern / Münch / Hansmeyer, § 4 Anm. VIII 4 e; *Schaeder*, 113).

[49] Z. B. soll die Aufwertung einen Beitrag zur Inflationsreduzierung leisten (*Jöhr*, Wirtschaftswissenschaftl. Studium 1972, 16; *Küng*, Wirtschaftswissenschaftl. Studium 1972, 152 f.).

[50] *Hoffmann*, Währungsparität, 201; *Stern*, in: Stern / Münch / Hansmeyer, Einl. C III 1; die Beziehung von Sozialstaat und magischem Viereck betont auch *H. Huber*, 38; *Badura*, Wirtschaftsverfassung, 45 spricht von „wohlfahrtsstaatlicher Wirtschaftspolitik". Vgl. zur inhaltlich begrenzenden Funktion der Sozialstaatsgarantie gegenüber den Freiheitsrechten *Häberle*, Wesensgehaltgarantie, 121; BVerfGE 20, 351, 361; vgl. zum Einfluß des Sozialstaatsprinzips auf Art. 14 GG *Schreiber*, 126 ff.

[51] *Hoffmann*, Währungsparität, 201.

c) Öffentliches Interesse und Devisenkursfreigabe

Einer Devisenkursfreigabe ist zwar ebenso wie der Paritätsänderung eine Auf- oder Abwertungswirkung eigen, da aber mit einem Floating nicht notwendig die gleichen Ziele verfolgt werden, kann auch der Gegenstand des öffentlichen Interesses verschieden sein.

aa) Binnenwirtschaftliche und stabilitätspolitische Beurteilung einer Freigabe der Devisenkurse

Ausdrückliche, die Gestaltung der Devisenkurse regelnde gesetzliche Bestimmungen des innerstaatlichen Rechts existieren nicht. Die Freigabe der Devisenkurse[52] wird jedoch in einer wirtschaftlichen Situation, in der die Bundesrepublik mit ausländischen Devisen überschwemmt wird, „als unabdingbare Voraussetzung angesehen, um eine binnenwirtschaftliche Stabilitätspolitik ohne Ausflüchte einzuleiten“[53]. Auf Grund der Befreiung der Bundesbank von ihrer Interventionspflicht wird die Erhöhung der Geldliquidität im Inland gebremst und der die Gefahr einer importierten Inflation in sich tragende internationale Preiszusammenhang unterbrochen. Die Devisenkursfreigabe steht damit neben ihrer außenwirtschaftlichen Absicherungswirkung im Dienste der Geldwertstabilität[54]. In Hinblick auf diese Vorzüge treten die Nachteile der flexiblen Devisenkurse in Form des Entzugs der durch feste Paritäten gewährleisteten Kalkulationsgrundlagen für den internationalen Handel und Kreditverkehr zurück. Die Freigabe der Devisenkurse ist daher binnenwirtschaftlich als öffentliches Interesse ausgewiesen, gegenüber dem die Interessen der privaten Wirtschafter zurückzuweichen haben[55].

bb) Öffentliches Interesse an einer Devisenkursfreigabe im Hinblick auf das IWFA

Auch die dem IWFA zugrunde liegenden wirtschaftspolitischen Ziele[56] können durch eine Freigabe der Devisenkurse gefördert werden.

---

[52] Im folgenden wird davon ausgegangen, daß vom volkswirtschaftlichen Standpunkt eine Freigabe der Devisenkurse in der konkreten wirtschaftlichen Situation geboten ist.

[53] So *Gröner*, Ordo XXII (1971), 304 (siehe auch 305); vgl. Sondergutachten 1971, Textziffern 20 ff.

[54] Vgl. *Issing*, Ordo XXII (1971), 290; vgl. zu den Wirkungen der Devisenkursfreigabe auch 1. Teil, § 4, 2; zum Zusammenhang von Geld- und Kreditpolitik und der Devisenkursgestaltung *Gutowski*, Ordo XXIII (1972), 12.

[55] Bezüglich des Abwägungsvorgangs kann auf die Ausführungen im Zusammenhang mit der Paritätsänderung verwiesen werden (3. Teil, § 5, 1 b dd).

[56] Siehe 3. Teil, § 5, 1 b cc.

Die Freigabe der Devisenkurse bedeutet zumindest einen Auftakt zur Beseitigung eines Zahlungsbilanzungleichgewichtes[57]. Kurzfristig stellt sie einen Ausweg aus den Schwierigkeiten dar, die mit dem gegenwärtigen Aufbau des Weltwährungssystems zusammenhängen. Da ebenso wie bei einer Paritätsänderung die Interessen der privaten Wirtschafter diesen gesamtwirtschaftlichen Zielen unterzuordnen sind, ließe sich auch aus dem IWFA ein öffentliches Interesse an einer Freigabe der Devisenkurse entnehmen.

Dieser Feststellung würden jedoch Bedenken entgegnen, wenn nach dem Abkommen über den IWF, das von festen Paritäten mit nur begrenzt schwankenden Devisenkursen ausgeht[58], flexible Devisenkurse unzulässig und damit rechtswidrig wären. Da der Gesetzgeber in der Verfolgung seiner Ziele weitgehend frei ist[59], kann er die Mittel, mit denen er die Realisierung des im öffentlichen Interesse angestrebten Zustandes erreichen will, mit Bindung für die Exekutive eingrenzen und festlegen[60]. Wenn daher das IWFA eine Devisenkursfreigabe als Mittel zur Erreichung seiner wirtschaftspolitischen Ziele ausschließt, so ist die Bundesregierung als Exekutivorgan an die Entscheidung des Gesetzgebers gebunden; ein Floating wäre nicht mehr durch ein öffentliches Interesse legitimiert. Eine Devisenkursfreigabe durch die Bundesregierung ließe sich nur noch rechtfertigen, wenn der Gesetzgeber den ihm zur Verfügung stehenden Spielraum durch offensichtlich sachwidrige Begrenzung der Mittel zur Verfolgung des öffentlichen Interesses auf die Paritätsänderung überschritten hätte[61].

In der Geschichte des IWF hat es eine Anzahl von Fällen gegeben, in denen sich Mitgliedstaaten zu einer Freigabe der Devisenkurse ihrer Währungen entschlossen haben[62]. Die Frage, ob in diesem Verhalten

---

[57] Vgl. zum Verständnis einer Devisenkursfreigabe als Teilakt einer zeitlich gestreckten Paritätsänderung *Hoffmann-Riem*, BB 1969, 1378. Zu den Gefahren, die bei flexiblen Devisenkursen den internationalen wirtschaftspolitischen Zielen drohen, *Küng*, Wirtschaftswissenschaftl. Studium 1972, 154.

[58] *Hoffmann-Riem*, BB 1969, 1378; *Morawitz*, EuR 1971, 341; *Hahn*, Geld, 41 f.; *Hexner*, 67; *Meyer / Stadtmüller*, ZHR 136 (1972), 34 f.; *Kafka*, Virginia Journal of International Law 72, Vol. 13, Nr. 2, 137.

[59] Vgl. z. B. BVerfGE 29, 221, 235: „Im sozial- und gesellschaftspolitischen Bereich hat der Gesetzgeber einen weiten Raum zur freien Gestaltung." BVerfGE 30, 292, 317: „Bei gesetzlichen Eingriffen in das Wirtschaftsleben ist es zunächst Sache des Gesetzgebers, auf der Grundlage seiner wirtschaftspolitischen Vorstellungen und Ziele und unter Beachtung der Sachgesetzlichkeiten des betreffenden Gebietes zu entscheiden, welche Maßnahmen er im Interesse des Gemeinwohls ergreifen will." Ebenso BVerfGE 25, 1, 19 f.

[60] Vgl. *Martens*, Öffentlich als Rechtsbegriff, 186.

[61] Vgl. BVerfGE 25, 1, 12, 17; 30, 292, 317.

[62] Vgl. *de Vries*, Fluctuating Exchange Rates, 152 ff.

ein Vertragsverstoß zu erblicken ist, wird nicht einheitlich beantwortet. Der *IWF* selbst hat anerkannt, daß es Situationen gibt, in denen ein Land seinen Devisenkurs für eine begrenzte Zeit nicht innerhalb der Grenzen der Bandbreite halten kann und nicht imstande ist, sofort eine neue Parität vorzuschlagen, oder in denen ein Staat nicht bereit ist, das Risiko einer Entscheidung bezüglich eines *bestimmten* Devisenkurses auf sich zu nehmen. Das Mitgliedsland hat den Fonds davon zu informieren; der Fonds kann zwar die Lage konstatieren, er kann ihr jedoch nicht zustimmen. Sanktionen ergreift der Fonds aber erst, wenn die Freigabe des Devisenkurses nicht länger zu rechtfertigen ist[63]. Gegenüber der Freigabe der Devisenkurse der D-Mark im September 1969 und Mai 1971 hat der IWF eine diesen Grundsätzen entsprechende Haltung eingenommen[64].

Diese formell im Rahmen schlichter Vertragsauslegung[65] herausgebildete Praxis des IWF hat in der Literatur verbreitet Zustimmung gefunden[66], wenn auch die vertragsrechtliche Rechtfertigung der Freigabe der Devisenkurse unterschiedlich begründet wird. Während *Hexner*[67] in der Behandlung flexibler Devisenkurse eine gewohnheitsrechtliche Entwicklung sieht, geht *Tomuschat*[68] auf Grund der in ständiger Praxis unwidersprochenen Anwendung von einer stillschweigenden Billigung aus. Nach *Meyer / Stadtmüller*[69] handelt es sich um eine notwendige Anpassung des Fondsrechts an die Erfordernisse außergewöhnlicher Situationen. *Hoffmann-Riem*[70] dagegen betrachtet

---

[63] Vgl. zum Vorstehenden IMF, Annual Report 1951, 39 f.; Aufricht, 48.

[64] Siehe IMF, Annual Report 1970, 116 und den Beschluß des IWF-Direktoriums vom 9. 5. 1971 (abgedruckt im Bulletin der Bundesregierung Nr. 73 vom 13. 5. 1971, S. 760). Die Bereitschaft der Bundesregierung, weiter mit dem Fond zusammenzuarbeiten, wird in diesem Beschluß vom Fond mit den Worten begrüßt: „The fund welcomes, therefore, the intention of the German authorities to remain in close contact with the Fund, to collaborate with it *fully in accordance* with the Articles of Agreement“ (Hervorhebung vom Verfasser).

[65] Eine förmliche Auslegungsentscheidung nach Art. XVIII IWFA ist zur Frage flexibler Devisenkurse nicht ergangen; vgl. *Tomuschat,* 8 ff.; *Meyer / Stadtmüller,* ZHR 136 (1972), 38.

[66] Siehe *Hahn,* Geld, 42; *Krämer,* 9 f. und die in Fußnote 67 - 69 Genannten.

De Vries, Fluctuating Exchange Rates, 160 führt zur Freigabe der Devisenkurse Kanadas im Jahr 1950 aus: „This decision (scil. die Grundsätze des IWF über die Freigabe der Devisenkurse) reflected the position of the majority of Directors that Canada should be permitted to try a fluctuating exchange rate for a short period.“

[67] *Hexner,* 69.

[68] *Tomuschat,* 11; so auch *Morawitz,* EuR 1971, 345 in Anlehnung an Tomuschat.

[69] *Meyer / Stadtmüller,* ZHR 136 (1972), 38.

[70] *Hoffmann-Riem,* BB 1969, 1378.

„die auch nur kurzfristige Einführung flexibler Devisenkurse eindeutig als völkerrechtswidrigen Verstoß gegen das Abkommen über den Internationalen Währungsfonds".

Diese strikte Verurteilung einer Freigabe der Devisenkurse wird aber der vom Fonds bei der Behandlung flexibler Devisenkurse entwickelten Praxis nicht gerecht[71]. Zwar sieht sich der IWF nicht in der Lage, Devisenkursfreigaben zu billigen oder ihnen zuzustimmen[72], das Nichtergreifen von Sanktionen zeigt jedoch, daß es sich nicht um einen gewöhnlichen Vertragsverstoß handelt. Dies wird auch dadurch deutlich, daß der IWF Voraussetzungen aufgestellt hat, bei deren Vorliegen er zumindest keine negative Haltung zu einem Floating einnimmt. Der Fonds hat zudem Ordnungen für Fondsgeschäfte mit Mitgliedsländern präzisiert, die keine feste Parität mit dem IWF vereinbart haben[73]. In einigen Fällen gab der Fonds sogar den betroffenen Ländern die Empfehlung, ihre Währung floaten zu lassen[74]. Ein derartiges Verhalten wäre, wenn man von einem Vertragsbruch ausginge, kaum zu rechtfertigen. Wenn auch die Einführung flexibler Devisenkurse entsprechend dem im IWFA verankerten Prinzip fixer Paritäten und nur begrenzt flexibler Devisenkurse nicht im ursprünglichen Instrumentarium des Weltwährungssystems vorgesehen ist, kann an der Praxis der vertraglichen Handhabung durch das IWF nicht vorbeigegangen werden. Selbst wenn man den vom IWF herausgearbeiteten Grundsätzen nicht die Bindungswirkung einer förmlichen Entscheidung nach Art. XVIII IWFA zuerkennt[75], hat doch die jahrzehntelange feste Auslegungspraxis des Fonds das IWFA entsprechend den vom Fonds aufgestellten Prinzipien verfestigt. Die Mitglieder des IWFA haben zudem die Auslegung stillschweigend hingenommen. Ein Vertragsbruch durch Einführung flexibler Devisenkurse in währungspolitischen Ausnahmesituationen kann daher nicht angenommen werden.

Dieses Ergebnis rechtfertigt sich auch im Hinblick auf die bei völkerrechtlichen Verträgen gebotene teleologische Auslegung[76], wonach die Ermittlung des Vertragsinhaltes im Lichte des Vertragszweckes zu

---

[71] Siehe z. B. *Gold*, The Code of Conduct, 550: „The discussion so far illustrates the sensivity of the Fund to exchange rates as matters of international concern."

[72] IMF, Annual Report 1951, 39 f.

[73] Vgl. The International Monetary Fund 1945 - 1965, Vol. III, 222.

[74] Vgl. *Kafka*, Virginia Journal of International Law, Vol. 13, Nr. 2, 145.

[75] Vgl. zur Wirkung schlichter Vertragsauslegung durch die Exekutivdirektoren des IWF *Meyer / Stadtmüller*, ZHR 136 (1972), 40 (m. w. N.); *Tomuschat*, 10 f.

[76] Vgl. dazu *Menzel*, 264; *Wengler*, 356; *Dahm*, 50; *Gould*, An Introduction to International Law, 336; *Schwarzenberger*, 94; *Greig*, 376; *v. Glahn*, 438.

erfolgen hat[77]. Da eine kurzfristige Freigabe der Devisenkurse in den vom IWF aufgezeigten wirtschaftlichen Situationen im Dienste der Ziele des IWF steht, wird der Vertragszweck durch eine Devisenkursfreigabe nicht gestört, sondern gefördert. Gegen einen Vertragsverstoß sprechen weiter die im Zusammenhang mit der Reform des internationalen Währungssystems angestellten Überlegungen, wonach die Auflockerung des Devisenkurssystems eventuell ohne Änderung des Wortlautes des IWFA durch eine Erklärung des Exekutivrates des IWF durchgeführt werden kann[78].

Das IWFA steht somit einer sachlich und zeitlich begrenzten Freigabe der Devisenkurse nicht entgegen. Diese völkerrechtlich begrenzte Befugnis der Bundesrepublik, ihre Währung frei schwanken zu lassen, beeinflußt auch den in der Frage des Floatens an sich unbeschränkten Handelsspielraum nach dem Stabilitätsgesetz. Die hoheitliche Eigentumsgestaltung im Wege der Einführung kurzfristig flexibler Devisenkurse basiert daher bezüglich des IWFA auf einem öffentlichen Interesse.

cc) Legitimation einer Devisenkursfreigabe durch ein öffentliches Interesse und EWG-Vertrag

Der EWG-Vertrag enthält im Gegensatz zum IWFA keine Vorschrift, aus der sich eine bestimmte Gestaltung der Devisenkurse der Mitgliedstaaten entnehmen läßt[79]. Art. 107 I EWGV, der auch die Freigabe der Devisenkurse erfaßt[80], stellt seinem Wortlaut nach nur eine Richtlinie für die Behandlung der Devisenkurse auf, fordert aber keine festen Paritäten. Die Ordnung der Devisenkurse hat aber mit den Zielen der europäischen Gemeinschaft, wie sie für den wirtschaftlichen Bereich in Art. 104 EWGV festgelegt sind[81], in Einklang zu stehen[82].

---

[77] Nach *Wengler*, 352 f. gilt die Regel, „daß ein Vertragswerk, welches Vorkehrungen zur Erreichung bestimmter Zwecke trifft, möglichst zweckfreundlich ausgelegt werden muß."

[78] Geschäftsbericht der Deutschen Bundesbank 1970, 42. Eine Entscheidung über die zukünftige Devisenkursgestaltung ist im IWF noch nicht gefällt worden (vgl. „Keine Neuerungen im internationalen Währungssystem", in: Deutsche Bundesbank, Auszüge aus Presseartikeln, Nr. 67 v. 17. 9. 1970, S. 16, 18); nach den Vorstellungen der USA soll im reformierten Währungssystem eine begrenzte Freiheit zum Floaten institutionalisiert sein (vgl. U. S. Details its Plan for Monetary Reform, in: Deutsche Bundesbank, Auszüge aus Presseartikeln, Nr. 80 v. 7. 2. 1973, S. 8).

[79] *Hoffmann*, Währungsparität, 140; *Hoffmann-Riem*, BB 1969, 1380; *Meyer / Stadtmüller*, ZHR 136 (1972), 42; *Morawitz*, EuR 1971, 345; eingeschränkt auch *Börner*, EuR 1966, 104.

[80] *Meier*, AWD 1969, 401; *Hoffmann-Riem*, BB 1969, 1380.

[81] Vgl. 3. Teil, § 5, 1 b bb (a. A.).

[82] *Morawitz*, EuR 1971, 345.

Jeder Mitgliedstaat der EWG hat daher die Devisenkurse als eine Angelegenheit von *gemeinsamem* Interesse zu behandeln.

Bei der Rechtfertigung einer Devisenkursfreigabe durch ein öffentliches Interesse nach den Bestimmungen des EWGV ist zwischen der *kurzfristigen* Freigabe oder der *grundsätzlichen* Einführung flexibler Devisenkurse einerseits und einem *isolierten* Floaten der Währung eines Mitgliedslandes[83] oder einer *gemeinschaftlichen* Devisenkursfreigabe mehrerer Mitgliedsländer der EWG gegenüber dritten Staaten, dem sogenannten Blockfloaten[84], andererseits zu differenzieren. Aus den verschiedenartigen Gestaltungen der Freigabe der Devisenkurse sind zunächst diejenigen herauszutrennen, die unzweifelhaft gegen den EWG-Vertrag verstoßen, so daß eine Legitimation durch ein öffentliches Interesse nicht vorliegen kann.

Nach der derzeitigen Rechtslage und der bisherigen Entwicklung der EWG muß eine Devisenkursgestaltung in Form der *grundsätzlichen Einführung flexibler Devisenkurse* als unzulässig angesehen werden[85]. Ein solches Devisenkurssystem innerhalb der EWG scheitert bereits daran, daß die Mitgliedsländer der EWG zugleich als Vertragsparteien dem IWFA angehören und daher nur in Ausnahmesituationen zu vorübergehend flexiblen Devisenkursen übergehen dürfen[86]. Die sich aus dem IWFA ergebenden Bindungen sind durch den Abschluß des Vertrages über die europäische Wirtschaftsgemeinschaft nicht aufgehoben, sondern besitzen gemäß Art. 234 I EWGV für die Mitgliedsländer der EWG weiterhin Gültigkeit[87].

Die Unvereinbarkeit dauernder flexibler Devisenkurse mit dem EWGV entspricht auch der Haltung der Gemeinschaftsorgane der

---

[83] So die Devisenkursfreigabe der D-Mark im Mai 1971.

[84] So die Devisenkursfreigabe der Währungen der EWG-Mitgliedstaaten Frankreich, Belgien, Luxemburg, Niederlande, Dänemark und Bundesrepublik ab 19. 3. 1973 durch Beschluß der Finanzminister der EWG vom 12. 3. 1973.

[85] Ebenso *Tomuschat,* 17; *Börner,* EuR 1966, 104; *Hoffmann-Riem,* BB 1969, 1380 Fußn. 71; *Hoffmann,* Währungsparität, 140; *Meyer / Stadtmüller,* ZHR 136 (1972), 47; *Rometsch,* 65 ff.; eine Unvereinbarkeit mit der EWG-Agrarordnung nimmt *Lutz,* Ordo XXI (1970), 91 an. Die EWG-Mitglieder selbst gehen von der Unvereinbarkeit flexibler Devisenkurse mit den EWG-Statuten aus; siehe z. B. das Kommuniqué des Ministerrates anläßlich der Freigabe des Devisenkurses der D-Mark im Mai 1971, abgedruckt in: Bulletin der Bundesregierung Nr. 73 v. 13. 5. 1971, S. 758. So jetzt auch EuGH, U. v. 24. 10. 1973, DVBl. 1974, 624, 625 ff.

[86] *Hoffmann-Riem,* BB 1969, 1380; vgl. auch *Veit,* Währungspolitik, 769.

[87] Vgl. *Wohlfarth / Everling / Glaesner / Sprung,* Art. 234 Anm. 1. Interessant daher auch die inhaltlich mit der Haltung des IWF übereinstimmende Erklärung des Vize-Präsidenten der EWG-Kommission Barre zur Devisenkursfreigabe der D-Mark 1969 (Bulletin der Europäischen Gemeinschaften 1969, Nr. 11, S. 37): Barre bekundet sein Verständnis für die Maßnahme, er billigt sie jedoch nicht.

EWG[88]. Anläßlich der Devisenkursfreigabe der D-Mark im September 1969 haben Kommission und Rat der EWG betont, daß nicht nur das Bestehen des gemeinsamen Agrarmarktes, „sondern auch das Wesen der Gemeinschaft selbst", feste Devisenkurse erfordert und daß daher langfristige flexible Devisenkurse mit der europäischen Gemeinschaft in Widerspruch stehen[89]. Die EWG-Organe haben ihre Haltung im Zusammenhang mit der infolge der Einführung flexibler Devisenkurse notwendig gewordenen Gewährung von Ausgleichsabgaben für die Landwirtschaft bekräftigt[90].

Soweit sich daher Stimmen erheben, die für eine flexible Devisenkursgestaltung in der EWG eintreten[91], kann diesen nur rechtspolitischer Charakter für die Frage der zukünftigen Gestaltung der Devisenkurse in der EWG beigemessen werden. In den entscheidenden Gremien der EWG ist die Festlegung auf nur begrenzt schwankende Devisenkurse erfolgt. Das öffentliche Interesse an der Erreichung der Ziele des Art. 104 EWGV hat sich daher auf diesen Mitteleinsatz verfestigt und konkretisiert. Die Verfolgung der wirtschaftspolitischen Ziele der europäischen Gemeinschaft im Wege der dauernden Einführung flexibler Devisenkurse liegt daher nicht im öffentlichen Interesse. Eine Regelung dieses Inhalts verstieße gegen Art. 14 I GG[92].

Ein öffentliches Interesse an einer Freigabe der Devisenkurse eines Mitgliedstaates der EWG kann allenfalls dann vorliegen, wenn es sich um eine *kurzfristige Flexibilität* handelt.

Keine Besonderheiten im Zusammenhang mit dem EWG-Vertrag tauchen auf, wenn sich die Mitglieder der EWG einzeln oder geschlossen zu einem *Floaten* ihrer Währungen *gegenüber Drittwährungen* entschließen, untereinander jedoch feste Devisenkurse beibehalten[93].

---

[88] Vgl. dazu *Meyer / Stadtmüller*, ZHR 136 (1972), 43 ff.

[89] Vgl. Bulletin der Europäischen Gemeinschaften 1969, Nr. 11, S. 38 und 42.

[90] Vgl. dazu die Entscheidungen der Kommission vom 1. 10. 1969 (ABl. 1969, Nr. L 250, S. 29 f.) und 8. 10. 1969 (ABl. 1969, Nr. L 253, S. 23 f.), sowie die Verordnungen Nr. 974/71 vom 12. 5. 1971 (ABl. 1971, Nr. L 106, S. 1 f.) — geändert durch die Verordnung 2746/72 vom 19. 2. 1972 (ABl. 1972, Nr. L 291, S. 248 f.) — und Nr. 1014/71 vom 17. 5. 1971 (ABl. 1971, Nr. L 110, S. 10 f.). Der EuGH hat in seinem Urteil vom 24. 10. 1973 die Vereinbarkeit der Verordnung Nr. 974/71 mit dem EWG-Vertrag bestätigt (siehe EuGH DVBl. 1974, 624 ff.).

[91] *Gröner*, Ordo XXII (1972), 307 f.; *Sohmen*, 193 ff.

[92] Diese Feststellung schließt natürlich nicht aus, daß die Zulässigkeit flexibler Devisenkurse im EWG-Recht *zukünftig* anders beurteilt werden kann. Das öffentliche Interesse unterliegt also insoweit künftigen Veränderungen.

[93] So die Vereinbarung zwischen Holland, Dänemark, Belgien, Luxemburg, Frankreich und der Bundesrepublik auf der Ratstagung der EWG vom

In dem praktisch wichtigsten Fall einer Freigabe der Devisenkurse gegenüber dem US-Dollar ist lediglich eine Umschreibung der Paritäten bzw. der Leitkurse der floatenden Währungen erforderlich, da der US-Dollar nicht mehr als Wertmesser dienen kann[94]. Das Vorliegen eines öffentlichen Interesses richtet sich hier nach den allgemeinen, vom IWF herausgearbeiteten Kriterien, bei deren Erfüllung eine Devisenkursfreigabe nicht als Verstoß gegen das IWFA anzusehen ist[95].

Für ein sachlich und zeitlich begrenztes *Floating* der D-Mark *gegenüber* den Währungen anderer *EWG-Partner* stellt sich die Frage, ob aus dem EWG-Vertrag über das IWFA hinausgehende Einschränkungen der Zulässigkeit des Floatens abzuleiten sind. Flexible Devisenkurse eines EWG-Staates, und zwar auch solche von nur kurzer Dauer, widersprechen dem Gebot des Art. 107 I EWGV, da sie Ausdruck einer isolierten, desintegrierend wirkenden nationalen Devisenkurspolitik sind[96]. Die Freigabe der Devisenkurse führt außerdem zu einem Leerlaufen der auf Rechnungseinheiten basierenden Agrarpreisordnung, da dieses Rechnungssystem auf die Währungsparitäten bezogen ist[97]. Die kurzfristige Freigabe der Devisenkurse kann jedoch der Unterbrechung von übermäßigen Kapitalzuflüssen dienen[98], die binnenwirtschaftlich Konjunktur und Preisniveau negativ beeinflussen[99]. In dieser Situation ist ein Floaten durchaus zieladäquat im Sinne des Art. 104 EWGV[100].

Dieser Konflikt der (noch) nicht auf einen gemeinsamen Nenner zu bringenden Ziele der europäischen und nationalen Wirtschafts- und

---

11. / 12. 3. 1973 zum gemeinschaftlichen Floaten gegenüber dem US-Dollar; vgl. Bulletin der Bundesregierung Nr. 29 v. 13. 3. 1973, S. 256 (= Deutsche Bundesbank, Auszüge aus Presseartikeln, Nr. 20 v. 13. 3. 1973, S. 1); Nr. 30 v. 15. 3. 1973, S. 261 ff.

[94] Der Leitkurs der D-Mark wurde daher im Zusammenhang mit dem am 11. / 12. 3. 1973 beschlossenen Block-Floaten mit Wirkung vom 19. 3. 1973 in Sonderziehungsrechten ausgedrückt (vgl. Bulletin der Bundesregierung Nr. 30 vom 15. 3. 1973, S. 263 = Deutsche Bundesbank, Auszüge aus Presseartikeln, Nr. 21 vom 15. 3. 1973, S. 2). Dabei treten geringfügige Wertverschiebungen auf.

[95] Vgl. 3. Teil, § 5, 1 c bb.

[96] *Hoffmann,* Währungsparität, 140; *Hoffmann-Riem,* BB 1969, 1380; vgl. *Morawitz,* EuR 1971, 345 f.

[97] *Hoffmann-Riem,* BB 1969, 1380; *Tomuschat,* 17; *Meyer / Stadtmüller,* ZHR 136 (1972), 44 f.; EuGH (U. v. 24. 10. 1973) DVBl. 1974, 624, 625.

[98] Vgl. das Kommuniqué der Ministerratssitzung der Europäischen Gemeinschaften vom 8. 5. 1971, in: Bulletin der Bundesregierung Nr. 73 v. 13. 5. 1971, S. 758.

[99] Vgl. die Richtlinie des Rates zur Regulierung der internationalen Finanzströme und zur Neutralisierung ihrer unerwünschten Wirkungen auf die binnenwirtschaftliche Liquidität v. 23. 6. 1971 (abgedruckt bei *Hellmann,* 345 f.).

[100] So auch *Meier,* AWD 1969, 401.

Währungspolitik zeigt, daß eine strikte Anwendung des Gebotes fester Paritäten und limitierter Devisenkurse im gegenwärtigen Stadium der europäischen Gemeinschaft noch nicht durchführbar ist[101]. In Ausnahmefällen, in denen sich währungspolitische Probleme eines Mitgliedstaates nur durch eine Aufgabe des festen Devisenkurses lösen lassen[102], kann eine kurzfristige Einführung flexibler Devisenkurse, selbst wenn sie sich auf die EWG-Vertragsstaaten erstreckt, daher nicht als Verstoß gegen die Bestimmungen des EWG-Vertrages gewertet werden[103]. Eine eigentumsgestaltende Regelung dieses Inhaltes ist somit auch in bezug auf den EWG-Vertrag durch ein öffentliches Interesse legitimiert[104].

Dieses Ergebnis wird bestätigt durch die Haltung, die der Ministerrat der EWG zu der Freigabe des Devisenkurses der Deutschen Mark in den Jahren 1969 und 1971 eingenommen hat. Dieser hat „sein Verständnis dafür bekundet, daß die besondere Lage der Bundesrepublik Deutschland die deutsche Regierung veranlaßt hat, Maßnahmen zu treffen, die sie für die dem Gemeinsamen Markt am wenigsten abträgliche Lösung ansah“[105]. Angesichts dieser Stellungnahme des Rates steht auch dessen Verordnung Nr. 653/68 vom 30. 5. 1968 über die „Bedingungen der Änderung des Wertes der Rechnungseinheit für die ge-

---

[101] Zur Abhängigkeit der Devisenkursgestaltung vom Stand der Koordination der Währungs- und Konjunkturpolitik in der EWG siehe *Willgerodt,* 156 ff. Die Notwendigkeit einer gemeinschaftlichen Wirtschafts-, Konjunktur-, Steuer- und Subventionspolitik zur Vermeidung von Währungskrisen betont *Knorr,* Blätter für Deutsche und internationale Politik, H. 3, 1973, 226.

[102] Die nähere Ausfüllung dieser Voraussetzungen ist nur im konkreten Einzelfall möglich.

[103] So auch *Tomuschat,* 17; *Meyer / Stadtmüller,* ZHR 136 (1972), 47; wohl auch *Morawitz,* EuR 1971, 345 ff. Ebenso jetzt EuGH (U. v. 24. 10. 1973) DVBl. 1974, 624, 627. Anders *Hoffmann-Riem,* BB 1969, 1380 f., der bei den positiven Wirkungen einer kurzfristigen Devisenkursfreigabe aber unzutreffend auf den Zahlungsbilanzausgleich abstellt. Die Zahlungsbilanz kann zwar tatsächlich durch ein kurzfristiges Floaten nicht ausgeglichen werden; die kurzfristige Devisenkursfreigabe bezweckt aber primär die Unterbrechung der Devisenzuflüsse mit ihren negativen binnenwirtschaftlichen Einflüssen; in dieser Hinsicht leistet die Devisenkursfreigabe auch in Anbetracht des EWG-Vertrages positives.

[104] Hinsichtlich der Abwägung gegenüber entgegenstehenden Individualinteressen kann auf die Ausführungen im Zusammenhang mit dem Stabilitätsgesetz (3. Teil, § 5, 1 c aa) und dem IWFA verwiesen werden (3. Teil, § 5, 1 c bb [a. A.]). Die nur beschränkt zulässige Devisenkursfreigabe nach dem EWG-Recht wirkt auch auf die an sich weitergehenden Befugnisse nach dem Stabilitätsgesetz ein (vgl. 3. Teil, § 5, 1 c bb [a. E.]).

[105] Vgl. Bulletin der Europäischen Gemeinschaften 1969, Nr. 11, S. 38, zur Devisenkursfreigabe im September 1969. Anläßlich des Floatens der D-Mark im Mai 1971 hat der Ministerrat seine Stellungnahme wiederholt; siehe Verordnung Nr. 974/71 des Rates v. 12. 5. 1971, ABl. 1971, Nr. L 106, S. 1; Entschließung des Rates v. 9. 5. 1971 (abgedruckt bei *Hellmann,* 319).

meinsame Agrarpolitik"[106] nicht entgegen[107], da sie nur Paritätsänderungen, nicht aber die Freigabe der Devisenkurse erwähnt. Die unmittelbare Äußerung des Rates zu den konkreten Devisenkursfreigaben der D-Mark muß als vorrangig angesehen werden[108].

d) Öffentliches Interesse und Bandbreiteneinengung

Eine Einengung der Schwankungsbreiten der Devisenkurse um die Währungsparität liegt im öffentlichen Interesse. Die Verringerung der Bandbreiten der EWG-Währungen dient im Bereich der europäischen Wirtschaftsgemeinschaft der Wirtschafts- und Währungsintegration[109]. Die währungspolitische Koordination ist als Teil der europäischen Integrationsbestrebungen durch die Mitgliedschaft der Bundesrepublik in der europäischen Gemeinschaft als öffentliches Interesse ausgewiesen. Zielkonflikte mit dem IWFA bestehen auch nicht insoweit, als dieses größere als nach dem EWG-Vertrag zulässige Schwankungsbreiten vorsieht[110], da Art. IV, Abschnitt 3 IWFA nur eine Interventionspflicht der Zentralbanken an den oberen bzw. unteren Interventionspunkten vorschreibt. Es ist den Mitgliedstaaten aber nicht untersagt, den Devisenkurs enger an die Parität zu binden und die mögliche Schwankungsbreite nicht voll auszuschöpfen[111].

e) Ergebnis

Paritätsänderungen sind bei Vorliegen ihrer sich aus dem Stabilitätsgesetz, dem IWFA und dem EWG-Vertrag ergebenden Voraussetzungen als eigentumsgestaltende Regelungen gemäß Art. 14 I 2 GG durch ein öffentliches Interesse legitimiert. Das öffentliche Interesse an einer Bandbreitenverringerung leitet sich aus ihrer integrationsfördernden Wirkung im EWG-Bereich ab.

---

[106] ABl. 1968, Nr. L 123, S. 4 ff.

[107] Darauf stützt jedoch *Hoffmann-Riem,* BB 1969, 1380 seine ablehnende Ansicht zur Legitimität kurzfristig flexibler Devisenkurse in der EWG.

[108] Dies gilt auch gegenüber den von *Morawitz,* EuR 1971, 347 f. herangezogenen Rats-Entschließungen vom 22. 3. 1971.

[109] Vgl. 1. Teil, § 4, 3 b. Die Bandbreitenverringerung ist nach dem sogenannten Werner-Bericht in der 1. Stufe zur Verwirklichung einer Wirtschafts- und Währungsunion in der europäischen Gemeinschaft enthalten; vgl. Bericht an Rat und Kommission über die stufenweise Verwirklichung der Wirtschafts- und Währungsunion in der Gemeinschaft, Sonderbeilage zum Bulletin der Europäischen Gemeinschaften 1970, Nr. 11. Zu den Problemen einer verringerten Bandbreite *Willgerodt,* 172 ff.

[110] So die derzeitige Regelung im EWG-Bereich und für die dem IWFA angehörenden Staaten, vgl. 1. Teil, § 3.

[111] Vgl. *Willgerodt,* 172 f. und Fußn. 105.

Dagegen liegt bei einer Devisenkursfreigabe ein öffentliches Interesse im Hinblick auf Art. 14 I 2 GG nur vor, wenn es sich um ein kurzfristiges, auf Ausnahmesituationen beschränktes Floaten handelt. Die Rechtfertigung eines Block-Floatens gegenüber EWG-Drittwährungen kann dem IWFA sowie den §§ 1 und 4 StabG entnommen werden. Eine vorübergehende isolierte Freigabe der D-Mark, die auch gegenüber den Währungen der in der EWG zusammengeschlossenen Staaten wirksam ist, richtet sich nach den §§ 1 und 4 StabG, dem insbesondere durch die Aussagen der Organe des IWF konkretisierten IWFA und den Zielsetzungen der Art. 104, 107 des EWG-Vertrages. Eine weitergehende Devisenkursfreigabe würde dem gesetzlich normierten öffentlichen Interessen wiedersprechen und daher eine Begrenzung des Eigentums im Rahmen von Art. 14 I GG nicht rechtfertigen.

2. Bei der Paritätsänderung, Devisenkursfreigabe und Bandbreitenverringerung zu beachtende Begrenzungen eigentumsgestaltender Regelungen nach Art. 14 I 2 GG

Neben der Legitimation durch ein öffentliches Interesse hat das die Entscheidung über die Änderung der Parität, die Freigabe der Devisenkurse oder die Bandbreitenverringerung treffende Organ weitere, seine Handlungsfreiheit eingrenzende Gesichtspunkte zu beachten. Das Bundesverfassungsgericht hat die Befugnis des Gesetzgebers oder eines im Sinne des Art. 80 GG wirksam ermächtigten Exekutivorgans, Inhalt und Schranken des Eigentums zu bestimmen, durch mehrere Verfassungsgrundsätze begrenzt[112]. Dabei stützt sich das Bundesverfassungsgericht nicht immer einheitlich auf dieselben Normen, sondern greift jeweils einige der Prinzipien heraus.

a) Überblick über die bei einer Inhalts- und Schrankenbestimmung des Eigentums zu beachtenden Grundsätze

Der Gesetzgeber hat bei der Inhalts- und Schrankenbestimmung des Eigentums die grundlegende Wertentscheidung des Grundgesetzes zugunsten des Privateigentums im herkömmlichen Sinn zu beachten[113] und das Wohl der Allgemeinheit zu berücksichtigen[114]. Eigentumsge-

---

[112] BVerfGE 8, 71, 80; 14, 263, 278; 18, 121, 132; 20, 351, 355 f.; 21, 73, 82 ff.; 21, 150, 155; 24, 367, 389; 25, 112, 117; 26, 215, 222; 31, 229, 240; 31, 248, 252; 31, 275, 290; 34, 139, 146; 36, 281, 292 f.

[113] BVerfGE 14, 263, 278; 18, 121, 132; 21, 150, 155; 26, 215, 222; ähnlich BVerfGE 21, 73, 82; 25, 112, 117; 31, 229, 240; 31, 248, 252; 34, 139, 146 („Wahrung des grundlegenden Gehaltes der Eigentumsgarantie").

[114] BVerfGE 20, 351, 356; 21, 73, 83; 25, 112, 117; 31, 229, 241 f.

staltende Regelungen dürfen nicht im Widerspruch zu Art. 14 II GG stehen[115]; die Befugnisse und Pflichten des Eigentümers sind am Sozialstaatsprinzip auszurichten[116].

Darüber hinaus betont das Bundesverfassungsgericht, daß der die Ermächtigung des Art. 14 I 2 GG Wahrnehmende mit allen übrigen Verfassungsnormen in Einklang stehen müsse[117], wobei neben dem Sozialstaatsprinzip[118] der Gleichheitssatz[119], das Grundrecht auf freie Entfaltung der Persönlichkeit[120] und das Rechtsstaatsprinzip[121] hervorgehoben werden. Die gesetzlichen Eigentumsbindungen müssen vom geregelten Sachbereich her geboten und in ihrer Ausgestaltung sachgerecht sein[122]. Die Einschränkung der Eigentümerbefugnisse darf über den Schutzzweck, dem die Regelung dient, nicht hinausgehen[123]. Eigentumsbeschränkungen müssen durch den Grundsatz der Verhältnismäßigkeit gerechtfertigt sein, d. h. in die Interessen der Beteiligten darf nicht übermäßig eingegriffen werden[124]. Außerdem dürfen Regelungen nach Art. 14 I 2 GG das Eigentum nicht in seinem Wesensgehalt verletzen[125]. Schließlich hat sich der Gesetzgeber bei eigentumsgestaltenden Regelungen im Rahmen der Gesetzgebungskompetenz zu halten[126].

Zum Teil stellt das Bundesverfassungsgericht aber auch nur allgemein fest, daß der Gesetzgeber bei der Inhalts- und Schrankenbestimmung des Eigentums die grundlegenden Wertentscheidungen und Rechtsprinzipien der Verfassung zu beachten hat[127].

---

[115] BVerfGE 31, 229, 244.

[116] BVerfGE 14, 263, 278; 25, 112, 117.

[117] BVerfGE 14, 263, 278; 18, 121, 132; 21, 73, 82; 21, 150, 155; 25, 112, 117; 31, 248, 252; 31, 229, 240; 34, 139, 146.

[118] Vgl. dazu die Fundstellen in Fußn. 116.

[119] BVerfGE 14, 263, 278; 21, 73, 84; 34, 139, 146.

[120] BVerfGE 14, 263, 278; 21, 73, 86.

[121] BVerfGE 14, 263, 278; 34, 139, 146; 36, 281, 293.

[122] BVerfGE 18, 121, 132; 21, 73, 86; 21, 150, 155; 25, 112, 117 f.

[123] BVerfGE 21, 73, 86; 21, 150, 155; 25, 112, 118.

[124] BVerfGE 8, 71, 80; 14, 263, 278; 18, 121, 132; 20, 351, 361; 21, 150, 155; 25, 112, 118; 26, 215, 222; 31, 275, 290; 36, 281, 293.

[125] Das Bundesverfassungsgericht geht auf Art. 19 II GG im Zusammenhang mit Art. 14 GG nur knapp und fast beiläufig im Feldmühle-Urteil ein (BVerfGE 14, 263, 281). Die Begrenzung der Regelungsbefugnis nach Art. 14 I 2 GG durch die Wesensgehaltgarantie ist aber in der übrigen Rechtsprechung und Literatur durchaus unstreitig. Vgl. BGH LM Nr. 71 zu Art. 14 GG; BGHZ 30, 338, 341; BayVerfGH VRspr. 9, 129, 141 f.; 12, 1, 5; 16, 773, 774; 17, 385, 394 f.; *Dürig*, AöR 81 (1956), 141; *Kröner*, Eigentumsgarantie, 61; *Sellmann*, NJW 1965, 1690; *Ipsen*, AöR 91 (1966), 94; *Jäckel*, 46 f.; siehe auch *Häberle*, Wesensgehaltgarantie, 183 f.

[126] BVerfGE 34, 139, 146.

[127] BVerfGE 20, 351, 355 f.; 24, 367, 389; 34, 139, 146.

b) Das Verhältnis der Begrenzungsprinzipien zueinander

An der Rechtsprechung des Bundesverfassungsgerichtes zu den Grenzen des gesetzgeberischen Spielraums bei einer Inhalts- und Schrankenbestimmung des Eigentums fällt auf, daß sie lediglich eine Konkretisierung sowie einen Hinweis auf die maßgeblichen Gesichtspunkte des in Art. 20 III GG enthaltenen Rechtsstaatsprinzips darstellt[128]. Die verfassungsmäßige Ordnung, deren Beachtung Art. 20 III GG allen Gewalten aufgibt[129], umfaßt nämlich das gesamte Grundgesetz[130]. Die vom Bundesverfassungsgericht praktizierte Dogmatik läuft also darauf hinaus, in die Bindungen der Eigentumsgestaltung nach Art. 14 I 2 GG sämtliche Grundrechte einzubeziehen.

Die Grenzen, die das Bundesverfassungsgericht für die Ermächtigung des Art. 14 I 2 GG hervorhebt, sind aber nicht allein auf das Eigentum bezogen, sondern auf jede Grundrechtsgestaltung anwendbar. Nur zwei verfassungsrechtliche Bindungen werden unmittelbar aus Art. 14 GG abgeleitet: das Gebot, die grundlegende Wertentscheidung des Grundgesetzes zugunsten des Privateigentums zu beachten[131] und die Sozialgebundenheit des Eigentums gemäß Art. 14 II GG[132]. Eigentumsgestaltende Regelungen, die andere, sich nicht aus der Eigentumsgarantie ergebende verfassungsrechtliche Begrenzungen mißachten, verstoßen daher auch nicht gegen Art. 14 I 1 oder 2 GG, sondern gegen das konkrete Grundrecht und sind aus diesem Grund nichtig. Wenn daher im Rahmen des Art. 14 I GG eine hoheitliche Regelung auf ihre Vereinbarkeit mit anderen Verfassungsbestimmungen überprüft wird, so muß man sich bewußt sein, daß hier in der Sache eine eigenständige, von Art. 14 GG losgelöste Rechtmäßigkeitskontrolle stattfindet. Zugleich entgeht man damit der Gefahr, den rechtlichen Gehalt der einzelnen Grundrechte miteinander zu vermischen. Dieses Verhältnis der Begrenzungen des grundrechtsgestaltenden gesetzgeberischen Handelns tritt jedoch in der Rechtsprechung des Bundesverfassungsgerichtes zu Art. 14 I 2 GG nicht hervor. Daher erklärt sich auch die kasuistische,

---

[128] Das Bundesverfassungsgericht selbst erwähnt das Rechtsstaatsprinzip (Art. 20 III GG) als im Rahmen von Art. 14 I 2 GG zu beachtenden Grundsatz lediglich — allerdings neben anderen Verfassungsnormen — im Feldmühle-Urteil (BVerfGE 14, 263, 278 ff.) und in den Beschlüssen vom 8. 11. 1972 (BVerfGE 34, 139, 146) sowie vom 15. 1. 1974 (BVerfGE 36, 281, 293). Auch *Krüger,* in: Festschrift Schack, 73 stellt auf Art. 20 III GG ab.

[129] *Maunz / Dürig,* in: Maunz / Dürig / Herzog, Art. 20 Rdnr. 85; *v. Mangoldt / Klein,* Art. 20 Anm. VI 4 e.

[130] *Maunz / Dürig,* in: Maunz / Dürig / Herzog, Art. 20 Rdnr. 85; *v. Mangoldt / Klein,* Art. 20 Anm. VI 4 e; *Hamann / Lenz,* Art. 20 Anm. 9 a bb.

[131] Vgl. BVerfGE 14, 263, 278; 18, 121, 132; 21, 73, 82; 21, 150, 155; 25, 112, 117; 16, 215, 222; 31, 248, 252; 34, 139, 146.

[132] BVerfGE 31, 229, 244.

allein von Art. 14 GG ausgehende Aufzählung der einzelnen Begrenzungsgrundsätze.

c) Die Begrenzung durch Art. 3 GG

Das Bundesverfassungsgericht führt zwar Art. 3 GG als einen bei Inhalts- und Schrankenbestimmungen des Eigentums zu beachtenden Grundsatz an[133], es schweigt jedoch zu der Frage, welche Bedeutung dem Gleichheitssatz im Rahmen von Art. 14 GG zukommt und worin die Folgen eines Verstoßes gegen Art. 3 GG zu sehen sind. Diese Zurückhaltung des Bundesverfassungsgerichtes mag darin begründet sein, daß es das Gericht bisher abgelehnt hat, zu dem Wesen der Enteignung Stellung zu nehmen[134], also die Merkmale einer Abgrenzung zwischen Eigentumsbindung und Enteignung zu bezeichnen.

Art. 3 GG kann in bezug auf Art. 14 I 2 GG in zweifacher Hinsicht Bedeutung erlangen[135]: (1) Eine Regelung begünstigt eine Gruppe von Eigentümern, während zugleich eine andere Gruppe von Eigentümern benachteiligt wird. Ein Verstoß gegen Art. 3 GG kommt in Betracht, wenn sich die benachteiligten Eigentümer darauf berufen können, daß sich alle Eigentümer in wesentlich gleicher Lage befinden, der Gesetzgeber also wesentlich gleiches willkürlich ungleich behandelt hat[136]. (2) Eine Verletzung des Art. 3 GG ist aber auch dadurch möglich, daß der Gesetzgeber eine Regelung des Eigentums getroffen hat, die sich für alle von der Regelung erfaßten Eigentümer nachteilig auswirkt, einige von der Regelung betroffene Eigentümer jedoch geltend machen können, es sei wesentlich ungleiches willkürlich gleich behandelt worden[137]. Art. 3 GG soll also im Rahmen des Art. 14 GG gewährleisten, nicht willkürlich gleich oder ungleich behandelt zu werden.

Wenn auch Art. 3 GG als ein die Handlungsfreiheit des Gesetzgebers nach Art. 14 I 2 GG begrenzendes Prinzip vom Bundesverfassungsgericht gleichrangig neben den anderen bei Art. 14 I 2 GG zu beachtenden Begrenzungsgrundsätzen genannt ist, so kommt ihm doch für Art.

---

[133] BVerfGE 14, 263, 278, 284 ff.; 21, 73, 84; 34, 139, 146, 151 ff.; vgl. auch BVerfGE 36, 281, 296 f.

[134] Vgl. BVerfGE 11, 294, 296; 20, 351, 356. BVerfGE 14, 105, 120 geht zwar auf das Sonderopfer im Zusammenhang mit Art. 14 III GG ein; allein hieraus wird man aber keine Festlegung im Sinne einer *bestimmten* Enteignungstheorie ableiten können.

[135] Der Gleichheitssatz im Sinne einer Gerechtigkeitsidee (vgl. *Maunz*, Staatsrecht, 134) erlangt für die zu untersuchenden Maßnahmen nur mittelbare Bedeutung, als das gesamtwirtschaftliche Gleichgewicht eine konstitutive Bedingung wirtschaftlicher und sozialer Gerechtigkeit darstellt.

[136] BVerfGE 4, 144, 155; 15, 167, 201; 27, 364, 371 f.

[137] BVerfGE 4, 144, 155; *Hamann / Lenz*, Art. 3 Anm. B 4; vgl. auch *Leibholz / Rinck*, Art. 3 Rdnr. 2.

14 GG eine von den übrigen Begrenzungen durchaus verschiedene Bedeutung zu. Das wird deutlich, wenn man sich die Folgen eines Verstoßes gegen die einzelnen vom Gesetzgeber zu berücksichtigenden Verfassungsgrundsätze vor Augen hält. Während bei einer Verletzung des Gleichheitssatzes, der nach der vom Bundesgerichtshof vertretenen Sonderopfer- bzw. modifizierten Einzelaktstheorie die Enteigung im Gegensatz zur bloßen Schrankenziehung kennzeichnet[138], die das Eigentum berührende Maßnahme zwar von der entschädigungslos hinzunehmenden Eigentumsbindung in eine Enteignung umschlägt, im übrigen jedoch, sofern die allgemeinen, in Art. 14 III GG aufgezählten Voraussetzungen einer Enteignung vorliegen, in dem verfassungsrechtlich abgesteckten Rahmen des Art. 14 GG verbleibt, führt ein Verstoß gegen die anderen vom Bundesverfassungsgericht aufgeführten Grundsätze zur Verfassungswidrigkeit der hoheitlichen Maßnahme, ohne daß es auf die Differenzierung zwischen Inhalts- und Schrankenbestimmung einerseits und Enteignung andererseits ankommt[139].

Die Nichtbeachtung des Gleichheitssatzes schließt daher zwar das Vorliegen einer Inhalts- und Schrankenbestimmung des Eigentums aus, so daß insoweit Art. 3 GG als eine bei eigentumsgestaltenden Regelungen zu beachtende Norm anzusehen ist, ein *unmittelbarer* Schluß auf die Verfassungswidrigkeit der Maßnahme läßt sich jedoch daraus nicht ziehen. Über die Gültigkeit oder Ungültigkeit der Norm kann erst befunden werden, wenn sie an den in Art. 14 III GG enthaltenen Enteigungsvoraussetzungen gemessen worden ist. Steht man auf dem Boden der Sonderopfertheorie oder sieht man in der Gleichheitswidrigkeit einer Regelung zumindest ein Indiz für ihre enteignende Wirkung, so liegt bei Verstoß gegen den Gleichheitssatz jedenfalls *strukturell* eine Enteignung vor. Diese Sachnähe der Enteignung zu Art. 3 GG und die Tatsache, daß die Untersuchung des Art. 3 GG innerhalb des Art. 14 I GG sich nicht von derjenigen im Rahmen des Art. 14 III GG unterscheidet, rechtfertigen es, auf die Vereinbarkeit einer eigentumsgestaltenden Regelung mit dem Gleichheitsgebot erst im Rahmen des Art. 14 III GG einzugehen[140].

---

[138] BGHZ 6, 270, 280; 15, 268, 271; 23, 30, 32; ständige Rechtsprechung, vgl. dazu 4. Teil, § 1, 2 a.

[139] So zu Art. 19 II GG *Ipsen*, AöR 91 (1966), 96.

[140] Das Bundesverfassungsgericht (BVerfGE 14, 263, 284 ff.; 21, 73, 84; 34, 139, 151 ff.) prüft dagegen Art. 3 GG im Rahmen des Art. 14 I 2 GG. Dieser Weg ist methodisch richtig (für das Bundesverfassungsgericht hat er insbesondere aber auch den Vorteil, daß es sich noch nicht hinsichtlich der für eine Enteignung maßgeblichen Kriterien festzulegen brauchte!), er führt jedoch dazu, daß über das Bestehen einer enteignenden Wirkung bereits teilweise im Rahmen des Art. 14 I 2 GG entschieden wird; ein Vorgehen, das jedenfalls dann unzweckmäßig ist, wenn die enteignende Wirkung auch noch an Hand anderer Kriterien, wie z. B. Schwere, Privatnützigkeit des Eigentums, beurteilt werden soll.

d) Die Beachtung der grundlegenden Wertentscheidung zugunsten des Privateigentums

Eine eigentumsgestaltende Regelung muß der grundlegenden Wertentscheidung der Verfassung zugunsten des Privateigentums entsprechen[141] sowie den grundlegenden Gehalt der Eigentumsgarantie wahren[142]. Jene Begrenzung[143] ist auf Art. 14 GG als objektive Norm im Sinne einer verfassungsrechtlichen Grund- und Wertentscheidung zu beziehen[144]; diese stellt dagegen auf die Institutsgarantie des Eigentums als Gewährleistung eines „Normengrundbestandes" ab[145].

Es ist augenfällig, daß die dem Stabilitätsgesetz und dem IWFA entsprechende Paritätsänderung, Devisenkursfreigabe und Bandbreitenverringerung den genannten Maximen nicht zuwiderlaufen[146]: Die Paritätsänderung gleicht lediglich den Außenwert einer Währung an die realen Tauschwertverhältnisse an; ein Floating schafft die Möglichkeit des freien Einpendelns des Devisenkurses; die Bandbreitenverringerung bindet den Devisenkurs nur enger an die Parität. Eine angemessene wirtschaftliche Verwertung der tangierten vermögenswerten Rechte durch die Eigentümer als möglicher Ansatzpunkt für die Verletzung der Institutsgarantie[147] wird in keinem Fall vereitelt. Bezüge zu der in Art. 14 GG enthaltenen Grund- und Wertentscheidung sind allein durch die positiven, leistungsstaatlichen Wirkungen der währungspolitischen Maßnahmen herstellbar[148].

e) Die Begrenzung durch das Wohl der Allgemeinheit, das Sozialstaatsprinzip und Art. 14 II GG

Die vom Bundesverfassungsgericht als Begrenzungen und Orientierungspunkte einer eigentumsgestaltenden Regelung herangezogenen Maßstäbe des Wohls der Allgemeinheit[149], des Sozialstaatsprinzips[150]

---

[141] BVerfGE 14, 263, 278; 18, 121, 132; 21, 150, 155; 26, 215, 222; BVerwG, U. v. 23. 6. 1972, DÖV 1973, 209, 210; *Bielenberg*, DVBl. 1971, 445.

[142] BVerfGE 21, 73, 82; 25, 112, 117; 31, 229, 240; 31, 248, 252; 34, 139, 146.

[143] Dieses Begrenzungsprinzip kann nicht als Ausschluß subjektiv-öffentlicher Rechte von der Eigentumsgewährleistung des Art. 14 GG verstanden werden. Vgl. *Ipsen*, AöR 91 (1966), 90; ähnlich *Bielenberg*, DVBl. 1971, 445, der auch nicht auf den bürgerlich-rechtlichen Eigentumsbegriff abstellt.

[144] Anders *Ipsen*, AöR 91 (1966), 90. Vgl. zu dieser Bedeutung des Art. 14 GG 2. Teil, § 3, 1.

[145] Siehe zum Inhalt der Institutsgarantie 2. Teil, § 3, 1.

[146] Vgl. 3. Teil, § 3, 2 a bb.

[147] Vgl. BVerfGE 31, 229, 241; 31, 248, 252.

[148] Vgl. 3. Teil, § 3, 2 b cc.

[149] BVerfGE 20, 355, 356; 21, 73, 83; 25, 112, 117; 31, 229, 241 f.

[150] BVerfGE 14, 263, 278; 25, 112, 117.

und des Art. 14 II GG[151] lassen sich bei näherer Betrachtung auf das in Art. 14 II GG enthaltene Gebot der gemeinwohlbezogenen Ausgestaltung des Eigentums zurückführen. Bezüglich des Wohls der Allgemeinheit ergibt sich dieser Schluß unmittelbar aus dem Wortlaut des Art. 14 II 2 GG[152]; für das Sozialstaatsprinzip kann darauf verwiesen werden, daß diese Staatszielbestimmung[153] in Art. 14 II GG eine Konkretisierung erfahren hat[154].

Die Gemeinwohlbezogenheit des Eigentums entspricht dem öffentlichen Interesse, das zu einer für die tangierten Eigentümer nachteiligen Eigentumsgestaltung erforderlich ist[155]. Es ist kein Fall vorstellbar, in dem eine Inhalts- und Schrankenbestimmung zwar im öffentlichen Interesse erfolgt, zugleich aber der Gemeinwohlintention des Art. 14 II GG zuwiderläuft. Das öffentliche Interesse hat für den vermögensrechtlichen Bereich seinen Niederschlag in Art. 14 II GG gefunden. Wegen der Identität gemeinschaftsbezogener und im öffentlichen Interesse liegender Eigentumsgestaltung kann hier auf die Ausführungen zum öffentlichen Interesse an einer Paritätsänderung, Devisenkursfreigabe und Bandbreitenverringerung Bezug genommen werden[156].

f) Die freie Entfaltung der Persönlichkeit als Maßstab einer Inhalts- und Schrankenbestimmung des Eigentums

Die Verfassungskontrolle eigentumsgestaltender Regelungen erstreckt sich auch auf den Schutz der freien Entfaltung der Persönlichkeit. Da Art. 2 I GG sachlich nur insoweit eingreift, als nicht auf ein spezielles Grundrecht rekurriert werden kann[157], bot sich dem Bundesverfassungsgericht bisher nur im „Feldmühle-Urteil" ein Anlaß, eine eigentumsgestaltende Regelung auf ihre Vereinbarkeit mit Art. 2 I GG

[151] BVerfGE 31, 229, 244.

[152] Siehe zu Art. 14 II GG als besonderer Gemeinwohlklausel *Häberle*, AöR 95 (1970), 97 Fußn. 34; *Schreiber*, 130. Zur Bedeutung des Wohls der Allgemeinheit für eigentumsgestaltende Regelungen vgl. *Wilke*, Gebührenrecht und Grundgesetz, 308 f.

[153] Vgl. zu dieser Bedeutung des Sozialstaatsprinzips *Isensee*, 191 f. m. w. N.

[154] Vgl. die Nachweise im 3. Teil, § 2, 1 Fußn. 16.

[155] Siehe zur Identität von Gemeinwohl und öffentlichen Interessen: *Martens*, Öffentlich als Rechtsbegriff, 169; *ders.*, VVDStRL 30, 17; *Häberle*, AöR 95 (1970), 295; *Schaeder*, 100; *Leisner*, Sozialbindung, 91, sieht im Terminus „Gemeinwohl" einen Ersatzbegriff für den Begriff des öffentlichen Interesses; zur Verbindung von öffentlichem Interesse und Gemeinwohl: *Wolff / Bachof*, § 29 III a 3.

[156] Siehe dazu 3. Teil, § 5, 1.

[157] *Dürig*, in: Maunz / Dürig / Herzog, Art. 2 Abs. I Rdnr. 9; *W. Schmidt*, AöR 91 (1966), 82; *v. Münch*, Grundgesetzkommentar, Art. 2 Rdnr. 59; *Gallwas*, 68; ständige Rechtsprechung des Bundesverfassungsgerichts, vgl. *Leibholz / Rinck*, Art. 2 Rdnr. 4, siehe zuletzt BVerfGE 33, 171, 191.

zu überprüfen[158]. Das Bundesverfassungsgericht nahm hier eine „Abwägung zwischen der Bedeutung der Grundrechte aus Art. 2 I und Art. 14 I GG" mit Ausrichtung auf gewichtige Gründe des gemeinen Wohls vor[159].

Kollisionen mit Art. 2 I GG, der nach überwiegender Auffassung die menschliche Handlungsfreiheit umfassend, also auch im wirtschaftlichen Bereich schützt[160], tauchen nur dort auf, wo eigentumsgestaltende Regelungen nicht allein die Bestandsgarantie des Art. 14 GG im Sinne der Gewährleistung der Verfügungs- und Nutzungsbefugnis über konkrete Eigentumsobjekte tangieren, sondern darüber hinausgehend die unternehmerische Dispositionsfreiheit begrenzende Bedingungen für wirtschaftliche Handlungsfreiheiten setzen[161]. Diese Konstellation ist typisch für wirtschaftslenkende Maßnahmen, die zugleich einen Bezug zum Eigentum aufweisen.

Bei der Festlegung der *Schranken* der wirtschaftlichen Handlungsfreiheit ist zu berücksichtigen, daß sich aus dem in Art. 2 I GG enthaltenen Vorbehalt der verfassungsmäßigen Ordnung, die auch die Sozialentscheidung des Grundgesetzes umfaßt[162], die Befugnis des Staates ableitet, wirtschaftsbeeinflussend tätig zu werden[163]. Diese Ermächtigung beschränkt sich nicht auf die Störungsabwehr in Krisenzeiten, sondern erstreckt sich auch auf gestaltende, also insbesondere leistungsstaatliche Maßnahmen[164]. Die Befugnis zur Einwirkung auf den Wirt-

---

[158] BVerfGE 14, 263, 275, 281 ff. BVerfGE 21, 73, 86 spricht zwar ebenfalls Art. 2 I GG an, geht jedoch nicht näher darauf ein.

[159] BVerfGE 14, 263, 282.

[160] Zum umfassenden Schutz der Handlungsfreiheit: BVerfGE 6, 32 ff. („Elfes-Urteil"); *Peters*, 15 ff.; *v. Münch*, Grundgesetzkommentar, Art. 2 Rdnrn. 3, 11; *Dürig*, in: Maunz / Dürig / Herzog, Art. 2 Abs. I Rdnrn. 6 ff.; *E. Hesse*, 49 (m. w. N. auf S. 24, Fußn. 2).

Zum Schutz der wirtschaftlichen Handlungsfreiheit: BVerfGE 8, 274, 328; 9, 3, 11; *Dürig*, in: Maunz / Dürig / Herzog, Art. 2 Abs. I Rdnr. 11 Fußn. 1 (S. 12); *Hamann / Lenz*, Art. 2 Anm. B 3 c; *v. Münch*, Grundgesetzkommentar, Art. 2 Rdnr. 13; *Ballerstedt*, Wirtschaftsverfassungsrecht, 69 f.; *Huber*, DÖV 1956, 135; *Scheuner*, VVDStRL 11, 25, 59, 61 (m. w. N.); *H. H. Klein*, Wettbewerb, 101; *Maunz*, Staatsrecht, 163.

[161] Z. B. Begrenzungen der Wettbewerbs-, Vertrags- und Produktionsfreiheit. Siehe zu den einzelnen Typisierungen der wirtschaftlichen Entfaltungsfreiheit *Huber*, DÖV 1956, 135; *Dürig*, in: Maunz / Dürig / Herzog, Art. 2 Abs. I Rdnrn. 46 ff. Es ist allerdings nicht unstreitig, bei welchem Grundrecht (Art. 2 I; Art. 14 I; zwischen Art. 2 I, 12 und 14 GG) die Vertragsfreiheit anzusiedeln ist; vgl. dazu m. w. N. *Kloepfer*, Grundrechte, 39 ff.

[162] *Dürig*, in: Maunz / Dürig / Herzog, Art. 2 Abs. I Rdnr. 24 (m. w. N.); *Scheuner*, VVDStRL 11, 21; *Laufke*, in: Festschrift Lehmann, 179; *v. Münch*, Grundgesetzkommentar, Art. 2 Rdnr. 28; *Hamann / Lenz*, Art. 2 Anm. B 6; *Huber*, DÖV 1956, 202; *Bachof*, VVDStRL 12, 42; vgl. BVerfGE 10, 354, 363.

[163] *Dürig*, in: Maunz / Dürig / Herzog, Art. 2 Abs. I Rdnr. 51; vgl. *Ballerstedt*, Wirtschaftsverfassungsrecht, 71; *Huber*, DÖV 1956, 137 f.

[164] Vgl. *Dürig*, in: Maunz / Dürig / Herzog, Art. 2 Abs. I Rdnrn. 45, 61.

schaftsablauf ist jedoch nicht unbegrenzt, vielmehr muß sich der einzelne (nur) „diejenigen Schranken seiner Handlungsfreiheit gefallen lassen, die der Gesetzgeber zur Pflege und Förderung des sozialen Zusammenlebens in den Grenzen des bei dem gegebenen Sachverhalt allgemein zumutbaren zieht, vorausgesetzt, daß dabei die Eigenständigkeit der Person gewahrt bleibt“[165].

Paritätsänderung, Devisenkursfreigabe und Bandbreitenverringerung greifen mit ihren wirtschaftslenkenden Impulsen und ihrem Plancharakter[166] über den Bereich des Art. 14 GG hinaus und wirken auf die wirtschaftliche Handlungsfreiheit ein. Im Hinblick auf Art. 2 I GG ist zwischen Paritätsänderung[167] und Floating eine differenzierende Betrachtung geboten.

Die Eigenart der Devisenkursfreigabe besteht darin, daß die hoheitliche Preisregulierung aufgegeben[168], die zuvor beschränkte wirtschaftliche Handlungsfreiheit also wiederhergestellt wird. Da die Freiheit der wirtschaftlichen Betätigung aber nicht nur dann angesprochen ist, wenn ihre Begrenzung in Frage steht, sondern auch dann, wenn sie durch konkrete Regelungen erweitert und damit die freie Entfaltung der Persönlichkeit gestärkt wird, tangiert die Entscheidung über das Floating die Garantie des Art. 2 I GG. Die Dimension der Leistungsstaatlichkeit wirtschaftslenkender Maßnahmen eröffnet auch im Hinblick auf Art. 2 I GG ihre verfassungsrechtliche Bedeutung. Wegen dieses *freiheitserweiternden* Effekts stellt sich aber weder die Schrankenproblematik des Art. 2 I GG, noch bedarf es einer Abwägung gegenüber der Eigentumsgewährleistung.

Im Unterschied zur Devisenkursfreigabe enthält die Festsetzung der Währungsparität bzw. deren Änderung auf Grund des ihr innewohnenden Preisregulierungseffektes[169] eine Einschränkung der wirtschaftlichen Betätigungsfreiheit[170], indem sie die „autonome wirtschaftliche Dispositionsbefugnis“[171] als Indikator der Wirtschaftsfreiheit begrenzt.

---

[165] BVerfGE 4, 7, 16; 8, 274, 329; 27, 344, 351; 33, 303, 334 f.; BVerwG (U. v. 26. 6. 1974, VII C 36/72) NJW 1974, 2018, 2019. Die Bestimmung der Grenzen der Gestaltungsbefugnis ist damit im wesentlichen auf den konkreten Sachverhalt verlagert (*Dürig*, in: Maunz / Dürig / Herzog, Art. 2 Abs. I Rdnr. 62).

[166] Vgl. 3. Teil, § 3, 2 b aa ß.

[167] Die Ausführungen zur Paritätsänderung in diesem Abschnitt gelten auch für eine Bandbreitenverringerung, da die gleiche Regelungstechnik vorliegt und die gleichen Wirkungen — wenn auch in geringerem Ausmaß — auftreten.

[168] Vgl. 3. Teil, § 4, 1 b.

[169] Vgl. *Tomuschat*, 27; *K. Müller*, BB 1971, 729.

[170] Ebenso *Tomuschat*, 27.

[171] *Ipsen*, Rechtsfragen, 99.

Diese Schrankenziehung rechtfertigt sich durch die mit der Paritätsänderung verfolgten öffentlichen Interessen[172], die auf die Wiederherstellung und Erhaltung des außen- bzw. gesamtwirtschaftlichen Gleichgewichtes gerichtet sind[173]. Gegenüber dieser überwiegenden Gemeinwohllegitimation muß der grundsätzliche Freiheitsanspruch des Wirtschafters zurücktreten, zumal dessen wirtschaftliche Betätigungsfreiheit nicht in unzumutbarer Weise eingeschränkt wird. Den von der Paritätsänderung nachteilig betroffenen Unternehmern verbleibt ein angemessener Spielraum, „sich als verantwortliche Unternehmer wirtschaftlich frei zu entfalten“[174].

Paritätsänderung und Devisenkursfreigabe begegnen daher im Hinblick auf Art. 2 I GG keinen Bedenken; ein Floating stellt die wirtschaftliche Handlungsfreiheit wieder her, die Paritätsänderung begrenzt sie in zulässiger Weise im Rahmen der verfassungsmäßigen Ordnung.

g) Begrenzungen durch die Wesensgehaltssperre des Art. 19 II GG

Die durch Art. 14 I 2 GG verliehene Regelungsbefugnis findet ihre Grenze an der Wesensgehaltsgarantie des Art. 19 II GG[175]. Da eine unzulässige Eigentumsbegrenzung aber bereits wegen Verstoßes gegen Art. 14 GG verfassungswidrig ist, kann Art. 19 II GG nur deklaratorische Bedeutung beigemessen werden[176].

---

172 Vgl. zu dieser Argumentation BVerwG NJW 1974, 2018, 2019 (Friedhofszwang für Feuerbestattungen).

173 Siehe dazu im einzelnen 3. Teil, § 5, 1 b.

174 So der BFH in BFH 105, 554, 557 unter Hinweis auf BVerfGE 4, 7, 16; 12, 341, 347.

175 Vgl. *v. Mangoldt / Klein*, Art. 14 Anm. V 1 d (m. w. N.); *Bielenberg*, DVBl. 1971, 446; siehe weiter die Nachweise im 3. Teil, § 5, 2 a Fußn. 125.

Die Anwendbarkeit des Art. 19 II GG auf Grundrechte, denen — wie Art. 14 I GG — kein spezieller Gesetzesvorbehalt beigefügt ist, wird allerdings zum Teil abgelehnt (so *Maunz*, Staatsrecht, 178; *Brinkmann*, Art. 14 Anm. I 2 c, Art. 19 Anm. I 5 a; *Lerche*, Übermaß, 248). Unklar die Position des Bundesverfassungsgerichts, das in einem Beschluß vom 12. 1. 1967 erklärt hat, daß „das Eigentum durch die Beschränkung der Verfügungsmacht auch nicht in seinem Wesensgehalt angetastet“ wird (BVerfGE 21, 92, 93). Immerhin legt diese Äußerung den Schluß nahe, daß die eigentumsgestaltende Regelung in der Verfassungskontrolle der Prüfung an Art. 19 II GG unterzogen wurde. Die Anwendbarkeit des Art. 19 II GG gebietet sich aus dem Schutzzweck des Art. 19 II GG, der eine möglichst ungestörte Ausübung der Grundrechte gewährleisten will (*v. Münch*, Grundgesetzkommentar, Art. 19 Rdnr. 19). Eine Beeinträchtigung der Grundrechtsausübung kann aber nicht nur durch Regelungen verursacht werden, die auf Grund eines Gesetzesvorbehaltes ergehen, sondern auch durch eigentumsbegrenzende Maßnahmen (im Ergebnis ebenso *v. Münch*, Grundgesetzkommentar, Art. 19 Rdnr. 19).

176 So *Häberle*, Wesensgehaltgarantie, 234 ff.; *Hesse*, 139; auch *v. Mangoldt / Klein*, Art. 19 Anm. V 7 b sehen in Art. 19 II GG nur ein „mahnendes Ausrufezeichen“.

Das Bundesverfassungsgericht ermittelt den unantastbaren Wesensgehalt „für jedes Grundrecht aus seiner besonderen Bedeutung im Gesamtsystem der Grundrechte“[177], nimmt aber zugleich an, daß eine absolute Grenze besteht, im Falle deren Überschreitung der Wesensgehalt des Grundrechtes verletzt wird[178]. Der Wesensgehalt eines Grundrechtes kann also nicht abstrakt aus Art. 19 II GG entnommen werden, sondern ist mit dem jeweiligen Grundrecht verhaftet[179]. Eine Eigentumsbegrenzung, die dem Schutz verfassungsrechtlich gewährleisteter Rechtsgüter dient, deren Gewicht im Einzelfall gleich- oder höherrangig einzustufen ist, berührt den Wesensgehalt des Art. 14 GG grundsätzlich nicht[180]. Eine absolute Sperre errichtet Art. 19 II GG nur dort, wo ein Grundrecht in seinem institutionellen Gehalt völlig aufgehoben wird[181], wenn also z. B. die Institutsgarantie des Eigentums zum Leerlauf gebracht würde[182].

Weder eine rechtmäßige Paritätsänderung noch eine zulässige Devisenkursfreigabe oder Bandbreitenverringerung tasten den Wesensgehalt des Eigentums an, und zwar selbst dann nicht, wenn sie Wertveränderungen größeren Ausmaßes nach sich ziehen. Die währungspolitischen Maßnahmen werden im öffentlichen Interesse zur Sicherung überragender Gemeinwohlziele getroffen[183]. Die institutionelle Gewährleistung des Eigentums wird nicht gefährdet; vielmehr stärken Auf- und Abwertung sowie die Devisenkursfreigabe die in Art. 14 GG enthaltene Grund- und Wertentscheidung[184].

h) Rechtsstaatsprinzip und Art. 14 I GG

Das Bundesverfassungsgericht hat zwar das Rechtsstaatsprinzip zur Begrenzung der Regelungsbefugnis nach Art. 14 I 2 GG herangezogen[185], ohne jedoch immer auf dessen Bedeutung für Art. 14 GG einzugehen. In einem Beschluß vom 8. 11. 1972 wird vom Rechtsstaatsprinzip aus nur auf den allgemeinen Gleichheitssatz verwiesen[186]. Dazu hätte

---

[177] BVerfGE 22, 180, 219.

[178] BVerfGE 16, 194, 201 (für Eingriffe in die körperliche Unversehrtheit gemäß § 81 a StPO).

[179] Vgl. *Häberle*, Wesensgehaltgarantie, 58 f., wonach Wesensgehalt eines Grundrechts und zulässige Grundrechtsgrenzen eine Einheit bilden.

[180] Vgl. dazu allgemein *Häberle*, Wesensgehaltgarantie, 188 ff.

[181] *Hesse*, 139; *Lerche*, Übermaß, 239.

[182] Die Bedeutung des Art. 19 II GG liegt in seiner Sicherungsfunktion der institutionellen Seite der Grundrechte; so *Häberle*, Wesensgehaltgarantie, 230 ff. (m. w. N. in Fußn. 3); *Lerche*, Übermaß, 246.

[183] Vgl. 3. Teil, § 5, 1 b, c und d.

[184] Vgl. 3. Teil, § 3, 2 b cc und § 4, 1 c.

[185] BVerfGE 14, 263, 278; 34, 139, 146; 36, 281, 293.

[186] BVerfGE 34, 139, 146.

es aber nicht der Bemühung des Rechtsstaatsgrundsatzes bedurft; Art. 3 I GG wirkt nicht über das Prinzip der Rechtsstaatlichkeit, sondern als eigenständiges Grundrecht. Allein in einem neueren, eine patentrechtliche Bestimmung betreffenden Beschluß vom 15. 1. 1974 läßt sich die Heranziehung des Rechtsstaatsprinzips dogmatisch rechtfertigen, da es für die Entscheidung auf den Grundsatz des Vertrauensschutzes ankam[187].

Neben dem Gedanken der Rechtssicherheit bzw. des Vertrauensschutzes soll im folgenden das Übermaßverbot als weiterer Bestandteil des Rechtsstaatsprinzips hervorgehoben werden[188].

aa) Begrenzung durch das Übermaßverbot

α) Die Bedeutung des Übermaßverbotes für eigentumsgestaltende Regelungen

Inhalt und Schranken des Eigentums müssen sachgemäß bestimmt werden[189], d. h. die eigentumsgestaltende Regelung muß geeignet sein, den gewünschten Erfolg zu erzielen[190]; die Regelung nach Art. 14 I 2 GG darf nicht weitergehen, als es die Realisierung des mit ihr verfolg-

---

[187] Vgl. BVerfGE 36, 281, 293.

[188] Der verfassungsrechtliche Standort des Übermaßverbotes ist umstritten; wie hier *Wolff / Bachof*, § 30 II b 1 d, d γ; *Scholz*, 108; ausdrücklich für den Grundsatz der Verhältnismäßigkeit: BVerfGE 6, 383, 439; 10, 89, 117 (ständige Rechtsprechung; vgl. die Nachweise bei *Gentz*, NJW 1968, 1601, Fußn. 10); zuletzt BVerfGE 34, 261, 267; *Martens*, VVDStRL 30, 18; *v. Krauss*, 33; *Ipsen*, AöR 78 (1952/53), 314 Fußn. 46; *Schmidt-Bleibtreu / Klein*, Grundgesetz, Art. 20 Anm. 12; *Ossenbühl*, Gutachten, B 146; *Dahlinger*, DÖV 1966, 818 (unter gleichzeitiger Heranziehung des Art. 2 I GG). Für den Grundsatz der Geeignetheit: *Spanner*, DÖV 1972, 218. Auf Art. 19 II GG greifen *Maunz*, in: Maunz / Dürig / Herzog, Art. 20 Rdnr. 115; *Dürig*, in: Maunz / Dürig / Herzog, Art. 2 Abs. II Rdnr. 18 Fußn. 2; *ders.*, AöR 81 (1956), 146 (unter Bezugnahme auf die Rechtsprechung des Bundesgerichtshofes zu Art. 19 II GG) zurück. *Lerche*, Übermaß, 80 führt das Übermaßverbot über die Rechtsstaatsklausel hinaus. *Wittig*, DÖV 1968, 825 siedelt den Grundsatz der Verhältnismäßigkeit im Willkürverbot in Verbindung mit einzelnen Grundrechten an.

Aus Art. 19 II GG läßt sich das Übermaßverbot nicht entnehmen, da dieses kein spezifisches Prinzip des Art. 19 II GG darstellt, sondern allgemein in den Zusammenhang mit den einzelnen Grundrechten als Freiheitsgewährleistungen zu stellen ist. Das Rechtsstaatsprinzip enthält aber keine starre Übermaßformel; das Übermaßverbot ist an einzelnen Grundrechten in konkreten Situationen auszuprägen; vgl. *Häberle*, Wesensgehaltgarantie, 68.

[189] Vgl. die Nachweise im 3. Teil, § 5, 2 a, Fußn. 122; BVerwGE 21, 251, 257; BVerwG, U. v. 23. 6. 1972, DÖV 1973, 209, 210; dazu auch *Leisner*, Sozialbindung, 153 (m. w. N.).

[190] Vgl. *Wolff* III, § 138 V a; *Sponheuer*, 31; *Maunz*, Staatsrecht, 176; *Hamann / Lenz*, Art. 14 Anm. B 4 b; allgemein zum verfassungsrechtlichen Grundsatz der Geeignetheit *Lerche*, Übermaß, 76 f.; *Gentz*, NJW 1968, 1603 (m. w. N. in Fußn. 30 zur Rechtsprechung des Bundesverfassungsgerichts).

ten Schutzzweckes erfordert, sie muß also mit dem Grundsatz der Erforderlichkeit im Einklang stehen[191]; außerdem ist den Anforderungen des Verhältnismäßigkeitsprinzips Rechnung zu tragen[192].

Dem *Grundsatz der Geeignetheit* — als einer der drei Komponenten des Übermaßverbotes[193] — entspricht das Gebot, ein zur Erreichung des angestrebten Zieles taugliches Mittel einzusetzen[194]. Der Spielraum, innerhalb dessen sich die Sachgemäßheit eigentumsgestaltender Regelungen bewegen darf, ist erst bei grober Sachwidrigkeit oder Willkür überschritten[195]. Ein Gesetz kann auch dann noch als „geeignet" angesehen werden, wenn es zwar keine befriedigende Lösung des zu regelnden Komplexes bietet, aber noch nicht evident fehlerhaft ist. Das Geeignetheitsgebot schrumpft damit auf ein Willkürverbot zusammen; ein deutlicher Ausdruck gerichtlicher Zurückhaltung vor der Gestaltungsfreiheit des Gesetzgebers, der besonderes Gewicht im wirtschaftlichen Bereich zukommt[196].

Eine weitere Begrenzung der verfassungsgerichtlichen Geeignetheitskontrolle nimmt das Bundesverfassungsgericht dadurch vor, daß es an den Zeitpunkt des Erlasses der Regelung anknüpft und nur prüft, „ob der Gesetzgeber aus seiner Sicht davon ausgehen durfte, daß die Maßnahme zur Erreichung des Zieles geeignet war, ob also seine Prognose bei der Beurteilung wirtschaftspolitischer Zusammenhänge sach-

---

[191] Siehe die Nachweise im 3. Teil, § 5, 2 a, Fußn. 123; BayVerfGH VRspr. 9, 129, 141; *Bender*, NJW 1965, 1298; *Faehling*, 112 ff.; *Leisner*, Sozialbindung, 157 f.; allgemein *Lerche*, Übermaß, 19; *Gentz*, NJW 1968, 1603 f.; *Wolff* III, § 138 V b.

[192] Vgl. die Fundstellen im 3. Teil, § 5, 2 a, Fußn. 124; dazu *Leisner*, Sozialbindung, 158 ff.; *Hamann / Lenz*, Art. 14 Anm. B 4 b; *Maunz*, Staatsrecht, 176; allgemein *Gentz*, NJW 1968, 1600 ff.; *Lerche*, Übermaß, 19; *Wolff* III, § 138 V c; *Forsthoff*, Verwaltungsrecht, 68; *ders.*, in: Festschrift 45. DJT, 51 ff.; *Wilke*, Gebührenrecht und Grundgesetz, 264 (Wilke spricht hier von Verhältnismäßigkeit im engeren Sinne und bezeichnet das gesamte Übermaßverbot als Verhältnismäßigkeitsprinzip).

[193] Entsprechend der Terminologie von *Wolff / Bachof*, § 30 II b 1 d d y und *Wolff* III, § 138 V sollen unter dem übergeordneten Begriff „Übermaßverbot" die Grundsätze der Geeignetheit, der Erforderlichkeit und der Verhältnismäßigkeit zusammengefaßt werden. Anders *Lerche*, Übermaß, 19 ff., der im Übermaßverbot nur Erforderlichkeit und Verhältnismäßigkeit erfaßt. Im vorliegenden Zusammenhang kommt es auf eine Auseinandersetzung mit den verschiedenen Auffassungen nicht an. Unklar ist jedoch insbesondere die Terminologie des Bundesverfassungsgerichtes (vgl. BVerfGE 18, 121, 132; 20, 351, 361; insbesondere 21, 150, 155); kritisch dazu auch *Leisner*, Sozialbindung, 160.

[194] Vgl. *Wolff* III, § 138 V a; *Wittig*, DÖV 1968, 817.

[195] BVerfGE 18, 121, 132; BVerwGE 3, 351, 354; 21, 251, 257; *Gentz*, NJW 1968, 1603 (m. w. N. in Fußn. 32); *Wolff* III, § 138 V a („Der Grundsatz der Geeignetheit verbietet die Anwendung eines Mittels, das zur Erreichung des angestrebten Zweckes untauglich ist."). Vgl. auch *Badura*, AöR 92 (1967), 401.

[196] *Badura*, AöR 92 (1967), 390.

gerecht und vertretbar war"[197]. Diese Ansicht stützt das Bundesverfassungsgericht durch die Überlegung, „daß die Zielsetzung und die Bestimmung des geeigneten Mittels eine politische — sei es eine wirtschafts-, gesellschafts- oder rechtspolitische — Entscheidung voraussetzen"[198]. Dagegen sieht *Kloepfer*[199] in der ex ante-Geeignetheitsbetrachtung eine „Minimalisierung des Geeignetheitsmaßstabes zum Verbot absoluter Ungeeignetheit".

An der Rechtsprechung des Bundesverfassungsgerichts ist zu rügen, daß sie die Geeignetheit sowohl nach objektiven wie nach subjektiven Kriterien überprüft. Während zunächst auf die Sicht des Gesetzgebers abgestellt, also ein subjektiver Maßstab angelegt wird, greift man zur Feststellung der Ungeeignetheit schließlich auf eine objektive Betrachtungsweise zurück[200]. Da es sich aber bei der Tätigkeit des Bundesverfassungsgerichts — jedenfalls primär — um Rechtsprechung handelt, ist allein ein objektiver Maßstab sachgerecht, denn ein verfassungswidriges Gesetz kann nicht durch eine mit der Verfassung in Einklang stehende subjektive Auffassung des Gesetzgebers geheilt werden. Wird die Verfassungskontrolle an Hand der zeitlich nicht fixierten objektiven Kriterien durchgeführt, so kommt es auch auf die Differenzierung zwischen einer ex ante- oder ex post-Betrachtung nicht an.

Selbst bei objektiver Betrachtungsweise erscheint es jedoch sinnvoll, dem Gesetzgeber im wirtschaftlichen Bereich einen weiten Spielraum zu belassen[201]. Dies ist weniger als „Minimalisierung des Geeignetheitsgebotes", sondern als bewußte verfassungsgerichtliche Selbstbescheidung zu verstehen[202]. Eine unbegrenzte Geeignetheitskontrolle würde

---

[197] BVerfGE 30, 250, 263; ebenso zu Art. 12 I GG: BVerfGE 25, 1, 12 f.; BVerfG, Beschl. v. 17. 7. 1974, NJW 1975, 31, 34. Übereinstimmend *Spanner*, DÖV 1972, 218 ff.; *ders.*, StuW 1970, 382 ff.; *Zacher*, AöR 93 (1968), 380 ff. Auch aus den Ausführungen von *Pestalozza*, AöR 96 (1971), 48 ff. läßt sich die Zulässigkeit einer begrenzten Fehlermarge entnehmen. Siehe allgemein zum Problem der richterlichen Kontrolle wirtschaftspolitischer Maßnahmen *Krüger*, DÖV 1971, 289 ff.

[198] BVerfGE 30, 250, 263.

[199] *Kloepfer*, NJW 1971, 1586.

[200] Vgl. BVerfGE 30, 250, 263 m. w. N.

[201] *Spanner*, StuW 1970, 384 zieht einen Vergleich mit verwaltungsrechtlichen Ermessensentscheidungen.

[202] In Anlehnung an die Political-Question-Doktrin des U. S.-Supreme Court spricht *Spanner*, DÖV 1972, 220 zutreffend von einer „Economical-Question-Doctrin" des Bundesverfassungsgerichtes. Die Kontrolldichte bezüglich der Geeignetheit betrifft allgemein das Problemfeld „Recht und Politik"; siehe dazu *Dolzer*, 51 ff.; *Roellecke*, 43 ff.; *Kirchheimer*, 276 ff.; *Maunz / Sigloch / Schmidt-Bleibtreu / Klein*, Vorbem. Rdnrn. 13 ff. (m. w. N. in Fußn. 1 Rdnr. 13); vgl. auch *Hesse*, 224 f. und *Maunz*, Staatsrecht, 280 f. zur Problematik der Verfassungsgerichtsbarkeit bei der Beurteilung politischer Fragen. Zur Political-Question-Doktrin des U. S.-Supreme Court siehe *Haller*, 180 ff.

im wirtschaftlichen Bereich zusammen mit der ex tunc-Wirkung einer Nichtigerklärung gemäß § 78 BVerfGG einer umfassenden verfassungsgerichtlichen Wirtschaftsgestaltung gleichkommen, die über die Grenzen einer Rechtskontrolle hinausginge. Der Rückzug auf das Prinzip objektiver Ungeeignetheit zieht einen klaren Trennungsstrich zwischen Rechtsprechung und Gesetzgebung.

Erst nach Feststellung der Geeignetheit einer eigentumsgestaltenden Regelung kann die Frage nach ihrer *Erforderlichkeit* und *Verhältnismäßigkeit* angeschlossen werden[203]. Erforderlichkeit bedeutet, daß unter mehreren geeigneten Mitteln dasjenige auszuwählen ist, dessen Anwendung für die von der Regelung Betroffenen die geringsten nachteiligen Folgen nach sich zieht[204]. Der Grundsatz der Verhältnismäßigkeit besagt, daß die mit einer — sachgerechten und erforderlichen — Maßnahme verbundenen Nachteile nicht erkennbar außer Verhältnis zu dem angestrebten Erfolg stehen dürfen[205]. Ebenso wie beim Geeignetheitsgebot ist die Beachtung der genannten Prinzipien nach objektiven Gesichtspunkten zu überprüfen, dem Gesetzgeber jedoch zugleich ein weiter Handlungsspielraum zuzubilligen[206]. Die verfassungsrechtliche Überprüfung wird auch hier auf „weiße Kreise" stoßen, die sich ihrer Prüfungskompetenz entziehen.

β) *Das Übermaßverbot bei Paritätsänderung, Devisenkursfreigabe und Bandbreitenverringerung*

Die *Geeignetheitskontrolle* einer Paritätsänderung im Hinblick auf die mit ihr angestrebten Ziele[207] wirft die Frage auf, ob sie unter Berücksichtigung der sich seit 1968 häufenden Währungskrisen als grob sachwidrige Maßnahme qualifiziert werden kann[208]. Da grobe Sachwi-

---

[203] *Wittig,* DÖV 1968, 817; unklar *Faehling,* 112 ff., der nicht deutlich zwischen den Grundsätzen der Erforderlichkeit und der Verhältnismäßigkeit trennt.

[204] *Wolff* III, § 138 V b; *Lerche,* Übermaß, 19; *Wittig,* DÖV 1968, 817; *Gentz,* NJW 1968, 1603 f.; siehe auch 3. Teil, § 5, 2 a und h aa d.

[205] Vgl. 3. Teil, § 5, 2 a und h aa d. Der Grundsatz der Verhältnismäßigkeit beruht auf dem Güterabwägungsprinzip (*Lerche,* Übermaß, 22), wobei der Nutzen für das Gemeinwesen den Nachteilen, die den von der Regelung Betroffenen entstehen, gegenüberzustellen und gegeneinander abzuwägen ist.

[206] *Wolff* III, § 138 V c; *Gentz,* NJW 1968, 1600; anders *Lerche,* Übermaß, 21, der die Erforderlichkeit nur auf ein bestimmtes Mittel beschränken will und nur bei der Verhältnismäßigkeit andere Mittel für zulässig erachtet (praktisch dürfte diese Festlegung des erforderlichen Mittels kaum durchführbar sein).

[207] Siehe dazu 1. Teil, § 4, 1.

[208] Ein Verstoß gegen das Willkürverbot als weiterem Maßstab verfassungsrechtlicher „Geeignetheitskontrolle" kommt ersichtlich nicht in Betracht.

drigkeit weiter reicht als bloße Ungeeignetheit, müßte eine Paritätsänderung gegenüber dem außenwirtschaftlichen Gleichgewicht (§ 1 S. 2 StabG) bzw. der Beseitigung einer außenwirtschaftlichen Störung des gesamtwirtschaftlichen Gleichgewichts (§ 4 S. 1 StabG) nicht nur indolent, sondern ihnen sogar zuwiderlaufend sein[209].

Um die aufgeworfene Fragestellung exakt zu beantworten, wäre es notwendig, eine Wirkungsanalyse der Paritätsänderung durchzuführen[210], die jedoch im Rahmen des Themas nicht geleistet werden kann. Soweit eine allgemeine Beurteilung möglich ist, spricht die bisherige Erfahrung mit Paritätsänderungen in der Bundesrepublik dafür, daß der Auf- oder Abwertung zwar die Anpassung an die realen Währungswertverhältnisse gelingt, ihr aber die angestrebte makroökonomische Wirkung nur in eingeschränktem Maße zukommt[211]. Ebenso wird sich jedoch auch die verfassungsrechtlich relevante Feststellung treffen lassen, daß die Paritätsänderung zwar wirkungsdefizitär, nicht aber das gesamtwirtschaftliche Gleichgewicht zusätzlich beeinträchtigend, also grob sachwidrig ist.

Gleiches gilt auch für die Devisenkursfreigabe und Bandbreitenverringerung. Das Floating ist mit seiner, den internationalen Preiszusammenhang und den Devisenzufluß unterbrechenden Wirkung vielmehr in hohem Maße geeignet, Währungskrisen — zumindest kurzfristig — zu entspannen; eine Bandbreitenverringerung stellt, neben andern Mitteln, eine der Integrationsförderung dienliche Maßnahme dar[212].

Soweit mehrere Maßnahmen zur Beseitigung einer außenwirtschaftlichen Störung des gesamtwirtschaftlichen Gleichgewichtes geeignet

---

[209] Für eine wirkungslose Maßnahme würde allerdings eine Legitimation einer Inhalts- und Schrankenbestimmung nach Art. 14 I 2 GG durch ein öffentliches Interesse (dazu 3. Teil, § 5, 1 passim) nicht angenommen werden können (so ausdrücklich BVerwGE 26, 131, 133). Öffentliches Interesse und Übermaßverbot als bei eigentumsgestaltenden Regelungen zu beachtende Prinzipien ergänzen sich hier.

[210] Vgl. dazu *K. D. Henke,* Das Wirtschaftsstudium 1972, 230. Nach dieser in der Fiskalpolitik — also dem Bereich der Politik, in dem öffentliche Finanzen zur Erhaltung der Vollbeschäftigung, zur Förderung des Wachstums und zur Inflationsbekämpfung eingesetzt werden — üblichen Methode zur Ermittlung der von fiskalpolitischen Maßnahmen ausgehenden Wirkungen wird versucht, einen Wirkungszusammenhang zwischen bestimmten, gewählten Instrumenten und Zielen herzustellen. Hierbei können sog. „strategische Faktoren", das sind solche Größen, die von dem eingesetzten Instrument beeinflußt werden und deren Veränderung wiederum auf die angestrebten Ziele Einfluß nimmt, eingebaut werden.

[211] Das Wirkungsdefizit beruht nicht allein auf der Paritätsänderung, sondern ist primär in der Struktur des Weltwährungssystems angelegt.

[212] Vgl. 1. Teil, § 4, 3 b.

sind, verlangt der *Grundsatz der Erforderlichkeit,* die Paritätsänderung als umfassendstes und für die inländischen Wirtschafter einschneidenstes währungspolitisches Mittel nur als ultima ratio einzusetzen. Für die Einführung des Floatings ergibt sich das gleiche Ergebnis bereits daraus, daß die Zulässigkeit einer Freigabe der Devisenkurse auf Ausnahmesituationen beschränkt ist[213], die aber nur dann angenommen werden können, wenn andere währungspolitische Instrumente nicht mehr zur Verfügung stehen. Im Hinblick auf Paritätsänderung und Devisenkursfreigabe ist als ebenfalls zur Störungsabwehr heranzuziehendes Mittel an den Einsatz des der Deutschen Bundesbank nach §§ 15 und 16 BBankG zur Verfügung stehenden währungspolitischen Instrumentariums zu denken[214]. Allerdings haben sich diese Maßnahmen in den wirtschaftlichen Situationen, die zu einer Paritätsänderung oder Devisenkursfreigabe geführt haben, regelmäßig als ungeeignet erwiesen[215]. Währungspolitische Maßnahmen zur Sicherung des gesamtwirtschaftlichen sowie des Zahlungsbilanz-Gleichgewichtes sind außerdem im Außenwirtschaftsgesetz[216] enthalten, insbesondere in Gestalt der Bardepotpflicht (§ 6 AWG) und von Kapitalverkehrsbeschränkungen (§§ 22 ff. AWG). Weiterhin können steuerliche Barrieren zwecks Abwehr außenwirtschaftlicher Störungen als Alternative zur Paritätsänderung oder zum Floating errichtet werden[217]. Die Verfassungskontrolle sieht sich aber auch hier mit der Schwierigkeit konfrontiert, daß dem handelnden Organ bei dem Einsatz der Maßnahmen ein Spielraum verbleibt, so daß sich die Erforderlichkeit in der Regel nicht auf ein bestimmtes Mittel festlegen lassen wird.

Keine Bedeutung erlangt der Grundsatz der Erforderlichkeit für die Bandbreitenverringerung soweit sie zur währungspolitischen Integration eingesetzt wird, da diese Maßnahme zur Realisierung des öffentlichen Interesses erforderlich ist und keine anderen oder nur weiterreichende Mittel zur Anwendung gebracht werden können.

Auch der *Grundsatz der Verhältnismäßigkeit* als dritte Komponente des Übermaßverbotes wird durch Paritätsänderungen, Devisenkursfreigaben und Bandbreitenverringerungen nicht verletzt. Die mit einer Paritätsänderung verbundenen Nachteile — Tendenz zur Erhöhung

---

[213] Vgl. dazu 3. Teil, § 5, 1 b bb und cc.

[214] Vgl. *Münch,* in: Stern / Münch / Hansmeyer, § 4 Anm. X 2 c; zur Wirkung der Diskontpolitik im internationalen Bereich: *v. Spindler / Becker / Starke,* Die Deutsche Bundesbank, I. Teil, D II 3 d.

[215] Vgl. zu den Schwierigkeiten einer effizienten Währungspolitik: Geschäftsbericht der Deutschen Bundesbank 1971, 34 ff.

[216] BGBl. I, 1969, S. 481.

[217] *Möller,* § 4 Anm. 9; *Münch,* in: Stern / Münch / Hansmeyer, § 4 Anm. IX 1.

des Preis- und Kostenniveaus bei einer Abwertung; wirtschaftliche Erschwernisse für die in der Exportindustrie tätigen Wirtschafter bei einer Aufwertung[218] — stehen nicht außer Verhältnis zu dem angestrebten Erfolg der Stabilisierung des gesamtwirtschaftlichen Gleichgewichtes. Die Verhältnismäßigkeit einer Paritätsänderung kann auch nicht dadurch in Frage gestellt werden, daß einige von der Maßnahme Betroffene in ihrer Existenzgrundlage bedroht werden[219]. In diesen Fällen bleibt nur der Verweis auf eine Entschädigung.

Das Übermaßverbot wird daher durch Paritätsänderungen, Devisenkursfreigaben und Bandbreitenverringerungen nicht beeinträchtigt. Der Grundsatz der Erforderlichkeit gebietet es jedoch, die Paritätsänderung und das Floating nur als ultima ratio einzusetzen sowie die Währung nur in der erforderlichen Höhe auf- oder abzuwerten.

bb) Vertrauensschutz bei Art. 14 I GG

Das Rechtsstaatsprinzip enthält nicht nur das Postulat materieller Gerechtigkeit, sondern auch die Verankerung des Gedankens der Rechtssicherheit[220], der für den Bürger in erster Linie Vertrauensschutz bedeutet[221]. Zu fragen ist, ob sich aus Gesichtspunkten des Vertrauensschutzes auch dann eine Unzulässigkeit der Paritätsänderung, Devisenkursfreigabe oder Bandbreitenverringerung ergibt, wenn ihnen im übrigen keine verfassungsrechtlichen Hindernisse entgegenstehen. Da die Währungsparität bzw. ihre Änderung Planungscharakter trägt[222], ist im Rahmen des Art. 14 I 2 GG an einen Plangewährleistungsanspruch als besondere Ausprägung des Vertrauensschutzes[223] zu denken.

---

[218] Siehe 1. Teil, § 4, 1.

[219] Vgl. in diesem Zusammenhang BVerfGE 16, 147, 167 ff. zur Auferlegung einer Sondersteuer des Werkfernverkehrs; *R. Schmidt*, 254 f.

[220] BVerfGE 7, 89, 92; 13, 261, 271; 20, 323, 331; 22, 322, 329; 25, 269, 290; *Maunz*, Staatsrecht, 72; *Hamann / Lenz*, Einf. D 1, A 4 (S. 57); *Bachof*, DVBl. 1953, 602.

[221] BVerfGE 13, 261, 271; 14, 288, 297; 18, 429, 439; 23, 12, 32; 24, 220, 229; 30, 367, 386 (jeweils im Zusammenhang mit rückwirkenden Gesetzen); 36, 281, 293; vgl. auch BVerwG NJW 1964, 1289, 1290; BVerwG DÖV 1958, 188, 189; *Mainka*, 17 ff.; *Burmeister*, Die Verwaltung 2 (1969), 31; *Ossenbühl*, Gutachten, B 148; *ders.*, AöR 92 (1967), 484 („Konkretisierungsreihe Rechtsstaatsprinzip — Rechtssicherheit — Vertrauensschutz").

[222] Siehe 3. Teil, § 3, 2 b aa ß. In eingeschränktem Maß gilt dies auch für ein Floating und eine Bandbreitenverringerung; vgl. 3. Teil, § 4, 1 c Fußn. 15 sowie 2 b.

[223] *Lerche*, Übermaß, 269 Fußn. 51; *ders.*, DÖV 1961, 489 f.; *Fröhler*, Wirtschaftsrecht, 136 ff.; *Egerer*, insbesondere 77 ff.; *Burmeister*, Die Verwaltung 2 (1969), 21; *Oldiges*, 193 ff.; *Kriele*, DÖV 1967, 535 ff.; *Ossenbühl*, DÖV 1972, 35; *Badura*, Wirtschaftsverfassung, 109 ff.; *Ipsen*, Planung, 249; *ders.*, Fragestellungen, 62; *Redeker*, JZ 1968, 540 ff.

α) *Vertrauensschutz und Plangewährleistung im Rahmen von Eigentumsgestaltungen*

Unter dem Oberbegriff „Plangewährleistung" werden verschiedene Einzelansprüche zusammengefaßt, die sowohl hinsichtlich ihrer Voraussetzungen als auch der mit ihnen verfolgten Ziele divergieren[224]. Auf Schadensersatz gerichtete Plangewährleistungsansprüche können als Begrenzungen staatlichen Handelns im Rahmen von Art. 14 I 2 GG unberücksichtigt bleiben, denn für inhalts- und schrankenbestimmende Regelungen wird nicht die Frage bedeutsam, wer das wirtschaftliche Risiko der Planänderung trägt, sondern *ob überhaupt* eine Planänderung zulässig ist. Das Interesse der Planadressaten richtet sich bei eigentumsgestaltenden Regelungen auf die Aufrechterhaltung der für sie vorteilhaften planerischen Bestimmungen; die Planänderung soll durch einen *Anspruch auf Planfortbestand*[225] vereitelt werden. Im Gegensatz zum allgemeinen, auf Entschädigung zielenden Plangewährleistungsanspruch stellt sich hier die Planänderung als unzulässig und rechtswidrig dar[226]. Soweit der Planfortbestandsanspruch reicht, ist die gesetzgeberische Handlungsfreiheit nach Art. 14 I 2 GG begrenzt. Zur Rechtfertigung eines Plangewährleistungsanspruches mit diesem Inhalt ließe sich darauf hinweisen, daß das Planungsorgan durch seine einmal getroffene Planungsentscheidung auf Seiten der von der Planung Angesprochenen einen schutzwürdigen Vertrauenstatbestand geschaffen hat, der die künftige Regelungsbefugnis selbst dann begrenzt, wenn der Planänderung, abgesehen von dem Vertrauen der Planadressaten, kein verfassungsrechtliches Hindernis entgegensteht; ja sogar in den Fällen die Aufrechterhaltung des Plans gebietet, wo seine Aufgabe vom öffentlichen Interesse gefordert wird.

---

[224] Vgl. den Überblick bei *Egerer*, 38 und *Ossenbühl*, Gutachten, B 197 ff.

[225] Vgl. dazu *Burmeister*, Die Verwaltung 2 (1969), 37 ff.; *Egerer*, 118 ff.; *Kriele*, DÖV 1967, 533 ff.; *Fröhler*, Wirtschaftsrecht, 137 ff.; *Rinck*, 83, Textziff. 250; *Maecker*, 63 ff.; *Selmer*, Steuerinterventionismus, 348 ff.; *Oldiges*, 155 ff.; *Badura*, Wirtschaftsverfassung, 109 bezeichnet diesen Anspruch als „Planvollzugs-" oder „Plandurchführungsanspruch".

[226] Der Anspruch auf Planfortbestand rangiert noch vor dem auf Schadensersatz gerichteten Anspruch; wenn nämlich allgemein der Grundsatz gilt, daß der Wiederherstellung des rechtmäßigen Zustandes der Vorrang gegenüber der Gewährung von Schadensersatz gegeben wird (*Luhmann*, Entschädigung, 102), so ist dieses Rangverhältnis erst recht auf die *Erhaltung* des rechtmäßigen Zustandes gegenüber der Zuerkennung von Schadensersatzansprüchen anzuwenden. Für einen von der Planänderung betroffenen Planadressaten ist es auch vorteilhafter, sich auf den Planfortbestand zu berufen, da die erfolgreiche Geltendmachung dieses Anspruches die Aufrechterhaltung und Perpetuierung der durch den Plan gewährten Begünstigung bedeutet (vgl. *Kriele*, DÖV 1967, 534; *Ossenbühl*, Gutachten, B 197 f.), während mit dem auf Schadensersatz gerichteten Plangewährleistungsanspruch nur ein Ausgleich für den Wegfall der Begünstigung erreicht werden kann.

Ein solcher Planfortbestandsanspruch und eine entsprechende Begrenzung des Handlungsspielraums des eigentumsgestaltenden Gesetzgebers würde aber die jeder Planung immanente *Variabilität* und *Korrekturanfälligkeit*[227] unberücksichtigt lassen. Die nicht zu eliminierende Möglichkeit der Planänderung muß auch von den Wirtschaftern in ihre Kalkulationen miteinbezogen werden. Angesichts der Unsicherheitsfaktoren bei der Datensammlung und Prognose, der Veränderung von künftigen Entwicklungen und der daraus resultierenden Revisionsbedürftigkeit von Planungsentscheidungen liegt es nahe, der Planung einen stillschweigenden, vertrauensschutzfeindlichen *Widerrufsvorbehalt* beizufügen. Aufgabenstellung und Wesen der Planung stehen daher einer Beschränkung der Eigentumsgestaltung gemäß Art. 14 I 2 GG entgegen[228]. Da der Staat, will er nicht planungsunfähig werden, Plantreue nicht gewährleisten kann, muß einem auf das Vertrauensschutzprinzip gegründeten Anspruch auf Planfortbestand die Anerkennung versagt bleiben[229], und zwar selbst im Bereich imperativer Planung, wo der Unternehmer zur Übernahme des Planungsrisikos in Form von wirtschaftlichen Dispositionen gezwungen wird[230].

Abzulehnen ist auch die Konstruktion eines eigenständigen Planfortbestandsanspruches, sofern es der Planänderung an der Legitimation durch ein öffentliches Interesse mangelt[231]. Das Abwägungsgebot zwischen öffentlichen und privaten Interessen, wobei bezüglich erlangter vermögenswerter Positionen auch der einzelnen zu gewährende Vertrauensschutz einzubeziehen ist[232], gilt allgemein für inhalts- und

---

[227] *Burmeister,* Die Verwaltung 2 (1969), 36 f.; *Egerer,* 39, 118; *Fröhler,* Wirtschaftsrecht, 138; *Gygi,* 139; *Ipsen,* Planung, 249; *ders.,* Fragestellungen, 61; *ders.,* Rechtsfragen, 107; *ders.,* in: Festschrift E. R. Huber, 233; *Kaiser,* Der Plan, 25; *Maecker,* 67; *Oldiges,* 113; *Ossenbühl,* DÖV 1972, 25, 29; *ders.,* Gutachten, B 196; *Redeker,* JZ 1968, 541; *Rinck,* 83, Textzif. 249; *v. Simson,* 419.

[228] So auch die herrschende Meinung; vgl. *Badura,* Wirtschaftsverfassung, 111; *Burmeister,* Die Verwaltung 2 (1969), 37; *Egerer,* 119 ff.; *Ehlermann,* 71; *Fröhler,* Wirtschaftsrecht, 138 ff.; *Kriele,* DÖV 1967, 536; *Maecker,* 68; *Redeker,* JZ 1968, 541; *Rinck,* 83, Textzif. 250 u. S. 86; *Selmer,* Steuerinterventionismus, 348.

[229] *Fröhler,* Wirtschaftsrecht, 138; *Kriele,* DÖV 1967, 538; BVerwG DVBl. 1971, 746, 748.

[230] *Burmeister,* Die Verwaltung 2 (1969), 39. Im Bereich imperativer Planung kann der Vertrauensschutz ohnehin nicht zur Grundlage des Planfortbestandes werden, da das Vertrauen des Planadressaten nicht kausal für die von ihm getroffenen Dispositionen sein kann, weil die Planverwirklichung dem Planadressaten verbindlich aufgegeben wird, er also das Planungsrisiko ohne Rücksicht auf vorhandenes oder fehlendes Vertrauen übernehmen muß (so zutreffend *Oldiges,* 223).

[231] So aber *Fröhler,* Wirtschaftsrecht, 139; *Kriele,* DÖV 1967, 533, 538; *Maecker,* 66; *Rinck,* 84, Textzif. 250; *Selmer,* Steuerinterventionismus, 349; wohl auch *Friauf,* DVBl. 1966, 738 und *Ossenbühl,* Gutachten, B 198. Wie hier ablehnend *Oldiges,* 162 f.

schrankenbestimmende Regelungen gemäß Art. 14 I 2 GG[233]. Der Fortbestand einer eigentumsgestaltenden Bestimmung ist grundsätzlich dann gesichert, wenn das private Interesse an der Aufrechterhaltung der Regelung das öffentliche Interesse an deren Änderung überwiegt, ohne daß es dabei in jedem Fall des Rückgriffs auf den Vertrauensschutz bedarf. In der Sache handelt es sich hier jedoch nicht um einen selbständigen, aus dem Vertrauensschutzprinzip abgeleiteten Planfortbestandsanspruch.

Gleiches gilt soweit für eine Planänderung das Willkürverbot herangezogen[234] und ein Anspruch auf Planfortbestand dann gewährt wird, wenn eine Planänderung ohne sachlichen Grund erfolgt. Die Beachtung des Willkürverbotes folgt für inhalts- und schrankenbestimmende Regelungen nach Art. 14 I 2 GG bereits aus dem Übermaßverbot[235], das den Planfortbestand ausreichend schützt, aber keinen besonderen Plangewährleistungsanspruch enthält.

Das Vertrauensschutzprinzip rechtfertigt somit keine zusätzliche, über die anderen verfassungsrechtlichen Anforderungen hinausgehende Begrenzung des gemäß Art. 14 I 2 GG zur Eigentumsgestaltung befugten Organs[236]. Eine Plan- also auch eine Paritätsänderung, Devisenkursfreigabe und Bandbreitenverringerung unterliegen dem generellen Abwägungsprinzip öffentlicher und privater Interessen, bei dem ein etwaiger Vertrauenstatbestand auf Seiten des Planadressaten zu berücksichtigen ist.

β) *Planfortbestandsanspruch bei Paritätsänderung, Devisenkursfreigabe und Bandbreitenveränderung*

Aus den vorangegangenen Überlegungen folgt, daß die Beibehaltung einer bestimmten Parität ebensowenig wie das Festhalten an fixen

---

[232] Das Bundesverfassungsgericht (BVerfGE 36, 281, 293) sieht den Grundsatz des Vertrauensschutzes für vermögenswerte Güter in Art. 14 I GG selbst verankert.

[233] Vgl. 3. Teil, § 5, 1 a.

[234] *Egerer*, 119 f.; *Fröhler*, Wirtschaftsrecht, 140; *Kriele*, DÖV 1967, 536. *Egerer*, 119 f. will jedoch — unter ausdrücklicher Ablehnung von *Kriele*, DÖV 1967, 535 f. — einen Anspruch auf Planfortbestand *nur* bei Verstoß gegen das Willkürverbot zulassen und lehnt die Notwendigkeit des überwiegenden öffentlichen Interesses ab.

[235] Vgl. 3. Teil, § 5, 2 h aa passim.

[236] An eine, speziell dem Vertrauensschutz zu entnehmende Beschränkung staatlichen Handelns nach Art. 14 I 2 GG könnte man denken, wenn eine Planänderung ex tunc, also auf einen in die Vergangenheit zurückreichenden Zeitpunkt bezogen wird (vgl. *Redeker*, JZ 1968, 541). Für die untersuchten Maßnahmen erlangt dieser Fall jedoch keine Bedeutung, da sie regelmäßig ex nunc wirken und zukunftsbezogen sind. Überdies liegt auch hier kein Planfortbestandsanspruch vor, sondern ein allgemeines Rückwirkungsproblem.

Paritäten oder einer bestimmten Bandbreite auf einen Planfortbestandsanspruch gestützt werden kann. Die Fortführung dieser währungspolitischen Maßnahmen beurteilt sich ausschließlich nach den allgemeinen, bei eigentumsgestaltenden Bestimmungen zu beachtenden Grundsätzen. Wenn aber die Voraussetzungen einer Paritätsänderung oder Devisenkursfreigabe vorliegen, so überwiegt das öffentliche Interesse etwa entgegenstehende Individualinteressen[237]. Die damit vorhandene Legitimation wird nicht durch einen Rückgriff auf einen Planfortbestandsanspruch beseitigt.

Selbst wenn man grundsätzlich die Möglichkeit einer Begrenzung der hoheitlichen Regelungsbefugnis nach Art. 14 I 2 GG aus Gründen des Vertrauensschutzes im Sinne eines eigenständigen Planfortbestandsanspruches anerkennen wollte, könnte die Paritätsfestsetzung keinen Vertrauenstatbestand der wirtschaftenden Individuen begründen, aus dem sich eine eingeschränkte Änderbarkeit der Parität oder eine Unzulässigkeit der Freigabe der Devisenkurse ableiten ließe. Der Plangewährleistung liegt nämlich die Vorstellung zugrunde, daß der wirtschaftlich Disponierende zunehmend darauf angewiesen ist, sein wirtschaftliches Verhalten an Empfehlungen, Richtlinien und Plänen auszurichten[238], und ihm dabei Risiken auferlegt werden, die über das Maß hinausgehen, welches ohne staatliche Lenkung bestünde[239]. Bezüglich der indikativen Wirkung der Parität fehlt es aber an der für die Planungstätigkeit typischen *Verschiebung des Risikos* zu Lasten der planabhängigen Wirtschafter. Die fixierte Parität erhöht das Risiko des Wirtschafters nicht, sie bewirkt im Gegenteil eine Reduzierung des Unternehmerrisikos. Die staatliche Lenkung in Form der Paritätsfestsetzung gewährt dem Wirtschafter ein hohes Maß an Verläßlichkeit auf ein bestimmtes Austauschverhältnis der eigenen Währung und damit eine zuverlässige Kalkulationsbasis. Die Bildung freier Devisenkurse auf dem Markt ohne staatliche Einflußnahme liegt daher auch keineswegs im Interesse der Unternehmer[240].

Einem Planfortbestandsanspruch stünde weiter entgegen, daß es dem unter Ausnutzung einer für ihn günstigen Parität disponierenden Wirtschafter[241] an einem schutzwürdigen Vertrauen auf das Fortbestehen der alten Parität oder fixierter Devisenkurse fehlt. Da zumin-

---

[237] Vgl. 3. Teil, § 5, 1 b c und d.

[238] *Burmeister*, Die Verwaltung 2 (1969), 23.

[239] *Kriele*, DÖV 1967, 535 f. Siehe auch zur Vermengung von Freiheit und Zwang, zur Vernebelung der Verantwortlichkeiten *Ossenbühl*, Gutachten, B 197.

[240] Vgl. *DIHT*, 12, 37, 44.

[241] Z. B. Dispositionen in Form von Investitionen (etwa Anschaffung zusätzlicher Produktionsmittel wegen Zunahme des Exportgeschäftes) oder Neueinstellung von Arbeitskräften.

dest Paritätsänderungen sich wirtschaftspolitisch langfristig ankündigen, kann auch in der Regel davon ausgegangen werden, daß dem Wirtschafter die bevorstehenden währungspolitischen Maßnahmen bekannt sind. Die Verläßlichkeit auf den Bestand einer *bestimmten* Parität steht immer unter dem Vorbehalt ihrer notwendigen Anpassung an die veränderten Verhältnisse des Marktes. Der Unternehmer wird sich zudem bewußt sein, daß sich die für ihn positive wirtschaftliche Entwicklung häufig auf eine unrealistische und damit änderungsbedürftige Parität stützt. Vertrauensschutzhemmend gegenüber Paritätsänderungen wirkt sich weiter aus, daß ihre materiellen Voraussetzungen in Art. IV, Abschnitt 5 IWFA normiert und damit für den Planadressaten erkennbar und voraussehbar sind.

Auch gegenüber einer Bandbreitenveränderung ist den tangierten Wirtschaftern die Berufung auf einen Vertrauenstatbestand verwehrt. Der Umfang der Bandbreite wird vor allem im europäischen Bereich ersichtlich von währungs- und wirtschaftspolitischen Erwägungen bestimmt. Die allein eigentumsrelevante Bandbreitenverringerung begünstigt den internationalen Handel insofern, als sie das Kursschwankungsrisiko schmälert und damit die Kalkulationsbasis präzisiert.

i) Die Einhaltung der Gesetzgebungskompetenz

Eigentumsgestaltende Regelungen nach Art. 14 I 2 GG sind verfassungswidrig, wenn sie den Umfang der Gesetzgebungskompetenz überschreiten[242]. Paritätsänderung und Floating fallen in den Bereich der ausschließlichen Gesetzgebungskompetenz des Bundes nach Art. 73 Zif. 4 GG für das Währungs-, Geld- und Münzwesen[243]. Wegen der sachlichen Verwandtheit mit Paritätsänderungen und Devisenkursfreigaben wird auch die Verringerung der Bandbreiten von Art. 73 Zif. 4 GG erfaßt.

Ein Kompetenzproblem taucht aber vor allem hinsichtlich des innerhalb des Bundes zuständigen Organs auf. Dieser umstrittenen Frage soll hier nur insoweit nachgegangen werden[244], als die Antworten durch die bisher gewonnenen Ergebnisse vorgezeichnet sind. Da der Paritätsänderung, Devisenkursfreigabe und Bandbreitenverringerung Eigentumsrelevanz zukommt, müssen die Maßnahmen entweder unmittelbar vom Gesetzgeber oder durch ein gesetzlich ermächtigtes Entscheidungsorgan getroffen werden. Zur Vornahme eigentumsgestaltender Regelungen ist zwar auch die Exekutive befugt[245], sie bedarf dann

---

242 BVerfGE 34, 139, 146; siehe auch BVerfGE 24, 367, 384 f.

243 Vgl. 2. Teil, § 1, 1.

244 Vgl. die eingehende Darstellung bei *Hoffmann*, Währungsparität, 143 ff.

245 *Hoffmann*, Währungsparität, 83 m. w. N.

aber einer hinreichenden, Art. 80 GG entsprechenden Legitimation durch ein förmliches Gesetz[246]. Als Ermächtigungsgrundlage für die Paritätsänderung und das Floating ist § 4 S. 2 StabG anzusehen, der der Bundesregierung die Befugnis einräumt, bei Störungen des außenwirtschaftlichen Gleichgewichtes die zu seiner Wahrung zur Verfügung stehenden wirtschaftspolitischen Mittel einzusetzen[247]. Zu dem Kreis der von § 4 S. 2 StabG erfaßten Maßnahmen zählt auch die Auf- und Abwertung[248] sowie wegen ihrer inhaltlichen Affinität[249] die Freigabe der Devisenkurse. Zuständiges Organ zur Entscheidung über den Einsatz dieser währungspolitischen Maßnahmen ist daher die Bundesregierung[250].

Für eine Bandbreitenverringerung fehlt es an einer ausdrücklichen Delegationsnorm an die Exekutive. Die einschlägigen Bestimmungen der völkerrechtlichen Verträge[251] sprechen nur von den „Vertragsparteien" (Art. 9, 13 EWA) oder den „Mitgliedstaaten" (Art. 107 II EWGV), lassen aber offen, welchem Staatsorgan innerstaatlich die Ausführung der vertraglichen Verpflichtung obliegt[252]. Dennoch wird man nicht annehmen können, daß sich der Gesetzgeber die Entscheidung über eine Bandbreitenverringerung vorbehalten wollte, wenn er schon die ungleich bedeutsameren Paritätsänderungen und Devisenkursfreigaben aus der Hand gibt.

---

[246] Vgl. BVerfGE 8, 71, 79; 9, 338, 343, wonach unter „Gesetz" i. S. d. Art. 14 I 2 GG auch auf gesetzlicher Grundlage beruhende Rechtsverordnungen zu verstehen sind (siehe *Wilke,* AöR 98 (1973), 240). Die Delegationsmöglichkeit der Eigentumsgestaltung auf die Exekutive ist jedoch nicht unbegrenzt; siehe dazu BVerwGE 18, 247, 250.

[247] Anders *Hoffmann,* Währungsparität, 190; *Hoffmann-Riem,* BB 1969, 1376, der aus dem IWFA, EWA, EWG-Vertrag und dem StabG in Verbindung mit den Kompetenzzuweisungen des Grundgesetzes eine „Gesamtermächtigung" annimmt. *Tomuschat,* 42, geht dagegen von einer stillschweigenden, sich aus dem IWFA in Verbindung mit dem Zustimmungsgesetz ergebenden Ermächtigungsgrundlage für die Bundesregierung aus (zum Bestimmtheitsgebot des Art. 80 I 2 GG in Bezug auf die Paritätsänderung siehe *Hoffmann,* Währungsparität, 194 ff.).

[248] *Münch,* in: Stern / Münch / Hansmeyer, § 4 Anm. VII 2 a und VIII 1 a; *Möller,* § 4 Anm. 8.

[249] Vgl. 1. Teil, § 4, 2.

[250] So die herrschende Meinung, wenn auch mit unterschiedlicher Begründung; vgl. *Fögen,* Währungsrecht, 62 f.; *Schönle,* 366; *Caspers,* BB 1961, 341; *Brackmann,* 66 ff.; *Greitemann,* 245 f.; *Möller,* § 4 Anm. 8. Auf die weitergehende Frage, ob die Bundesregierung als Kollegialorgan, der Bundeskanzler im Rahmen seiner Richtlinienkompetenz oder der zuständige Fachminister die Entscheidung zu treffen haben, soll hier nicht eingegangen werden; vgl. dazu *Hoffmann,* Währungsparität, 146 ff. m. w. N.

[251] § 4 S. 2 StabG wird auch bei extensivster Interpretation auf eine Bandbreitenverringerung, die der Koordination der europäischen Währungspolitik dienen soll, nicht anwendbar sein.

[252] Vgl. zum IWFA *Hoffmann,* Währungsparität, 123.

Vierter Teil

Paritätsänderung, Devisenkursfreigabe und Bandbreitenverringerung als enteignungsgleicher Eingriff

Paritätsänderung, Devisenkursfreigabe und Bandbreitenverringerung sind wegen der mit ihnen verbundenen Wertbeeinträchtigungen darauf zu untersuchen, ob sie im Rahmen der entschädigungslos hinzunehmenden Sozialbindung des Eigentums verbleiben oder entschädigungspflichtige Eingriffe in das Eigentum im Sinne des Art. 14 III GG darstellen[1]. Dabei soll davon ausgegangen werden, daß die währungspolitischen Maßnahmen in Einklang mit den relevanten gesetzlichen Bestimmungen, also insbesondere den §§ 1 und 4 StabG, Art. 104 und 107 EWGV und Art. IV IWFA, stehen und damit auch den allgemeinen, bei Regelungen nach Art. 14 I 2 GG zu beachtenden Begrenzungen entsprechen.

Da sowohl die Paritätsänderung als auch die Devisenkursfreigabe und die Bandbreitenverringerung nicht mit einer Entschädigungsregelung verknüpft sind, kommt als Anspruchsgrundlage für eine Entschädigung ein Anspruch wegen enteignungsgleichen Eingriffs analog Art. 14 III GG in Betracht. Dogmatisch ist beim enteignungsgleichen Eingriff zwischen zwei Erscheinungsformen zu unterscheiden, dem eigentlichen *enteignungsgleichen* Eingriff, bei dem zwar der Enteignungstatbestand des Art. 14 III GG, nicht aber dessen Rechtmäßigkeitsvoraussetzungen erfüllt sind[2], und dem im weiteren Sinne enteignungsgleichen Eingriff, für den allein der rechtswidrige Eingriff unabhängig von der Existenz der Enteignungsmerkmale kennzeichnend ist[3]. Da die untersuchten währungspolitischen Maßnahmen dem „Wohle der Allgemeinheit" dienen[4] und ihre Zulässigkeit nur wegen eines eventuellen

---

[1] Es sollen nur die Entschädigungsansprüche wegen *erfolgter* Paritätsänderung, Devisenkursfreigabe und Bandbreitenverringerung geprüft werden, nicht aber die Frage, ob Ansprüche bei Unterlassen dieser Maßnahmen bestehen (siehe hinsichtlich unterbliebener Paritätsänderung *Hoffmann-Riem*, BB 1969, 1381).

[2] Dazu grundlegend BGHZ 6, 270, 290.

[3] Dazu insbesondere BGHZ 32, 208, 211. Siehe zu dieser Differenzierung des enteignungsgleichen Eingriffs *Kimminich*, JuS 1969, 358 f.; *Wagner*, NJW 1967, 2333 f.; *Schwerdtfeger*, 98.

[4] Vgl. 3. Teil, § 5, 2 e.

Verstoßes gegen die Junktim-Klausel in Frage gestellt wird, sind sie dem enteignungsgleichen Eingriff im engeren Sinne zuzuordnen. Diese Entscheidung ist jedoch nur von theoretischer Bedeutung, da die Voraussetzungen des Entschädigungstatbestandes in beiden Formen identisch sind und beide Arten des enteignungsgleichen Eingriffs zu einer Entschädigung des Betroffenen führen.

§ 1 Entschädigung bei Paritätsänderungen wegen enteignungsgleichen Eingriffs

Dem von einer Paritätsänderung betroffenen Wirtschafter steht ein Anspruch auf Entschädigung wegen enteignungsgleichen Eingriffs zu, wenn diese Maßnahme unmittelbar nachteilige Wirkungen auf ihm zuzuordnende und Eigentum im Sinne des Art. 14 GG darstellende Vermögenswerte ausübt. Der Entschädigungsanspruch setzt weiter voraus, daß die Paritätsänderung über die bloße Eigentums- und Sozialbindung hinausgehend als Eingriff mit enteignender Wirkung zu qualifizieren ist.

1. Unmittelbarer Eingriff in vermögenswerte Rechte

a) Die Paritätsänderung als Eingriff in das durch Art. 14 GG geschützte Eigentum

Eine Änderung der Währungsparität mindert den Wert von Devisenbeständen und Forderungen, wirkt sich bei Schulden belastend für das Vermögen aus und beeinträchtigt eingerichtete und ausgeübte Gewerbebetriebe[5]. Die tangierten Eigentumsobjekte stehen sämtlich unter dem Schutz des Art. 14 GG[6]. Von den währungspolitischen Maßnahmen gehen somit nicht nur bloße nachteilige Auswirkungen aus, sondern sie beeinträchtigen die Eigentümer in ihren sich aus dem Eigentum ergebenden Rechtspositionen[7]. Unschädlich ist, daß der Eingriff nicht zu einem Vollentzug des Eigentums führt, da auch Eigentumsbeschränkungen und -belastungen mit enteignender Wirkung ausgestattet sein können[8].

---

[5] Vgl. 3. Teil, § 3, 2 a aa passim.

[6] Siehe dazu 2. Teil, § 3, 2 a - c.

[7] Siehe zu dieser Unterscheidung BGH, U. v. 28. 1. 1974, NJW 1974, 637.

[8] *Maunz*, in: Maunz / Dürig / Herzog, Art. 14 Rdnr. 79; *Wolff / Bachof*, § 62 III b 2 ß; *Hesse*, 182; *Kröner*, Eigentumsgarantie, 16 (m. w. N.); *Hamann / Lenz*, Art. 14 Anm. B 6; *v. Mangoldt / Klein*, Art. 14 Anm. VII 3 b; *Kimminich*, in: Bonner Kommentar, Art. 14 Rdnrn. 43 ff.

b) Zur Unmittelbarkeit des Eingriffs

Ein Eingriff im enteignungsrechtlichen Sinn setzt voraus, daß die hoheitliche Maßnahme unmittelbar die Beeinträchtigung des Eigentums herbeiführt[9]. Die eigentumsbeeinträchtigenden Wirkungen müssen von der hoheitlichen Maßnahme selbst ausgehen und dürfen nicht erst über Zwischenglieder eintreten[10].

Die enteignungsrechtliche Unmittelbarkeit muß dabei zunächst als kausalitätsbegrenzendes Kriterium im Verhältnis zur weiten conditio sine qua non-Ursächlichkeit gesehen werden. Die Unmittelbarkeit des Eingriffs erfordert daher auch in erster Linie, daß die hoheitliche Maßnahme überhaupt *kausal* die Eigentumsbeeinträchtigung ausgelöst hat.

Der Paritätsänderung kann man die Kausalität für die Eigentumsbeeinträchtigung nicht mit dem Hinweis darauf absprechen, daß Auf- und Abwertung nur eine Reaktion auf bereits erfolgte wirtschaftliche Veränderungen enthielten und ihnen daher überwiegend deklaratorischer Charakter zuzubilligen sei[11]. Erst der hoheitliche Akt Paritätsänderung löst die Wertveränderung des Eigentums aus, denn ohne die Auf- oder Abwertung würde die bisherige, wenn auch unrealistische Parität weiterhin den Wert des Eigentums bestimmen.

Mit Hilfe des Unmittelbarkeits-Dogmas soll im Wege der Kausalitätsbegrenzung zugleich eine Haftungsbeschränkung für hoheitliche Eingriffe in vermögenswerte Rechte erreicht werden. Neben dem materiellen Kriterium der enteignenden Wirkung des Eingriffs ist damit in den Enteignungstatbestand eine zweite „Haftungsbremse" eingebaut[12]. Dieser Absicht der Begrenzung der staatlichen Entschädigungsverpflichtung kann man die Legitimation nicht absprechen, zumal nach der Preisgabe des Erfordernisses der Zielgerichtetheit der hoheitlichchen Maßnahme[13] ein weiteres haftungsbegrenzendes Merkmal nicht

---

[9] BGHZ 23, 235, 240; 37, 44, 47 f.; 48, 46, 49; 48, 58, 64; 49, 340, 343; 54, 332, 338; 55, 229, 231; *Kröner*, Eigentumsgarantie, 20 f.; *Schack*, DÖV 1973, 391 ff.; *Friauf*, VVDStRL 27, 15; *Maunz*, in: Maunz / Dürig / Herzog, Art. 14 Rdnr. 86; *Wagner*, NJW 1966, 569 ff.; *Kimminich*, in: Bonner Kommentar, Art. 14 Rdnr. 117; *Peter*, JZ 1969, 556 f.; *Hall*, 110; *Ossenbühl*, JuS 1971, 577. Zur Kritik am Merkmal der Unmittelbarkeit siehe *Häberle*, VVDStRL 30, 86; *Bender*, Staatshaftungsrecht, 29 f.; *Battis*, 29 f.; *Konow*, 64 f., hält das Erfordernis der Unmittelbarkeit bei Art. 14 III GG für überflüssig.

[10] Vgl. *Peter*, JZ 1969, 556 f.; *Wagner*, NJW 1966, 572.

[11] In diesem Sinn *Friauf*, Die Verwaltung 5 (1972), 353; siehe dazu 3. Teil, § 1, 2 a und § 3, 1 c.

[12] Siehe zur Unmittelbarkeit als zusätzlichem Zurechnungskriterium neben der Kausalität zwischen hoheitlicher Handlung und Eigentumsbeeinträchtigung *Gronefeld*, 103 f.; *Bender*, Staatshaftungsrecht, 30.

[13] Vgl. *Kröner*, Eigentumsgarantie, 22 f.; *Bender*, Staatshaftungsrecht, 22 f.; *Ossenbühl*, JuS 1971, 577 f.; *Bull*, DÖV 1971, 306.

mehr zur Verfügung steht. Man wird sich jedoch bewußt sein müssen, daß sich aus dem Begriffspaar „unmittelbar - mittelbar“ keine eindeutige, für alle Fälle gültige Abgrenzung gewinnen läßt[14]. Zur Bestimmung der Unmittelbarkeit bedarf es letztlich der Bildung von Fallgruppen und Herausprägung von Wertungen[15], die den konkreten Rechtsgebieten adäquat sind.

Bei einer Paritätsänderung ergibt sich die *Unmittelbarkeit* der Wertminderung des tangierten Eigentums zunächst daraus, daß der Staat bei der Paritätsfestsetzung dem Wirtschafter kraft seines Währungsmonopols mit gebietender Wirkung gegenübertritt, indem er der Außenwertveränderung der Währung Zwangscharakter verleiht[16]. Die für die Unmittelbarkeit typische enge Verbindung zwischen Ursache und Wirkung besteht grundsätzlich, wenn der Staat die Eigentumsbeeinträchtigung unter Einsatz hoheitlichen Zwanges bewußt herbeiführt. Diese unmittelbare Verknüpfung zwischen Eingriff und Eigentumsbeeinträchtigung wird auch nicht durch das Erfordernis des Paritätsvollzuges, d. h. der Anbindung der Devisenkurse an die neue Parität[17], unterbrochen, da bereits die Entscheidung über die Änderung der Parität die Eigentumswertminderung auslöst[18]. Dies erweist sich unter anderem darin, daß im Falle der Übertragung einer Forderung der Inhaber schon nach Bekanntgabe der Paritätsentscheidung eine Werteinbuße hinnehmen muß[19]. Auch hinsichtlich der sich beim eingerichteten und ausgeübten Gewerbebetrieb einstellenden Beeinträchtigungen schafft die Paritätsänderung nicht nur die *Gefahr* des Eintretens einer Wertminderung, die erst durch den Paritätsvollzug zum Schadenseintritt führt, sondern die Paritätsänderung ist selbst als *bestimmendes* Ereignis der Eigentumsbeeinträchtigung zu werten[20].

---

[14] So zutreffend *Gronefeld*, 99. Zur begrifflichen Unschärfe des Unmittelbarkeitsbegriffes siehe auch *Konow*, 64; *Bender*, Staatshaftungsrecht, 30; *Maunz*, in: Maunz / Dürig / Herzog, Art. 14 Rdnr. 86; *Friauf*, VVDStRL 27, 15, Fußn. 68; *E. Schneider*, NJW 1967, 1754. Dagegen entnimmt *Schack*, DÖV 1973, 391 der Unterscheidung zwischen unmittelbaren und mittelbaren Schädigungen zu Unrecht eine „scharfe Charakterisierung“.

[15] So *Maunz*, in: Maunz / Dürig / Herzog, Art. 14 Rdnr. 86; *Gallwas*, 24.

[16] Vgl. zur imperativen Wirkung der Paritätsänderung als Maßnahme staatlicher Wirtschaftsplanung 3. Teil, § 3, 2 b aa ß.

[17] Vgl. *Hoffmann*, Währungsparität, 7.

[18] Ebenso *Tomuschat*, 30 und im Ergebnis auch *Hoffmann*, Währungsparität, 81 f.

[19] Da die Enteignungsentschädigung einen Wertausgleich für erlittene Substanzverluste gewährt, die den Betroffenen in die Lage versetzen soll, sich mit der Entschädigung ein gleichwertiges Objekt wiederzubeschaffen (BGHZ 41, 354, 358), ist eine Entschädigung bei erfolgter Wertminderung aber unabhängig davon zu leisten, ob sich der Wertverlust beim Eigentümer durch Verkauf realisiert.

[20] Vgl. die ähnliche Argumentation in BGHZ 54, 332, 338 („Ampel-Fall“), wo auf das „Hinzutreten weiterer Umstände“ abgestellt wird.

Die Paritätsänderung führt somit zu einer unmittelbaren Beeinträchtigung einzelner vermögenswerter Rechte sowie des durch Art. 14 GG gleichfalls geschützten Vermögens.

2. Abgrenzung von enteignenden Eingriffen gegenüber Inhalts- und Schrankenbestimmungen des Eigentums

Ein Anspruch auf eine Entschädigung wegen einer Paritätsänderung besteht nur, wenn dem unmittelbaren Eingriff in das Eigentum enteignende Wirkung zukommt. Umstritten ist jedoch, wo die Trennungslinie zwischen entschädigungslos hinzunehmender Eigentumsbindung und enteignenden Eingriffen festzumachen ist und welche dogmatischen Kriterien zur Differenzierung heranzuziehen sind. Die Entwicklung der Rechtsprechung zum Enteignungsrecht und die Ausprägung des Enteignungsrechtes selbst rechtfertigen es, nur die Grundzüge der verschiedenen Auffassungen darzustellen.

a) Die Enteignungstheorien in Rechtsprechung und Literatur

Nach der Auffassung des Bundesgerichtshofes stellt die Enteignung einen Eingriff in das Eigentum dar, der die betroffenen Einzelnen oder Gruppen im Vergleich zu anderen ungleich, besonders trifft und sie zu einem besonderen, den übrigen nicht zugemuteten Opfer für die Allgemeinheit zwingt, und zwar zu einem Opfer, das gerade nicht den Inhalt und die Grenzen der betroffenen Rechtsgattung allgemein und einheitlich festlegt, sondern das aus dem Kreis der Rechtsträger einzelne oder Gruppen von ihnen unter Verletzung des Gleichheitssatzes besonders trifft oder den Wesensgehalt des Eigentums antastet[21]. Die enteignende Wirkung des Eingriffs konstituiert sich nach dieser modifizierten Einzelakt- oder *Sonderopfertheorie* somit aus einem formellen und einem materiellen Element, der Verletzung des Gleichheitssatzes und der Abverlangung eines nicht zumutbaren Opfers[22].

---

[21] Grundlegend BGHZ 6, 270, 280 (der Bundesgerichtshof stellt hier allerdings noch nicht auf Art. 19 II GG ab); ständige Rechtsprechung des Bundesgerichtshofes (vgl. *Kröner*, Eigentumsgarantie, 12); siehe zuletzt BGHZ 60, 126, 130; 60, 145, 147; BGH, U. v. 15. 11. 1973, NJW 74, 275, 276. Ebenso OLG München, U. v. 8. 2. 1973, DVBl. 1974, 434, 436. Vgl. zur neueren Entwicklung dieser Rechtsprechung *Peter*, JZ 1969, 551 ff. Der Auffassung des Bundesgerichtshofes stimmen unter anderem zu: *Wolff / Bachof*, § 62 III b 2 ß und c; *v. Mangoldt / Klein*, Art. 14 Anm. VII 4; *Bachof*, Verfassungsrecht, Bd. I, 156 f.; *W. Weber*, Eigentum und Enteignung, 373.

[22] Vgl. *Götz*, NJW 1974, 116; *Kröner*, Eigentumsgarantie, 57. Siehe zur Bedeutung des Gleichheitssatzes als Opferausgleichssatz im Rahmen des Art. 14 III GG *Dürig*, in: Maunz / Dürig / Herzog, Art. 3 Abs. I Rdnr. 56 m. w. N.

Das Bundesverwaltungsgericht bestimmt dagegen die Abgrenzung zwischen entschädigungsloser Eigentumsbindung und Enteignung nach der *Schwere und Tragweite* des Eingriffs in das Eigentum[23]. Die materielle Intensität und die Unerträglichkeit kennzeichnen hier die Enteignung. Aus der Gegenüberstellung von Schwere und Unerträglichkeit ergibt sich, daß ein schwerer Eingriff nicht in jedem Fall auch ein unerträglicher sein muß und somit im Rahmen der Sozialbindung verbleiben kann[24]. Umgekehrt muß aber jeder unerträgliche Eingriff zugleich als schwer angesehen werden[25].

Mögen diese beiden „Theorien" auf den ersten Blick auch voneinander weit entfernt erscheinen, so hat sich doch in der Rechtsprechung eine weitgehende sachliche Annäherung vollzogen, die sich auch in den Ergebnissen niederschlägt[26]. Der Bundesgerichtshof hat bei seiner Enteignungsdogmatik erhebliche Abstriche machen müssen. Durch die Anerkennung der Möglichkeit einer Enteignung von *Gruppeneigentum*[27] wurde der strenge Einzelaktbegriff aufgeweicht; durch das Erfordernis der *fühlbaren* Beeinträchtigung des Eigentums auch im Falle individueller Betroffenheit[28] wurde die Bedeutung des Gleichheitssatzes abge-

---

[23] BVerwGE 5, 143, 145 f.; 7, 297, 299; 11, 68, 75; 15, 1 ff.; 32, 173, 179; BVerwG, U. v. 23. 6. 1972, DÖV 1973, 209, 210; U. v. 14. 12. 1973, NJW 1974, 811; U. v. 8. 3. 1974, DÖV 1974, 390, 391; BVerwG, U. v. 1. 6. 1974, JR 1975, 39; U. v. 5. 7. 1974, NJW 1975, 70, 75. Ebenso OVG Münster, U. v. 3. 10. 1973, DVBl. 1974, 364, 365. Das BayObLG, U. v. 21. 10. 1974, NJW 75, 693, 694 stellt bei Erschwerungen der Grundstückszufahrt darauf ab, ob es sich um eine *wesentliche* Beeinträchtigung handelt. Siehe zur Rechtsprechung des Bundesverwaltungsgerichts *Schack*, NJW 1963, 750 ff. Zustimmend: *Forsthoff*, Verwaltungsrecht, 342 f.; *Bender*, NJW 1965, 1304; *Kimminich*, JuS 1969, 356 f.; *Leisner*, Sozialbindung, 143 ff.; *ders.*, NJW 1975, 235; *Selmer*, Steuerinterventionismus, 341.

[24] So ausdrücklich jetzt BVerwG, U. v. 1. 6. 1974, JR 1975, 39, LS 1; U. v. 14. 12. 1973, NJW 1974, 811, 812.

[25] So OVG Münster, U. v. 3. 10. 1973, DVBl. 1974, 364, 365.

[26] In dieser Feststellung ist sich die Literatur einig; vgl. z. B. *Hesse*, 183; *Kimminich*, in: Bonner Kommentar, Art. 14 Rdnr. 59; *Wagner*, in: Festschrift Jahrreiss, 447; *Kreft*, in: Ehrengabe Heusinger, 178; *ders.*, Aufopferung und Enteignung, 22; *Bender*, NJW 1965, 1303; *R. Schneider*, Verw. Arch. 58 (1967), 316 f.; *Bielenberg*, DVBl. 1971, 448 Fußn. 42; *Bachof*, Verfassungsrecht, Bd. I, 157; Bd. II, 117 f.; *Bender*, Staatshaftungsrecht, 11.

[27] Vgl. BGHZ 15, 268, 272. Siehe zum Begriff des Gruppeneigentums *Schack*, NJW 1967, 614. Kritisch zu dieser Fallgruppe auch *Bender*, NJW 1965, 1303; *Kimminich*, JuS 1969, 355; *Möschel*, 171 f.; *Schack*, NJW 1967, 614.

[28] Es muß eine „gewisse Opfergrenze" überschritten sein und eine fühlbare, nicht notwendig „besonders schwere" Beeinträchtigung vorliegen. Siehe BGHZ 50, 93, 98; 57, 359, 366; BGH, U. v. 30. 5. 1960, MDR 1960, 1000; U. v. 14. 7. 1965, NJW 1965, 2101, 2102 (a. E.). Symptomatisch auch BGHZ 57, 359, 363, wo ohne ausdrückliche Erwähnung des Gleichheitssatzes die Enteignung als Auferlegung eines über die Sozialbindung hinausgehenden Opfers charakterisiert wird. Vgl. auch *Bender*, NJW 1965, 1299.

wertet und das Gewicht zugunsten der Intensität des Eingriffs verschoben. Das materielle Moment der Schwere des Eingriffs hat auch im Rahmen der modifizierten Einzelakttheorie wesentliche Bedeutung erlangt[29]. Sowohl bei der vom Bundesgerichtshof herangezogenen Zumutbarkeit des Opfers als auch bei der für das Bundesverwaltungsgericht maßgeblichen Erträglichkeit des Eingriffs handelt es sich um wertausfüllungsbedürftige Begriffe, die aber inhaltlich nicht divergieren[30].

Eine Angleichung zwischen Sonderopfer- und Schweretheorie wird weiter dadurch bewirkt, daß sowohl der Bundesgerichtshof als auch das Bundesverwaltungsgericht auf die *Pflichtigkeit* und *Situationsgebundenheit* des Eigentums abstellen[31]. Ausgangspunkt hierfür sind die sich aus der Sozialbindung des Eigentums für den Eigentümer ergebenden Pflichtigkeiten. Mit Rücksicht auf die Situationsbedingtheit des Eigentums kann für den Eigentümer die Pflicht erwachsen, eine bestimmte Nutzung zu unterlassen, und zwar dann, wenn der „vernünftige und einsichtige Eigentümer" von sich aus wegen der besonderen Situation eine bestimmte Verwendung nicht vornehmen würde[32]. Das entschädigungslose Zurückweichen des Eigentümers rechtfertigt sich durch die „zwingenden Erfordernisse einer sinnvollen, dem Wohl der Allgemeinheit dienenden Ordnung"[33]. In der Pflichtigkeit und Situationsgebundenheit spiegelt sich also nichts anderes wieder als die bei Inhalts- und Schrankenbestimmungen des Eigentums nach Art. 14 I 2 GG zu beachtende Schranke des öffentlichen Interesses[34].

Die Situations*gebundenheit* hat aber nicht nur eine beschränkende Seite, sondern kann auch zu einer Situations*berechtigung* führen, wenn

---

[29] Vgl. z. B. BGHZ 30, 338, 347 f.; 54, 293, 296; 57, 359, 365; 59, 359, 365; zuletzt besonders deutlich BGHZ 60, 126, 132; siehe *Schack*, NJW 1967, 614; *Wagner*, in: Festschrift Jahrreis, 447; *Maunz*, in: Maunz / Dürig / Herzog, Art. 14 Rdnr. 91; *Kreft*, in: Ehrengabe Heusinger, 175 f.; *Bender*, NJW 1965, 1299, 1300; *Kimminich*, JuS 1969, 292 ff.; *R. Schneider*, Verw. Arch. 58 (1967), 315 f.; *Bachof*, Verfassungsrecht, Bd. II, 118.

[30] So jetzt auch das Bundesverwaltungsgericht (BVerwG, U. v. 1. 6. 1974, JR 1975, 39, 40).

[31] Dazu grundlegend BGHZ 23, 30, 33; weiterführend BGHZ 40, 355, 365 f.; 60, 126, 130 ff.; 60, 145, 147 f.; BGH, U. v. 15. 11. 1973, NJW 1974, 275, 276; ebenso BVerwGE 32, 178 f. (m. w. N.); BVerwG, U. v. 14. 12. 1973, NJW 1974, 811; U. v. 5. 7. 1974, NJW 1975, 70, 75. Siehe dazu *Maunz*, DÖV 1975, 3 f.; *Bender*, NJW 1965, 1300 f.; *Kröner*, Eigentumsgarantie, 62 ff. m. w. N.; *ders.*, DVBl. 1969, 162 f.; *Badura*, Entschädigung, 21; kritisch *E. Schneider*, DÖV 1965, 294 ff.

[32] Vgl. BGHZ 40, 355, 365 f. (Entzug des Kundenstammes eines Gewerbebetriebes im Rahmen der Situationsgebundenheit); 60, 126, 130; BGH, U. v. 15. 11. 1973, NJW 1974, 275, 276.

[33] So BGHZ 23, 30, 33; 30, 338, 343; 60, 126, 131; vgl. auch *Kröner*, Eigentumsgarantie, 63.

[34] Vgl. dazu 3. Teil, § 5, 1 passim.

eine bestimmte, sich objektiv anbietende Eigentumsnutzung untersagt oder wesentlich eingeschränkt wird[35]. Während die das Eigentum in seiner Situationsgebundenheit treffende Regelung keinen enteignenden Eingriff darstellt, weil es insoweit schon am enteignungsfähigen vermögenswerten Recht mangelt[36], löst der die Situationsberechtigung tangierende Eingriff eine Entschädigungspflicht aus.

Sowohl die Situationsgebundenheit als auch die Situationsberechtigung haben mit der Sonderopfer- oder Schweretheorie nichts gemein. In der Sache handelt es sich um ungeschriebene Inhalts- und Schrankenbestimmungen des Eigentums[37]. So richtig die zugrunde liegende Vorstellung von der Einbettung des Eigentums in den örtlichen oder sozialen Bezug auch ist, so sehr muß doch die durch die Figur der Situationsgebundenheit herbeigeführte Unschärfe des Eigentumsbegriffes gerügt werden. Wie die von den Revisionsgerichten unter Heranziehung der Situationsgebundenheit des Eigentums entschiedenen Fälle zeigen, ist für den Eigentümer nur noch schwerlich auszumachen, welche Nutzung noch vom Eigentumsinhalt gedeckt ist, und wo der von Art. 14 GG nicht mehr geschützte Bereich der Situationsgebundenheit beginnt[38].

b) Leitlinienhafte Abgrenzungsindikatoren statt fester Enteignungstheorie

Wegen der unübersehbaren Konvergenzen in der Enteignungsrechtsprechung des Bundesgerichtshofes und des Bundesverwaltungsgerichtes wird in der Literatur zu Recht zunehmend die Tendenz deutlich, die Abgrenzung zwischen Enteignung und Eigentumsbindung nicht nach einer festen Formel unter Ausschluß anderer Theorien vorzunehmen[39]. Die Aufstellung eines alle Konstellationen umfassenden abstrakten Enteignungsbegriffes scheitert schon daran, daß der verfassungs-

---

[35] Siehe dazu BVerwG, U. v. 14. 12. 1973, NJW 1974, 811; U. v. 1. 6. 1974, JR 1975, 39, 40; BGH, U. v. 15. 11. 1973, NJW 1974, 275, 276 (der Bundesgerichtshof stellt im Falle der Situationsberechtigung darauf ab, daß das Eigentum durch den hoheitlichen Eingriff „wie durch ein von außen kommendes Ereignis“ getroffen wird).

[36] Ebenso *Peter*, JZ 1969, 551 Fußn. 14.

[37] *Maunz*, DÖV 1975, 3 Fußn. 12 spricht zutreffend von einer „Hinneigung zu den immanenten Gemeinschaftsbindungen“.

[38] Zu der durch das Abstellen auf die Situationsgebundenheit bewirkten Unklarheit des Bodeneigentümers über die Grenzen entschädigungslos zulässiger Sozialbindung siehe *Maunz*, DÖV 1975, 3 f.

[39] *Kreft*, Aufopferung und Enteignung, 22; *Peter*, JZ 1969, 552; *Hesse*, 183; *Leisner*, Sozialbindung, 191; *Bielenberg*, DVBl. 1971, 448; *Bender*, Staatshaftungsrecht, 6. *Maunz*, DÖV 1975, 4, spricht bezeichnenderweise vom Verstoß gegen den Gleichheitssatz und anderen Kriterien — wie der Schwere des Eingriffs — nur von „wichtigen Indizien“ für das Vorliegen einer entschädigungspflichtigen Enteignung.

rechtliche Eigentumsbegriff ebenso wie die Beschreibung seiner sozialen Schranken nicht ohne generalklauselartige Elemente auskommen kann[40]. Schwierigkeiten ergeben sich weiter daraus, daß weder der Inhalt der Eigentumsgarantie noch die Grenzen der Sozialbindung für alle Zeiten unumstößlich festgeschrieben sind[41]. Daher vermag auch der häufig geübte und auch bei der Enteignungslehre anzutreffende juristische Kunstgriff, aus dem vermeintlich Richtigen zweier für sich allein abzulehnender Auffassungen eine dritte Theorie zu schmieden[42], nicht zu befriedigen.

Die Frage nach dem Enteignungscharakter einer hoheitlichen Maßnahme muß ambivalent sowohl aus der Sicht der Sozialbindung als auch von Art. 14 III GG her betrachtet werden. Der Rückgriff der Rechtsprechung auf die bei der Sozialbindung festzumachende Situationsgebundenheit und Pflichtigkeit des Eigentums ist daher im Ergebnis gerechtfertigt, wenngleich mit Hilfe des Topos „Situationsgebundenheit" nur gesagt werden kann, welche Maßnahme *keine* Enteignung darstellt. Da aber eine universelle Definition des Enteignungstatbestandes nicht möglich ist, hilft auch die *negative* Abgrenzung zum enteignenden Eingriff.

Positives Indiz für das Vorliegen einer Enteignung ist vor allem die *Schwere* des Eingriffs, da insoweit gravierende Beschneidungen des Tausch- und Gebrauchswertes des Eigentums zum Maßstab des Überschreitens der Sozialbindungsschwelle erhoben werden. Zum objektiven Merkmal der Eingriffsschwere muß als subjektives Kriterium die *Zumutbarkeit und Erträglichkeit* der Beeinträchtigung hinzutreten. Auch die Privatnützigkeit des Eigentums kann als tauglicher Abgrenzungsindikator fungieren[43]. Allen diesen Kriterien ist allerdings eigen, daß sie konkrete Ergebnisse im Einzelfall nicht vorprojizieren, da sie nur anzeigen, *was* passieren muß, nicht aber, *wann* es passiert. Dieses Dilemma könnte durch ein Abstellen auf den Gleichheitssatz vermieden werden. Damit würde jedoch nichts gewonnen, da auch der Verstoß gegen den Gleichheitssatz nur in Verbindung mit dem materiellen

---

[40] Vgl. die Definition einer Inhalts- und Schrankenbestimmung des Eigentums (3. Teil, § 2, 1 a. E.).

[41] Besonders deutlich BVerfGE 31, 275, 284 f. Ebenso BGHZ 60, 126, 135; 60, 145, 149.

[42] So wollen *Hamann / Lenz*, Art. 14 Anm. B 6; *Menger*, Verw. Arch. 54 (1963), 209 und *v. Münch*, Grundgesetzkommentar, Art. 14 Rdnr. 50, Einzeleingriffs- und materielle Theorie zu einer neuen Enteignungslehre verknüpfen. Ähnlich *Schack*, NJW 1963, 751 f. und *Bachof*, Verfassungsrecht, Bd. I, 157, die die Schweretheorie ergänzend neben der Sonderopfertheorie eingreifen lassen.

[43] Grundlegend dazu *Reinhardt*, Art. 14, 33; *F. Klein*, in: Festschrift Reinhardt, 451 ff. Vgl. bereits 3. Teil, § 2, 1.

Kriterium des Überschreitens einer „gewissen“ Opfergrenze aussagekräftig ist. Die entwickelten dogmatischen Kriterien können somit nur als Ausgangspunkte und Leitlinien begriffen werden, die der kasuistischen Ausfüllung bedürfen[44]. Die Rechtsprechung trägt aber zur Rechtssicherheit insofern bei, als sie durch Fallgruppenbildungen, etwa in den Problemfeldern der Eigentumsbeeinträchtigungen durch Bausperren[45] und Straßenbauarbeiten[46], quantitative Typisierungen herausgearbeihat[47].

c) *Merkmale enteignender Eingriffe in den Gewerbebetrieb*

Auch bei der durch eine Paritätsänderung bedingten wirtschaftlichen Betroffenheit von Gewerbebetrieben und Unternehmen[48] lassen sich abstrakt die Kriterien einer enteignenden Wirkung nur in engen Grenzen bestimmen.

Grundsätzlich steht einem Unternehmer kein Recht auf das Fortbestehen von Vorteilen zu, die sich aus einer für ihn günstigen wirtschaftspolitischen Situation ergeben, so daß auch für Entschädigungen wegen Ertragseinbußen, die im Zuge der Änderung wirtschaftsrechtlicher Regelungen auftreten, kein Raum ist[49]. Durch hoheitliche Lenkungsmaßnahmen verursachte Minderungen der Ertragsfähigkeit sowie

---

[44] Vgl. *Peter*, JZ 1969, 552; *Bender*, NJW 1965, 1301; *Forsthoff*, Verwaltungsrecht, 343; *Badura*, AöR 98 (1973), 164; *Götz*, NJW 1974, 116 (Götz folgt der Sonderopfertheorie, beurteilt das Vorliegen einer Enteignung nach den Umständen des Einzelfalles). Vgl. auch *Leisner*, Sozialbindung, 192, wonach die Bestimmung der Sozialbindung induktiv vorgenommen werden muß. Ablehnend gegenüber den Enteignungstheorien auch *Leisner*, NJW 1975, 233.

[45] Dazu BGHZ 15, 268, 282 (Dauer der Bausperre als „beachtliches Anzeichen“ für die Abgrenzung Sozialbindung — Enteignung); BGH, U. v. 25. 6. 1959, NJW 1959, 1775 f.; BGHZ 30, 338, 348 (Sozialbindung nur bei bis zu dreijähriger Dauer); BGH, U. v. 14. 7. 1965, NJW 1965, 2101, 2102 (offengelassen, ob fünfjährige, durch Umlegung bedingte Bausperre enteignend wirkt); BGH, U. v. 19. 6. 1972, NJW 1972, 1946 f. (3 Jahre); BGHZ 58, 124, 130 (dreijährige Veränderungssperre als Höchstdauer für Sozialbindung). Siehe auch OLG München, U. v. 8. 2. 1973, DVBl. 1974, 434, 436. Vgl. zur Rechtsprechung des Bundesgerichtshofs *Hussla*, NJW 1968, 631 f.

[46] Dazu BGH, U. v. 2. 10. 1967, LM Nr. 37 zu Art. 14 (Cf) GG; BGHZ 57, 359, 367 (Straßensperrung von zweieinhalbjähriger Dauer durch U-Bahnbau als Enteignung).

[47] Vgl. *Leisner*, NJW 1975, 236.

[48] Vgl. zum verfassungsrechtlichen Schutzumfang des eingerichteten und ausgeübten Gewerbebetriebes bereits 2. Teil, § 3, 2 c; zu den nachteiligen Wirkungen einer Paritätsänderung auf Gewerbebetriebe und der sich daran anknüpfenden Eigentumsrelvanz im Sinne von Art. 14 I 2 GG 3. Teil, § 3, 2 a aa d.

[49] Vgl. BGHZ 8, 273, 274 f.; BGH, U. v. 25. 2. 1962, NJW 1962, 1816; BGH, U. v. 7. 12. 1967, NJW 1968, 293. Der Bundesgerichtshof geht davon aus, daß der Gewerbebetrieb von der Sache her die Tendenz hat, sich dauernd den wirtschaftlichen Notwendigkeiten anzupassen (BGH, U. v. 25. 6. 1959, NJW 1959, 1775, 1776).

bloße Gewinnreduzierungen verbleiben daher regelmäßig im Bereich entschädigungslos hinzunehmender Sozialbindung[50]. Aus enteignungsrechtlicher Sicht muß ein Gewerbebetrieb Umsatzrückgänge selbst dann entschädigungslos hinnehmen, wenn sie einige Wochen oder Monate anhalten, sofern es sich um vorübergehende Folgen handelt; ein intakter Betrieb muß derartige Möglichkeiten in seine Kalkulationen miteinbeziehen[51]. Die nachteiligen Wirkungen bewegen sich im Rahmen des allgemeinen Risikos, das jeder gewerblichen Tätigkeit innewohnt. Wir treffen hier lediglich auf die Kehrseite der Chancen, die sich der Wirtschaft in den jeweils bestehenden Verhältnissen bieten[52].

Die Beeinträchtigung wird erst dann schwer und unzumutbar, wenn ein an sich gesunder Gewerbebetrieb in seiner Existenz gefährdet wird[53]. Eine solche Existenzbedrohung wird dadurch angezeigt, daß der Unternehmer mit Verlust zu arbeiten gezwungen ist[54], da in diesen Fällen die Substanz des Gewerbebetriebes tangiert und die private Initiative als Basis der Privatnützigkeit des Eigentums ausgelöscht wird[55]. Eine Existenz*vernichtung*, d. h. der Zusammenbruch des Unternehmens, zieht zwar einen Entschädigungsanspruch nach sich[56], die enteignende Wirkung setzt aber nicht erst dann ein, wenn das Unternehmen zum Erliegen kommt[57].

Die dargestellte Risikoverteilung zwischen Unternehmer und wirtschaftsbeeinflussendem Staat wird zugunsten des Gewerbetreibenden verschoben, wenn auf seiner Seite ein besonderer *Vertrauenstatbestand* in das Fortbestehen der wirtschaftslenkenden Maßnahme begrün-

---

[50] BVerfGE 16, 147, 187; 22, 380, 386 f.; BGHZ 25, 266, 270; *Ehlermann*, 107; vgl. auch *Buchner*, 132 ff.; *Fröhler*, Gew. Arch. 1972, 118.

[51] BGH, U. v. 5. 7. 1965, NJW 1965, 1907, 1908 im Hinblick auf Beeinträchtigungen durch Straßenbauarbeiten.

[52] BGH, U. v. 16. 9. 1968, NJW 1968, 2140, 2141; *Kreft*, Aufopferung und Enteignung, 20. Vgl. auch *Peter*, JZ 1969, 555.

[53] So BGHZ 57, 359, 365 bezüglich der Beeinträchtigung durch U-Bahn-Bauten.

[54] So zutreffend *Ehlermann*, 107 f.; *Badura*, Wirtschaftsverfassung, 112; *Koppensteiner*, BB 1967, 222; *Rinck*, 44 f.; BGHZ 48, 385, 394 f. (enteignende Wirkung einer hoheitlichen Milchpreisgestaltung, die den Wirtschafter zwingt, mit Verlust zu arbeiten); vgl. auch *Reinhardt*, Art. 14, 35 f. Dagegen sieht *Papier*, Der Staat 11 (1972), 502 ff. die äußerste Grenze der Sozialbindung bereits erreicht, wenn dem Unternehmer kein „ausreichender Nutzungsgewinn" mehr belassen wird. So auch *Selmer*, Steuerinterventionismus, 346.

[55] Vgl. *Reinhardt*, Art. 14, 14. Der Bundesgerichtshof (U. v. 5. 7. 1965, NJW 1965, 1907, 1908) sieht in diesem Fall den Wesensgehalt des Eigentums tangiert.

[56] Siehe BGH, U. v. 5. 7. 1965, NJW 1965, 1907, 1908; *Leisner*, NJW 1975, 236.

[57] Vgl. BGHZ 8, 273, 275. Nicht zu folgen ist daher *Rinck*, 45 (unter unzutreffender Berufung auf BVerfGE 14, 221, 242), der eine Entschädigung nur bei einem Unternehmenszusammenbruch gewähren will.

det ist[58]. Entschädigungsansprüche greifen dann Platz, wenn der Unternehmer unter Hinweis auf die Existenz einer für ihn günstigen Rechtslage zu erhöhten Aufwendungen veranlaßt wurde, die infolge der Rechtsänderung eine wesentliche Entwertung erfahren[59]. Diese Entschädigungsmöglichkeit wird allerdings unter den vom Bundesgerichtshof aufgestellten Anforderungen kaum praktische Bedeutung erlangen. Da der Unternehmer in aller Regel zwar unter Ausnutzung der Vorteile einer bestehenden Rechtslage, nicht aber auf Grund eines hoheitlichen Hinweises, d. h. einer an ihn gerichteten behördlichen Erklärung, disponiert, wird es grundsätzlich an dem vertrauenskonstituierenden Hinweis fehlen[60]. In den bisherigen Entscheidungen hat sich der Bundesgerichtshof auch noch nie in der Lage gesehen, einen besondern Vertrauenstatbestand in concreto anzunehmen.

3. Die Paritätsänderung als Eigentumsbindung oder enteignende Maßnahme

Ob einer Paritätsänderung enteignende Wirkung zuzuschreiben ist, wird sowohl unter Berücksichtigung der allgemeinen Kriterien der Abgrenzung zwischen enteignenden Eingriffen und Eigentumsbindungen als auch unter Hervorhebung der Besonderheiten der Änderung der Währungsparität zu untersuchen sein.

a) Stellungnahmen in der Literatur[61] *zur enteignenden Wirkung einer Paritätsänderung*

Paritätsänderungen sind nach übereinstimmender Auffassung in der Literatur als entschädigungslos hinzunehmende Eigentumsbindungen[62]

---

[58] Vgl. dazu bereits 2. Teil, § 3, 2 c (a. E.) m. w. N. Ebenso hinsichtlich des Vertrauens eines Betriebsinhabers auf das Fortbestehen einer besonderen Verbindung der Straße mit dem Gewerbebetrieb BGHZ 23, 157, 163; 45, 150, 158; 55, 261, 264; BGH, U. v. 25. 6. 1962, NJW 1962, 1816. Der Vertrauensschutzgedanke wird auch in BGH, U. v. 16. 12. 1963, VRspr. 16, 902, 906 angesprochen.

[59] So BGHZ 45, 83, 87 (mit zustimmender Anmerkung von *Ritter,* NJW 1966, 1355); BGH, U. v. 7. 12. 1967, NJW 1968, 293, 294.

[60] Die hier angesprochene Risikoverteilung berührt die unter dem Stichwort „Plangewährleistung" erfaßten Entschädigungsansprüche. Dazu noch 4. Teil, § 1, 4.

[61] In der Rechtsprechung waren bisher nur das LG Bonn und das OLG Köln mit der Paritätsänderung befaßt (unveröffentlichte Urteile vom 9. 12. 1952 und 2. 8. 1954; zitiert bei *Hoffmann,* Währungsparität, 200 Fußn. 39 und *Greitemann,* 246 Fußn. 44). Beide Gerichte haben eine enteignende Wirkung von Paritätsänderungen abgelehnt.

[62] Die Frage der Abgrenzung zwischen Enteignung und Eigentumsbindung kann nur von denjenigen Autoren gestellt werden, die davon ausgehen, daß Paritätsänderungen dem Regelungsvorbehalt des Art. 14 I 2 GG unterliegen.

anzusehen[63]. Überwiegend wird auf das mit Devisen und Fremdwährungsforderungen verbundene Risiko abgestellt[64] oder allgemein auf die Anfälligkeit von Geld oder Geldforderungen gegenüber Wertveränderungen hingewiesen[65], so daß auch keine schutzwürdige Erwartung im Hinblick auf die Unveränderlichkeit der Parität bestehe[66]. *Hoffmann*[67] lehnt eine Enteignung bereits deshalb ab, weil die Paritätsänderung der Sicherung des Eigentumsinstitutes diene[68]. Paritätsänderungen enthielten zudem gegenüber den betroffenen Eigentümern kein Sonderopfer[69]. *Tomuschat*[70] erkennt jedoch die Möglichkeit eines Sonderopfers für diejenigen Fälle einer Paritätsänderung an, die über die Korrektur des Außenwertes der Währung auf die realen Währungswertverhältnisse hinausgehen.

b) Die Paritätsänderung als eigentumsbindende Währungsmaßnahme

Der Frage der enteignenden Wirkung einer Paritätsänderung kann nicht — wie es *Hoffmann*[71] versucht — von der institutssichernden Funktion der Auf- und Abwertung[72] nähergetreten werden.

Die Stoßrichtung der Institutsgarantie zielt gegen den Gesetzgeber[73]; von diesem verlangt sie institutssichernde Tätigkeit unter Einsatz der

---

[63] *Hoffmann*, Währungsparität, 200 f.; *Hoffmann-Riem*, BB 1969, 1381; *Tomuschat*, 46 f.; *Reimer*, ZöR 1937, 248; *Henze*, 52 f.; *Greitemann*, 246 Fußn. 44; *Papier*, AöR 98 (1973), 538 Fußn. 34; unklar *Körber*, 63 ff., der teilweise „enteignungsrechtlichen Schutz" gewährleisten will.

[64] So *Greitemann*, 246 Fußn. 44; *Tomuschat*, 46; *Papier*, AöR 98 (1973), 538 Fußn. 34.

[65] *Hoffmann*, Währungsparität, 200; *Reimer*, ZöR 1937, 248; *Henze*, 53; *Mann*, Recht des Geldes, 95.

[66] *Tomuschat*, 46 f. (im Sinne eines Plangewährleistungsanspruches).

[67] *Hoffmann*, Währungsparität, 200.

[68] Vgl. auch *Hoffmann*, DVBl. 1969, 203.

[69] *Tomuschat*, 46; eingeschränkt *Henze*, 53.

[70] *Tomuschat*, 47.

[71] *Hoffmann*, Währungsparität, 200; *ders.*, DVBl. 1969, 203 unter Anlehnung an *Häberle*, Wesensgehaltgarantie, 117 ff. und *Wagner*, VVDStRL 27, 72 und LS 18 a.

[72] Vgl. 3. Teil, § 3, 2 b cc (dort auch Fußn. 136 zur Trennung zwischen der Institutsgarantie des Eigentums und Art. 14 GG als Grundelement objektiver Ordnung). In der These Hoffmanns (*Hoffmann*, Währungsparität, 200) von der Institutssicherung als Enteignungsausschluß klingt die Vorstellung an, daß demjenigen, der die grundrechtlich gewährleistete Freiheit mißbraucht, die Berufung auf die Ausübung seiner Freiheit versagt ist (siehe die in diese Richtung gehenden Überlegungen von *Häberle*, Wesensgehaltgarantie, 119 f.).

[73] Vgl. *Papier*, AöR 98 (1973), 542; *Abel*, 71; *W. Weber*, Eigentum und Enteignung, 355; *Häberle*, Wesensgehaltgarantie, 72; *Kimminich*, in: Bonner Kommentar, Art. 14 Rdnr. 26.

ihm zur Verfügung stehenden Mittel. Wenn man institutssichernde Maßnahmen von der Entschädigungspflicht des Art. 14 III GG a priori ausnähme, so käme dies einer globalen Freiheitssicherung zu Lasten weniger gleich. Im Ergebnis würde damit die individualrechtliche Seite des Grundrechts von der institutionellen Garantie ausgespielt; eine Konsequenz, die gerade dem institutionellen Grundrechtsverständnis eklatant widerspricht, wonach sich individualrechtliche und institutionelle Komponente des Grundrechts gegenseitig verstärken und in ihrer Gesamtheit das „Grundrecht" bilden[74].

Die Gefährlichkeit der These von der liquidationslosen Zulässigkeit eigentumsinstitutssichernder Regelungen wird weiter dadurch herausgestellt, daß individualrechtliche Grundrechtsbegrenzungen häufig zugleich auf einem institutionellen Hintergrund gesehen werden müssen[75]. Da Eigentumsbegrenzungen mittelbar der Aufrechterhaltung der Institutsgarantie dienen, würde in die Enteignungsvoraussetzungen ein wesentlicher Unsicherheitsfaktor hineingetragen. Die Entschädigungsregelung des Art. 14 III GG wäre einem ungeschriebenen „Institutsvorbehalt" unterstellt. Dem widerspricht aber der klare Wortlaut des Art. 14 III GG. Die Trennungslinie zwischen Enteignung und Sozialbindung würde zudem noch verschwommener als sie es derzeit bereits ist, da eine exakte Begrenzung des Umfanges der Institutsgarantie Schwierigkeiten bereitet.

Der zutreffende Ansatzpunkt für institutssichernde Maßnahmen findet sich vielmehr in dem bei eigentumsgestaltenden Regelungen zu beachtenden öffentlichen Interesse[76]. Die institutsfördernde Qualität einer eigentumsgestaltenden Regelung indiziert zugleich das eine Begrenzung von Eigentümerbefugnissen legitimierende öffentliche Interesse. Wenn aber ein Eigentümer aus Gründen des öffentlichen Interesses auf eine Ausübung seiner Rechte verzichten muß, so ist damit noch nicht gesagt, daß dies entschädigungslos zu geschehen hat[77].

Die Entschädigungsfrage muß unabhängig von der institutssichernden Qualität der Auf- und Abwertung an Hand der allgemeinen Abgrenzungskriterien der Enteignung von der Sozialbindung beantwortet werden. Dabei kann unterschieden werden zwischen Wertbeeinträchtigungen bei Devisenbeständen, Forderungen und des Vermögens sowie Beeinträchtigungen von Gewerbebetrieben und Unternehmen. Wenn

---

[74] So *Häberle*, Wesensgehaltgarantie, 71.

[75] Dazu *Häberle*, Wesensgehaltgarantie, 117 ff.

[76] Dazu bereits 3. Teil, § 5, 1 passim.

[77] So BGHZ 60, 126, 138 bezüglich der Unterlassung einer Kiesgewinnung auf einem an sich dafür geeigneten Grundstück wegen daraus entstehender Gefahr für die Wasserversorgung.

auch die Abgrenzungskriterien für das Vorliegen einer Enteignung bei beiden Gruppen grundsätzlich identisch sind, so rechtfertigt sich doch eine getrennte Behandlung des eingerichteten und ausgeübten Gewerbebetriebes, weil die Paritätsänderung hier auf ein eigenständiges wirtschaftliches Organisationsmodell trifft.

aa) Wertbeeinträchtigungen bei Devisenbeständen, Forderungen und am Vermögen

α) *Die Enteignung von Geld oder geldgleichen Vermögensrechten*

Allen Einordnungsversuchen der Paritätsänderung zu Art. 14 I 2, II oder Art. 14 III GG muß hier die Überlegung vorausgeschickt werden, ob es der auf Geld oder geldgleiche Vermögensrechte treffenden Paritätsänderung schon wegen der Eigenart der tangierten Eigentumsobjekte an der enteignenden Wirkung fehlt. Nach einer verbreiteten Auffassung wirkt nämlich der hoheitliche Zugriff auf solche vermögenswerten Rechte niemals enteignend, da die Enteignung von Geld ein Widerspruch in sich sei[78]. „Denn da die Enteignung nur gegen angemessene Geldentschädigung zulässig ist, würde der Vorgang darin bestehen müssen, daß mit der anderen Hand zurückgewährt wird, was mit der einen genommen wurde[79].“ Der Eingriff verstieße wegen seiner Sinn- und Zwecklosigkeit gegen den Grundsatz der Verhältnismäßigkeit und wäre damit verfassungswidrig[80].

Diese im Bereich des Abgabenrechts entwickelte Ansicht trifft jedoch das Wesen der durch eine Paritätsänderung verursachten Wertbeeinträchtigung nicht[81]. Im Unterschied zum Steuerrecht, wo die Auferlegung der Geldleistungspflicht auf Übertragung einer bestimmten Geldsumme an den Träger der Abgabenhoheit gerichtet ist[82], entzieht die

---

[78] *Forsthoff*, BB 1953, 422; *v. Münch*, Grundgesetzkommentar, Art. 14 Rdnr. 73; *Haas*, 39; Huber, Wirtschaftsverwaltungsrecht, Bd. 2, 21 (ausdrücklich für Auf- und Abwertung); BVerwGE 10, 3, 7; vgl. auch *Ipsen*, AöR 78 (1952/53), 318.

[79] So *Forsthoff*, BB 1953, 422. Zustimmend *Papier*, Der Staat 11 (1972), 486; *ders.*, AöR 98 (1973), 540 Fußn. 40.

[80] So *Papier*, Der Staat 11 (1972), 486; *ders.*, AöR 98 (1973), 540 Fußn. 40. Vgl. weiter *Papier*, JuS 1974, 479.

[81] Im übrigen kommt der Vorstellung vom enteignenden Zugriff auf Geld jedenfalls dort eine Berechtigung zu, wo eine Steuernorm zwar generell nicht enteignend wirkt, wohl aber in einzelnen, atypischen Sonderfällen zu einer unzumutbaren Belastung und damit zu einem enteignungsgleichen Eingriff führt. Sofern in einem solchen Fall die Steuern bereits erhoben worden sind, kann der notwendige Ausgleich nur im Wege der Rückgewähr der erbrachten Leistung erfolgen.

[82] *Selmer*, Steuerinterventionismus, 304.

Änderung der Währungsparität dem Eigentümer nur einen Teil des Geldwertes, begründet jedoch keine Übertragungspflichten. Das für Abgaben typische Verhältnis von „Geben und Nehmen", das die Identität von Entzogenem und der Entschädigungsleistung bedingen würde, liegt bei einer Paritätsänderung nicht vor. In einer staatlichen Entschädigungsverpflichtung könnte daher auch keine bloße Umkehr einer vorherigen Leistung des „Enteigneten" gesehen werden.

β) *Sonderopfer, Eingriffsschwere und Zumutbarkeit der Belastung*

Die Beurteilung der enteignenden Wirkung einer Paritätsänderung gegenüber Devisenbeständen, Forderungen und dem Vermögen hat somit unter Heranziehung der allgemeinen Enteignungskriterien des Sonderopfers, der Eingriffsschwere und der Zumutbarkeit der Belastung zu erfolgen.

Als wenig hilfreich erweist sich dabei jedoch die *Sonderopfervorstellung,* weil die Auf- und Abwertung mit ihren nachteiligen Wirkungen Schuldner sowie die Inhaber von Forderungen und Devisen ohne Unterschied trifft, den Eigentümern also gerade kein Sonderopfer auferlegt[83]. Die Paritätsänderung beeinträchtigt den Wert der vermögenswerten Rechte allgemein in Höhe des Auf- bzw. Abwertungssatzes. In absoluten Zahlen gemessen wird zwar derjenige Eigentümer am intensivsten betroffen, der wertmäßig über den größten Bestand an den beeinträchtigten vermögenswerten Rechten verfügt, die prozentuale und proportionale Wertminderung ist aber unabhängig vom Gesamtwert des tangierten Eigentums bei allen betroffenen Eigentümern gleich.

Diese Überlegungen schließen jedoch das Vorliegen eines enteignenden Eingriffs noch nicht aus, denn selbst nach der vom Bundesgerichtshof zugrunde gelegten Sonderopfertheorie kommt es bei der Frage, ob dem betroffenen Eigentümer ein entschädigungspflichtiges Sonderopfer auferlegt wird, wesentlich auf die *Schwere* und *Zumutbarkeit* der Beeinträchtigung an[84].

Ein bestimmter Auf- oder Abwertungssatz, der erreicht sein muß, damit vom Vorliegen eines enteignenden Eingriffs gesprochen werden kann, läßt sich aber abstrakt und allgemeingültig nicht festlegen. Generell kann man jedoch sagen, daß eine Paritätsänderung nicht schon deshalb als enteignender Eingriff zu werten ist, weil die Auf- oder Ab-

---

[83] Ebenso *Tomuschat,* 46; *Henze,* 53.

[84] Siehe BGHZ 60, 126, 132. Vgl. dazu bereits 4. Teil, § 1, 2 a (m. w. N. in Fußn. 29).

wertung *überhaupt* zu einer Wertbeeinträchtigung des Geldes und der geldgleichen vermögenswerten Rechte führt, da Art. 14 GG zwar einen Wert*schutz*, jedoch keine Wert*garantie* impliziert[85]. Die hoheitliche Beeinträchtigung des Wertes vermögenswerter Rechte löst also — unabhängig davon, ob Sachgüter oder Geld betroffen werden — nicht per se eine Entschädigungspflicht aus[86]. Ebenso läßt sich allgemein festlegen, daß nur *geringfügige* Kurskorrekturen die für einen schweren Eingriff erforderliche Intensitätsgrenze nicht überschreiten. Allerdings ist zu beachten, daß bei einer wirtschaftlichen Betrachtungsweise eine einzelne Paritätsänderung häufig nicht isoliert betrachtet werden darf, sondern daß Auf- und Abwertungen sich innerhalb relativ kurzer Zeit wiederholen können, so daß sich ihre beeinträchtigenden Wirkungen perpetuieren und verstärken[87].

Bei der Suche nach geeigneten Anknüpfungspunkten zur Beurteilung der Eingriffsschwere kann nicht auf die im Zusammenhang mit der Inflation verbreitet genannte Grenze der Sparzinsquote[88] abgestellt werden, da der durch eine Paritätsänderung verursachte Wertverlust in keiner Beziehung zur Sparzinshöhe steht. Während man in Verbindung mit der Inflation an eine Kompensation des inflationsbedingten Wertverlusts durch einen möglichen Kapitalzinsertrag denken kann, ist bei Fremdwährungsforderungen und -schulden sowie Devisenbeständen keine zinsträchtige und damit verlustausgleichende Sparanlage denkbar. Die Absicherung vor dem Kursverlust erreicht die Praxis vielmehr durch entsprechende Gegengeschäfte, die bei einer Kurskorrektur zugleich Auf- oder Abwertungsgewinne hervorrufen, sowie durch Devisentermingeschäfte und Devisenkursversicherungen.

Es schadet jedoch wenig, daß sich keine abstrakten Indikationswerte für die notwendige Intensität und damit das Vorliegen eines

---

[85] Vgl. 2. Teil, § 3, 2 b dd.

[86] Anders dagegen wohl *Papier*, AöR 98 (1973), 539, der im Zusammenhang mit dem insoweit der Paritätsänderung vergleichbaren Fall der Geldentwertung davon ausgeht, daß (jeder) teilweise Substanz(wert)entzug als enteignender Eingriff anzusehen sei. Dieser Eingriff soll aber infolge der Unmöglichkeit der Enteignung von Geld verfassungswidrig sein. Ein Ergebnis, das vor allem in Anbetracht der derzeitigen Geldentwertungsraten wie aus der „Traumfabrik des Staatsrechts" anmutet.

[87] In dem Zeitraum vom Herbst 1969 bis zum März 1973 wurde die D-Mark dreimal aufgewertet (vgl. 1. Teil, § 3)! Siehe zu den längerfristigen Aufwertungssätzen der D-Mark gegenüber anderen Währungen: Monatsberichte der Deutschen Bundesbank, September 1973, S. 45 ff.

[88] Vgl. *Maunz*, in: Maunz / Dürig / Herzog, Art. 14 Rdnr. 52; *Friauf*, StbJb 1971/72, 446; *Kirchhof*, 32 f.; BFHE 89, 422, 442; offengelassen in BFH, U. v. 15. 4. 1974, NJW 1974, 2330, 2335. Ablehnend gegenüber der Verknüpfung von Sparzinshöhe und Sozialbindung / Enteignung *Papier*, AöR 98 (1973), 539; kritisch auch *Bettermann*, ZRP 1974, 18.

schweren Eingriffs durch eine Auf- oder Abwertung aufstellen lassen. Der entscheidende Aspekt liegt nämlich nicht in erster Linie in der durch die absolute Höhe der Kurskorrektur angezeigten Schwere des Eingriffs als vielmehr in dessen *Zumutbarkeit* und *Erträglichkeit* für den Betroffenen[89]. Selbst in einer „hochprozentigen" Paritätsänderung spiegelt sich aber nur das bereits in der Verfassungszielbestimmung des gesamtwirtschaftlichen Gleichgewichts angelegte Anpassungserfordernis des äußeren Geldwertes wieder. Da die wirtschaftlichen Verhältnisse keine festgeschriebenen Größen bilden, kann auch der äußere Geldwert nicht fixiert bleiben, sondern bedarf der ständigen Angleichung an die veränderten Umstände. Die Währungsparität steht anders als der an das Nominalwertprinzip gekettete innere Geldwert[90] unter dem Vorbehalt gleichbleibender ökonomischer Bedingungen. Das Kursrisiko für den Wirtschafter wird zwar in einem Währungssystem mit fixierten Paritäten bis zur jeweils nächsten Auf- oder Abwertung aufgeschoben, es wird aber niemals völlig aufgehoben, weil die generelle Anpassungspflicht[91] der Parität nur in einem Denkmodell permanent konstanter wirtschaftlicher Verhältnisse obsolet würde.

Das der Parität *immanente* Korrekturerfordernis beinflußt auch die Beurteilung der durch sie hervorgerufenen Beeinträchtigungen im Hinblick auf deren Zumutbarkeit für die Betroffenen. Ein vermögenswertes Recht, das per se, d. h. auch ohne Zutun des Staates, mit einem Wertrisiko belastet ist und sich auch in seinem Wert dauernd verändert, wird nicht dadurch *unzumutbar* beeinträchtigt, daß der Staat die gleiche Wertveränderung periodisch vornimmt. Daher ist auch die Höhe der Kurskorrektur nicht entscheidend. Selbst wenn es sich wegen der Höhe des Anpassungssatzes um eine „schwere" Wertminderung handelt, so fehlt es ihr an der Unzumutbarkeit, so daß zwar eine unmittelbare Eigentumsbeeinträchtigung, aber noch kein enteignend wirkender und damit entschädigungspflichtiger Eingriff vorliegt. Auf-

---

[89] Vgl. zu diesen Begriffen und zu deren gleichbedeutender Verwendung im Rahmen der Sonderopfer- und Schweretheorie bereits 4. Teil, § 1, 2 a.

[90] Allerdings ist auch hier in jüngster Zeit die rechtliche Diskussion in Richtung auf eine Lockerung oder Aufgabe des Nominalismus in Bewegung geraten. Vgl. *Kaiser,* in: Festschrift für E. R. Huber, 237 ff.; *Papier,* AöR 98 (1973), 528 ff.; *ders.,* JuS 1974, 477 ff.; *Reuter,* ZHR 137 (1973), 482 ff.; *Friauf,* StbJb 1971/72, 436 ff.; *Mann,* NJW 1974, 1297 ff.; *Kröger,* NJW 1973, 1017 ff.; *ders.,* NJW 1974, 2305 ff.; *Bettermann,* ZRP 1974, 13 ff.; *I. Müller,* ZRP 1974, 159 ff.; *Reichert-Facilides,* JZ 1974, 483 ff. (jeweils m. w. N.); BFHE 89, 422, 434 ff.; BFH, U. v. 15. 4. 1974, NJW 1974, 2330 ff.; BVerwGE 41, 1, 5 (das Bundesverwaltungsgericht geht allerdings auf die Zweifel an der Tauglichkeit des Nominalismus nicht ein).

[91] Vgl. allgemein *Duden,* in: Festschrift Böhm, 19 (Pflicht zur Anpassung an die jeweiligen Erfordernisse einer gesunden Marktwirtschaft als vorgegebene Eigentumsbelastung im Sinne des Art. 14 I 2 GG).

hänger für eine unerträgliche Belastung können somit nur dann gefunden werden, wenn die Parität über das notwendige Maß hinaus korrigiert wird[92] oder wenn im Verhältnis zur fluktuierenden Währungswertanpassung bei freien Devisenkursen eine *zusätzliche* Beeinträchtigung gerade auf Grund der abrupten Paritätsänderung entsteht[93]. In einem solchen Fall müßte die verursachte eigenständige Belastung an den Maßstäben der Schwere und Erträglichkeit gemessen werden. Bei Fremdwährungsforderungen, -schulden und Devisenbeständen wird diese besondere Konstellation kaum aktuell werden, da es bei derartigen, in der Regel nur einen geringen Teil des Gesamtvermögens ausmachenden vermögenswerten Rechten wirtschaftlich unerheblich ist, ob sich ihr Wert gleitend oder stufenmäßig verändert. Eine eigenständige, durch die besondere Form der Währungslenkung bedingte Wertminderung wird also auch hier auszuschließen sein, so daß im Ergebnis von der Paritätsänderung keine enteignende Wirkungen auf Fremdwährungsforderungen, -schulden oder Devisenbestände ausgehen.

bb) Beeinträchtigungen eingerichteter und ausgeübter Gewerbebetriebe

Bei der enteignungsrechtlichen Qualifizierung der Paritätsänderung in ihrer Beziehung zu Gewerbebetrieben lassen sich einige weitere Aspekte hinzufügen, die die Fragen des Sonderopfers, der Eingriffsschwere und der Zumutbarkeit des Eingriffs betreffen.

α) Faktische Ungleichheit der Belastung als Sonderopfer

Formal an der Höhe der Kurskorrektur gemessen trifft die Änderung der Parität die Gewerbebetriebe ebenso unterschiedslos wie die Inhaber von Geld und geldgleichen Rechten[94]. Im Gegensatz zu der prozentualen und proportionalen Gleichheit der Belastung bei jenen Rechten bewirkt die Paritätsänderung bei Gewerbebetrieben jedoch eine unterschiedliche Beeinträchtigungsintensität, weil hier die betrieblichen Verluste nicht mit der Höhe der Kurskorrektur identisch sind und das Ausmaß der Betroffenheit je nach dem Tätigkeitsfeld des Unternehmens unterschiedlich ausfällt. Dieser Effekt erfaßt insbesondere im Falle einer Aufwertung die exportabhängige Industrie, die im Verhältnis zu den inlandsorientierten Unternehmen ungleich schwerer betroffen wird und deren Aufwertungseinbußen prozentual häufig die Aufwer-

---

[92] Ebenso *Tomuschat*, 47.

[93] Vgl. bereits zu den ähnlichen Betrachtungen im Zusammenhang mit Art. 14 I 2 GG: 3. Teil, § 3, 1 c.

[94] Vgl. 4. Teil, § 1, 3 b aa d.

tungsquote übersteigen[95]. Auch innerhalb der benachteiligten Gruppe der Exporteure werden sich graduelle Differenzierungen treffen lassen.

Insbesondere nach der Rechtsprechung des Bundesgerichtshofes sollen aber die unterschiedlichen Belastungen der betroffenen Eigentümer nicht als Indiz für einen enteignenden Eingriff anzusehen sein, sondern nur die verschiedenen Auswirkungen eines grundsätzlich nicht gegen den Gleichheitssatz verstoßenden hoheitlichen Eingriffs darstellen. Insoweit bestehe zwar eine faktische Ungleichheit, eine „Ungleichheit im Rechtssinne" liege jedoch nicht vor[96]. Die Schwächen dieser im Enteignungsrecht zwar gefestigten Interpretation des Gleichheitssatzes liegen auf der Hand: Da nicht auf die tatsächlich und individuell herbeigeführte Belastung abgestellt wird, bleibt der Eigentümer unter Umständen schutzlos, obwohl sein Eigentum in erheblichem Ausmaß betroffen wird. Bei der vor allem vom Bundesgerichtshof immer wieder betonten wirtschaftlichen Betrachtungsweise im Enteignungsrecht[97] läge es nahe, die Gleichheit der Belastung nicht an der *generellen* Betroffenheit, sondern an der *individuellen* Beeinträchtigung zu messen.

Einen Verstoß gegen Art. 3 I GG hat das Bundesverfassungsgericht allerdings in zwei Entscheidungen zur Erdölbevorratungspflicht[98] und zum Sachkundenachweis im Lebensmitteleinzelhandel[99] angenommen, wenn eine die Berufsfreiheit einschränkende Regelung zwar im ganzen verfassungsgemäß sei, für eine zahlenmäßig begrenzte Gruppe typischer Fälle aber ohne zureichende sachliche Gründe eine wesentlich stärkere Belastung enthalte[100]. Zur Begründung weist das Bundesverfassungsgericht überzeugend darauf hin, daß eine Berufsausübungsregelung auch diejenigen Ungleichheiten berücksichtigen muß, die typischerweise innerhalb des Berufs bestehen. Auf das Sonderopfer im Rahmen des Art. 14 III GG übertragen ergibt sich daraus die Konsequenz, daß jedenfalls in den Fällen, wo ein generell gleicher Eingriff für bestimmte, nach typischen Merkmalen abgrenzbare Gruppen zu einer deutlich schwereren Belastung führt, den Betroffenen ein Sonderopfer auferlegt wird. Von einer bloß faktischen Ungleichheit kann in Anbetracht der Gleichheitswidrigkeit dann nicht mehr gesprochen werden.

---

[95] Vgl. 1. Teil, § 4, 1.

[96] Siehe BGHZ 23, 30, 33 f.; 40, 355, 361; 60, 126, 131; 60, 145, 148; Hess. VGH ESVGH 21, 126, 130; *Kröner*, Eigentumsgarantie, 64 (m. w. N.).

[97] Vgl. z. B. BGH, U. v. 16. 12. 1963, VRspr. 16, 902, 904; BGHZ 19, 1, 4; 23, 157, 163; 30, 241, 243; 57, 278, 285 f.; 58, 124, 127; 60, 126, 133; 60, 145, 147.

[98] BVerfGE 30, 292, 327.

[99] BVerfGE 34, 71, 77 f.

[100] Vgl. dazu *Maurer*, in: Festschrift W. Weber, 350, 356.

Diese Konstellation trifft man bei den aufwertungsbetroffenen Exporteuren jedoch nicht an. Aus der auf die Beseitigung von Zahlungsbilanzüberschüssen zielenden Funktion einer Aufwertung folgt nämlich, daß als wirtschaftliche Zielgruppe allein die exportorientierten Unternehmen in Betracht kommen, da mit Hilfe der Aufwertung gerade ihnen der paritätsbedingte Wettbewerbsvorteil entzogen werden soll. Ein Gleichheitsverstoß kann daher nicht aus einem Vergleich zwischen den binnenwirtschaftlich tätigen Unternehmen und den exportorientierten Betrieben abgeleitet werden, da erstere in ihrer wirtschaftlichen Tätigkeit von einer Aufwertung nicht betroffen werden. Innerhalb des Kreises der Exporteure lassen sich dagegen keine zahlenmäßig begrenzten, typische Gruppen ausgrenzen, die eine wesentlich stärkere Belastung zu ertragen haben. Soweit hier eine unterschiedliche Beeinträchtigung auftritt, handelt es sich nur um eine faktische Ungleichheit.

β) *Zur Schwere der durch eine Paritätsänderung verursachten Beeinträchtigung*

Das fehlende Sonderopfer der von einer Aufwertung betroffenen exportorientierten Unternehmen schließt nicht aus, daß diesen eine *schwere* Beeinträchtigung auferlegt wird. Ein durch eine wirtschaftslenkende Maßnahme verursachter unmittelbarer, schwerer Eingriff in den Gewerbebetrieb kann erst dann angenommen werden, wenn das Unternehmen hinsichtlich seiner Ertragslage in die Verlustzone gerät[101] und damit nicht mehr gewinnbringend zu wirtschaften imstande ist, wobei sich der Verlust aus der Gegenüberstellung *sämtlicher* Aktiva und Passiva im Jahresabschluß ergeben muß[102]. Soweit also die Verluste in einzelnen Betriebszweigen durch die Gewinne in anderen Tätigkeitsbereichen des Unternehmens kompensiert werden, fehlt es an der für einen enteignenden Eingriff erforderlichen Intensität.

Die Möglichkeit einer derartigen Belastung kann auf die durch eine Aufwertung betroffenen Betriebe mit weitgehendem Exportgeschäft beschränkt werden. Eine Abwertung begünstigt nämlich die exportabhängigen Unternehmen[103], während die vorwiegend auf dem Inlandsmarkt tätigen Gewerbebetriebe sowohl von einer Ab- wie von einer Aufwertung wirtschaftlich relativ unbeeinflußt bleiben. Nicht alle aus dem Kreis der aufwertungsbetroffenen Export-Unternehmer

---

[101] Vgl. bereits 4. Teil, § 1, 2 c (m. w. N.).

[102] Vgl. zur OHG: *Reinhardt*, Gesellschaftsrecht, 92. Bei einer AG muß ein Bilanzverlust vorliegen, vgl. §§ 151 IV 3, 157 I Ziff. 32 AktG. Siehe zum Begrifflichen *Mellerowicz*, in: Aktiengesetz — Großkommentar, § 157 Anm. 1 ff.

[103] Vgl. 1. Teil, § 4, 1.

werden jedoch in dem beschriebenen Sinne *schwer* belastet. Das Ausmaß ihrer Betroffenheit hängt von mehreren Faktoren ab, etwa von der Höhe des Aufwertungssatzes, von der Häufigkeit aufeinanderfolgender Kurskorrekturen, von der Gewinnspanne im Handel mit den exportierten Gütern oder davon, ob die Nachfrageelastizität im Ausland es den Unternehmen erlaubt, die Aufwertungskosten auf die Verbraucher abzuwälzen. Wann und bei welchen Unternehmen diese Wirkungen auftreten, läßt sich abstrakt nicht festlegen; generell ist aber die Aufwertung geeignet, einem exportorientierten Unternehmen die Rentabilität zu entziehen, so daß es sich nur noch mit Verlust weiterführen läßt. In einem solchen, sicher seltenen Fall, liegt enteignungsrechtlich ein schwerer Eingriff in den eingerichteten und ausgeübten Gewerbebetrieb vor.

γ) Zumutbarkeit und Erträglichkeit der Belastung

Da auch eine schwere Beeinträchtigung nicht zwingend zu einem Entschädigungsanspruch führt, muß sich die entscheidende Weichenstellung für die von der Aufwertung betroffenen Unternehmen aus der Zumutbarkeit und Erträglichkeit der Belastung ergeben. Die Belastbarkeitsgrenze gegenüber wirtschaftlichen Beeinträchtigungen ist aber ebenso wie bei Geld und geldgleichen Rechten[104] auch bei Gewerbebetrieben wegen der der Parität immanenten Korrekturbedürftigkeit auf ein hohes Maß geschraubt.

Die Beurteilung der Zumutbarkeit der mit einer Aufwertung einhergehenden Beeinträchtigungen von Gewerbebetrieben erfordert es insbesondere, sich deren wirtschaftliche Situation *vor* der Aufwertung vor Augen zu führen. Die unrealistische, nicht den tatsächlichen Währungswertverhältnissen entsprechende Parität vor der Aufwertung führt nämlich zu einer Überlegenheit der exportorientierten Unternehmen gegegenüber der ausländischen Konkurrenz auf den Auslandsmärkten[105], so daß sich die Betriebe Preisvorteile, eine günstige Auftragsentwicklung und höhere Gewinne verschaffen können[106]. Es ist durchaus legitim, daß die Unternehmer von dem *verzögerten* Reagieren der währungslenkenden Instanzen profitieren[107]. Die im Zuge der

---

[104] Dazu 4. Teil, § 1, 3 b aa ß.

[105] Vgl. diese Entwicklung vor der Freigabe des Devisenkurses in der Bundesrepublik am 9. 5. 1971 in: Jahresgutachten 1971, Textzif. 63.

[106] Vgl. *DIHT*, 31. Aus dieser vom DIHT nach der Aufwertung 1969 initiierten Umfrage ergibt sich, daß die Unternehmer diese Vorteile eines faktischen Währungswertungleichgewichtes kennen und schätzen.

[107] Als die Vertragsparteien des IWFA das Gebot der festen Paritäten noch ernst nahmen, war diese verzögerte Anpassung vom IWFA selbst vorgesehen, da eine Paritätsänderung erst im Falle eines „fundamental disequilibrium“ zulässig wurde (Art. IV, Abschnitt 5 a IWFA).

nachfolgenden Aufwertung auftretenden Eigentumsbeeinträchtigungen stellen aber nur die Kehrseite der zuvor zugeflossenen Gewinne und der unter marktwirtschaftlichen Gesichtspunkten gesehen *verspäteten* Kurskorrektur dar. Durch die Anpassung an den realen Außenwert der Währung wird für den Unternehmer nur ein Vorteil beseitigt, der ihm bei sich gleitend anpassenden Devisenkursen schon früher entzogen worden wäre.

Da die Paritätsänderung nur den den realen Wertverhältnissen entsprechenden Zustand wiederherstellt, wird dem Unternehmer nichts genommen, auf dessen Beibehaltung er einen Anspruch hätte. Vielmehr ist zu berücksichtigen, daß die begünstigten Unternehmer in Ausnutzung eines Vortreils gehandelt haben, dessen Entstehung nicht durch ihre eigene wirtschaftliche Leistung geschaffen wurde, sondern der entscheidend durch das System des IWFA geprägt worden ist. Nach der noch gültigen Weltwährungsordnung mit seinen starren Paritäten und nur begrenzt flexiblen Devisenkursen[108] entspricht der festgelegte Devisenkurs nämlich häufig nicht der tatsächlichen Austauschrelation[109]. Man kann daher im Zusammenhang mit den in der Phase vor der Aufwertung anfallenden Begünstigungen von *staats- bzw. planverursachten Gewinnen* sprechen[110], die in höherem Maße sozialgebunden sind als auf Grund privater Initiative erlangte Vermögensgüter[111].

---

[108] Das notwendige Festhalten der dem IWFA angehörenden Länder an den durch das IWFA vorgeschriebenen fixen Paritäten und nur begrenzt flexiblen Devisenkursen wird in Anbetracht der in den einzelnen Ländern unterschiedlichen Inflationsraten als einer der Hauptmängel des Weltwährungssystems angesehen (vgl. dazu Jahresgutachten 1971, Textzif. 4 und einige Reformvorschläge bei *Münch*, in: Stern / Münch / Hansmeyer, § 4 Anm. VI 4 passim; Lutz, Währungsordnung, 13 ff.). Die unterschiedliche Geldentwertung macht es infolge der engen Zusammenhänge der Währungssysteme der einzelnen Volkswirtschaften auch einem „stabilitätsbewußten" Land schwer, eine importierte Inflation (vgl. zu diesem Begriff *Münch*, in: Stern / Münch / Hansmeyer, § 4 Anm. III A 3 c; *Küng*, Wirtschaftswissenschaftl. Studium 1972, 152 f.; *Lutz*, Währungsordnung, 4) zu vermeiden (vgl. Jahresgutachten 1964, Textziffern 206 ff. u. 255 ff.). Die auf binnenwirtschaftliche Stabilität ausgerichtete Geld- und Fiskalpolitik läßt sich in einem System relativ fester Devisenkurse außenwirtschaftlich nur schwer oder gar nicht absichern (*Thieme*, Das Wirtschaftsstudium 1972, 69; *Wagner*, VVDStRL 27, 47 LS 11, S. 79; *Lutz*, Währungsordnung, 4; *Stoffers*, 7). Um der Geldwertstabilität willen mußte gehandelt werden, um der Devisenkursstabilität darf nicht gehandelt werden (*Hölzer*, Wirtschaftswoche 1972, Nr. 23, S. 17).

[109] Es bereitet bereits erhebliche Schwierigkeiten, bei einer Auf- oder Abwertung den Gleichgewichtskurs zu treffen. Selbst wenn dies gelingt, so entspricht die neue Parität bald nicht mehr den Realitäten, da sich die den Devisenkurs bestimmenden Faktoren permanent verändern; vgl. *Küng*, Zahlungsbilanzpolitik, 505; *Dernburg / Mc Dougall*, 174; ohne Verf., Besteuerung und Währung im Gemeinsamen Markt, 40.

[110] Vgl. dazu *Leisner*, Sozialbindung, 126 ff.

[111] Ebenso *Sendler*, DÖV 1971, 21; *Möschel*, 168.

Die Paritätsänderung paßt den Außenwert der Währung zwar nicht marktkonform, sondern *stufenartig* an, sie erfolgt aber gleichwohl nicht „aus heiterem Himmel". Aufwertungen pflegen sich durch anhaltende Zahlungsbilanzüberschüsse anzukündigen. Daran ändern selbst die meist kurz vor einer Paritätsänderung geäußerten Dementis der politischen Instanzen nichts, die ja überdies als sichere Anzeichen für eine bevorstehende Aufwertung gelten können. Der Unternehmer wird also von der Aufwertung nicht etwa überraschend getroffen, sie ist für ihn vielmehr relativ langfristig vorhersehbar, so daß er seine wirtschaftlichen Dispositionen entsprechend einstellen kann.

Die starre Parität hat auch für die mit Auslandskontakt arbeitenden Unternehmen den Vorteil einer längerfristig stabilen Kalkulationsgrundlage[112], weshalb häufig sogar von Seiten der Betriebe eine stufenförmige Kursanpassung gegenüber einer gleitenden bevorzugt wird. Aus der Eigentumsgarantie kann aber nicht der Anspruch hergeleitet werden, daß wirtschaftliche Vorteile, die aus einer hoheitlichen Regelung erwachsen, dem Eigentümer zufließen, die entstehenden Nachteile aber von der Allgemeinheit in Form von Entschädigungsleistungen getragen werden[113].

Selbst schwere Beeinträchtigungen — bis hin zum Zusammenbruch des Unternehmens — treffen daher den eingerichteten und ausgeübten Gewerbebetrieb nicht in unerträglicher bzw. unzumutbarer Weise. Da die Unternehmen über Möglichkeiten verfügen, sich auf die für sie vorhersehbare Aufwertung und die zu erwartenden Beeinträchtigungen rechtzeitig einzustellen, ist ihnen auch die Berufung auf die im Währungssystem angelegte *verzögerte* Kursanpassung und dadurch verursachte wirtschaftliche Belastungen verwehrt. Ein derartiges Vorsorge- und Ausweich-Verhalten[114] in Form von Wechselkursversicherungen und Kurssicherungsgeschäften zum Ausgleich des Devisenkursrisikos[115] ist dem Unternehmer ohne weiteres zuzumuten und bei der

---

[112] Vgl. *DIHT*, 12, 24.

[113] So die Argumentation des Bundesverfassungsgerichts (BVerfGE 34, 139, 148) hinsichtlich der Übernahme von Erschließungskosten durch die von der Erschließung begünstigten Eigentümer.

[114] Siehe zum Ausweich-Verhalten gegenüber steuerlichen Maßnahmen *Selmer*, Steuerinterventionismus, 347.

[115] Vgl. dazu *Dürkes*, 103 ff.; *Gutowski*, Ordo XXIII (1972), 26 f.; Jahreswirtschaftsbericht 1972 der Bundesregierung, BT-Drucksache VI/3078, Textziffern 10 und 60; Jahresgutachten 1969, Textzif. 103. Allerdings hat sich die von der Bundesregierung Anfang 1972 bereitgestellte Möglichkeit zum Abschluß von Wechselkursversicherungen (vgl. Jahreswirtschaftsbericht der Bundesregierung 1972, BT-Drucksache VI/3078, Textzif. 60) auch wegen der hohen Beitragsleistungen als wenig attraktiv erwiesen (vgl. FAZ v. 4. 8. 1972, Nr. 178, S. 13). Vorteile bzw. Schadensminderungen lassen sich schon dadurch erzielen, daß die Fälligkeitstermine von Zahlungen vorgezogen oder hinausgeschoben werden (vgl. Jahresgutachten 1969, Textzif. 109).

Beurteilung der Erträglichkeit der Belastung in Rechnung zu stellen[116]; es wäre sogar im Rahmen der auch im Enteignungsrecht gültigen Grundsätze des Mitverschuldens[117] und der Vorteilsausgleichung[118] bei der Bemessung einer Eingriffs-Entschädigung zu berücksichtigen. Soweit ein Betrieb sein geschäftliches Verhalten nicht frühzeitig genug der Aufwertung anpaßt oder es versäumt, verlustmindernde Gegengeschäfte abzuschließen, handelt er auf *eigenes* Risiko. Treten in der Folge aufwertungsbedingte Belastungen des Gewerbebetriebes auf, so wird mangels Unzumutbarkeit der Beeinträchtigung kein Entschädigungsanspruch ausgelöst. Das Unternehmen wird insoweit nur in seinem, von ihm selbst zu tragenden *marktwirtschaftlichen Risiko* tangiert, ohne daß ein enteignungsgleicher Eingriff vorliegt.

Zur Unterstützung dieses Ergebnisses kann noch darauf verwiesen werden, daß die Paritätsänderung wie die Erfahrung zeigt häufig zur Beendigung einer *Währungskrise* eingesetzt wird[119]. Wegen der der Paritätsänderung anhaftenden weitreichenden wirtschaftlichen Konsequenzen[120] wird die Kurskorrektur so weit wie möglich herausgeschoben, schließlich aber als ultima ratio und schärfstes Mittel zur Anwendung gebracht, wenn andere, weniger einschneidende Maßnahmen keinen Erfolg mehr versprechen. Es ist jedoch anerkannt, daß wirtschaftliche Krisenzeiten eine Intensivierung der entschädigungslosen Sozialbindung gegenüber „normalen Zeiten" rechtfertigen[121]. Man wird aller-

---

[116] So BVerwG, U. v. 14. 12. 1973, NJW 1974, 811, hinsichtlich der zumutbaren Möglichkeit eines Grundstückseigentümers gegenüber einer vom Nachbargrundstück ausgehenden Beeinträchtigung für Abhilfe zu sorgen. Ebenso BVerwG, U. v. 1. 6. 1974, JR 1975, 39, 40.

[117] BGHZ 45, 290, 294 (zum Aufopferungsanspruch); 56, 57, 64 ff. (zum enteignungsgleichen Eingriff); *R. Schneider*, Verw. Arch. 58 (1967), 346 Fußn. 203; *Bender*, Staatshaftungsrecht, 215 f.; *Rüfner*, BB 1968, 884; *Kröner*, Eigentumsgarantie, 132 ff.; *Scheuner*, JuS 61, 249; *Schwerdtfeger*, 101; *Luhmann*, Entschädigung, 168 ff.; *Wolff / Bachof*, § 62 V b; *Palandt-Heinrichs*, § 254 Anm. 5; *Erman-Sirp*, § 254 Rdnr. 7; grundsätzlich auch *Soergel-Schmidt*, § 254 Rdnr. 7; ablehnend noch RGZ 167, 14, 26; kritisch zur Bedeutung des § 254 BGB im Enteignungsrecht *Gelzer*, S. 36, Rdnr. 111.

[118] BGHZ 6, 270, 295; 21, 388, 398 ff.; BGH, U. v. 28. 2. 1966, NJW 1966, 1075; *Kröner*, Eigentumsgarantie, 131 f. (m. w. N.); *Maunz*, in: Maunz / Dürig / Herzog, Art. 14 Rdnr. 115; *Kimminich*, in: Bonner Kommentar, Art. 14 Rdnr. 141; *Wolff / Bachof*, § 62 V b; *Hamann / Lenz*, Art. 14 Anm. B 13 (a. E.); *Bender*, Staatshaftungsrecht, 208, 215; *Luhmann*, Entschädigung, 182 ff.; *Palandt-Heinrichs*, Vorbem. vor § 249 Anm. 7 f.

[119] Beispielhaft dafür stehen das Realignment im Dezember 1971 und die D-Mark Aufwertung vom 19. 3. 1973 (vgl. 1. Teil, § 3). Siehe *Münch*, in: Stern / Münch / Hansmeyer, § 4 Anm. VIII 4 e.

[120] Die *politische* Bedeutung der Paritätsänderung ist insbesondere anläßlich der kurz nach den Bundestagswahlen erfolgten, zuvor aber heftig dementierten Aufwertung vom 24. 10. 1969 deutlich sichtbar geworden (vgl. 1. Teil, § 3).

[121] BGHZ 6, 270, 279; *Kröner*, Eigentumsgarantie, 64; *Kreft*, Aufopferung und Enteignung, 22; *Sellmann*, NJW 1965, 1689; *Scheuner*, Enteignungsent-

dings mit dieser *Krisen-Sozialbindung* sparsam umgehen und sie auf diejenigen Fälle beschränken müssen, in denen eine Paritätsänderung über die bloße Anpassung des äußeren Geldwertes hinaus auch der Bereinigung außenwirtschaftlicher Konflikte dienen soll.

Gegen eine unter diesem Aspekt und nur in Extremsituationen verstärkte Sozialbindung kann dann nicht eingewendet werden, sie stelle das Eigentum unter ein unbestimmtes öffentliches Interesse und mache es zum Sündenbock einer verfehlten Wirtschaftspolitik[122]. Das die Begrenzung der Eigentümerbefugnisse rechtfertigende öffentliche Interesse ergibt sich aus Art. 109 II GG in Verbindung mit dem Stabilitätsgesetz, dem EWA und dem IWFA, die das mit Verfassungsrang ausgestattete gesamtwirtschaftliche Gleichgewicht aufgenommen und konkretisiert haben[123]. Das Spannungsverhältnis zwischen diesem hinreichend bestimmten öffentlichen Interesse und dem Eigentum ist damit auch in der Verfassung selbst angelegt. Sie läßt es zu, das Eigentum im Interesse einer wünschenswerten gesamtwirtschaftlichen Entwicklung in erhöhtem Maße in Anspruch zu nehmen. Die Grenzen einer solchen intensivierten Sozialbindung sind ebenfalls durch die Verfassung vorgezeichnet; sie ergeben sich vor allem aus dem Gebot zur Wahrung des grundlegenden Gehalts der Eigentumsgarantie[124] sowie der Wesensgehaltssperre des Art. 19 II GG[125].

4. Plangewährleistungsansprüche wegen Paritätsänderung

Da die Währungsparität und deren Änderung Elemente eines indikativen, influenzierenden und imperativen Planes enthalten[126], ist als mögliche Entschädigungsgrundlage ein auf Entschädigung gerichteter Plangewährleistungsanspruch[127] in Betracht zu ziehen.

---

schädigung, 111; *Bender*, NJW 1965, 1298; *Rüfner*, DVBl. 1970, 885; *Kirchhof*, 39; siehe dazu allgemein *Häberle*, Wesensgehaltgarantie, 55. Es handelt sich lediglich um eine besondere Ausprägung des allgemeinen Satzes, daß das Maß der entschädigungslos zulässigen Sozialbindung keine starre Größe darstellt.

[122] So aber *Leisner*, Sozialbindung, 54 ff.

[123] Vgl. dazu im einzelnen 3. Teil, § 5, 1 b passim. Das gesamtwirtschaftliche Gleichgewicht ist trotz fehlender verfassungsrechtlicher Definition keine bloße Leerformel (so *Vogel / Wiebel*, in: Bonner Kommentar, Art. 109 Rdnr. 81; *Papier*, AöR 98 [1973], 548 [m. w. N.]).

[124] BVerfGE 21, 73, 82; 25, 112, 117; 31, 229, 240; 31, 248, 252; 34, 139, 146. Vgl. dazu näher 3. Teil, § 5, 2 d.

[125] Vgl. dazu 3. Teil, § 5, 2 g.

[126] Vgl. 3. Teil, § 3, 2 b aa ß.

[127] Zum Plangewährleistungsanspruch im Sinne eines Anspruches auf Planfortbestand gegenüber einer Paritätsänderung siehe 3. Teil, § 5, 2 h bb d und ß.

a) Die Risikoverteilung zwischen Staat und Wirtschafter als Ausgangspunkt

Die Grundlagen und Voraussetzungen eines derartigen Plangewährleistungsanspruches sind allerdings umstritten und noch in der Entwicklung befindlich[128]. Zwei Grundpositionen lassen sich jedoch herausschälen[129]; Ansiedelung des Plangewährleistungsanspruches innerhalb von Art. 14 GG[130] oder Anerkennung eines eigenständigen, von den überkommenen Entschädigungstatbeständen losgelösten Instituts der Plangewährleistung[131]. Beiden Richtungen liegt gleichermaßen der Gedanke zugrunde, eine gerechte *Risikoverteilung*[132] zwischen dem planenden Staat und dem in das Netz der Planung eingespannten disponierenden Wirtschafter mit dem Ziel vorzunehmen, eine Entschädigung aus dem Gesichtspunkt der Plangewährleistung immer dann zu gewähren, wenn das Risiko der Planänderung nicht mehr vom einzelnen, sondern von der Gemeinschaft zu tragen ist. Die Notwendigkeit eines Plangewährleistungsanspruches ergibt sich aus der „Allgegenwärtigkeit" staatlicher Einflußnahme im wirtschaftlichen Bereich, in dem wirtschaftliche Entscheidungen durch staatliche Planung vorprogrammiert werden, so daß die Belastung durch Fehldispositionen nicht mehr allein in der Risikosphäre des privaten Wirtschafters verbleiben kann[133].

Für einen Entschädigungsanspruch eines durch eine Planänderung betroffenen Wirtschafters ist daher auch nicht in erster Linie die dogmatische Grundlegung des Plangewährleistungsanspruches innerhalb

---

[128] Vgl. den Überblick bei *Egerer*, 45 ff.

[129] *Ipsen*, in: Festschrift E. R. Huber, 233, unterscheidet insoweit zwischen traditionell, konventionell und progressiven Begründungsvorschlägen.

[130] So insbesondere *Ehlermann*, 53 ff.; *Badura*, Wirtschaftsverfassung, 109 ff.; *ders.*, Wirtschaftsverwaltungsrecht, 272; *Burmeister*, Die Verwaltung 2 (1969), 34 ff.; *Selmer*, Steuerinterventionismus, 350; *Hoffmann*, DVBl. 1969, 203; *Püttner*, VVDStRL 32, 215; *W. Schmidt*, JuS 1973, 537. *Ritter*, BGH, U. v. 31. 1. 1966, NJW 1966, 1355; *Maecker*, 100 ff.; *Kriele*, DÖV 1967, 536 ff.; *Ossenbühl*, DÖV 1972, 35 f. (der daneben einen speziellen Plangewährleistungsanspruch anerkennt, dessen Rechtsgrundlage ein öffentlich-rechtlicher Garantievertrag sein soll); wohl auch *Forsthoff*, Mittel und Methoden, 32 ff.

[131] So *Oldiges*, 179 ff.; *Ipsen*, VVDStRL 11, 129; *ders.*, Planung, 251; *ders.*, Rechtsfragen, 111; *Tiefenbacher*, BB 1967, 2; offen hinsichtlich weiterer Grundlagen eines Plangewährleistungsanspruches neben dem Enteignungsrecht *Gygi*, 140; differenzierend *Lerche*, Übermaß, 269 Fußn. 51.

[132] Vgl. z. B. *v. Simson*, 419; *Selmer*, Steuerinterventionismus, 351; *Badura*, Wirtschaftsverfassung, 110; *Hoffmann*, DVBl. 1969, 203; *Egerer*, 83; *Gygi*, 136; *Ipsen*, Rechtsfragen, 107 f.; *ders.*, Plangewährleistung, in: Festschrift E. R. Huber, 233; *Fröhler*, Wirtschaftsrecht, 142; *Burmeister*, Die Verwaltung 2 (1969), 23; *Ossenbühl*, DÖV 1972, 35; *ders.*, Gutachten, B 197, 204; *Oldiges*, 30 ff.

[133] Vgl. dazu *Koppensteiner*, BB 1967, 223 f.; *Oldiges*, 30 ff.

von Art. 14 GG oder als selbständiges Rechtsinstitut relevant, sondern die *Voraussetzungen*, bei deren Vorliegen eine Entschädigung gewährt werden soll[134]. Der dogmatische Standort des Plangewährleistungsanspruches erlangt jedoch insofern Bedeutung, als es bei eigenständiger Begründung eines Plangewährleistungsanspruches außerhalb von Art. 14 GG nicht auf die Frage ankommt, ob durch eine Planänderung eine im Sinne des Art. 14 I 1 GG als Eigentum anerkannte und daher schutzwürdige Rechtsposition tangiert wird. Außerdem entfällt die enteignungsrechtlich gebotene Bindung an das Merkmal der Unmittelbarkeit des Eingriffs[135].

Ein Ansatzpunkt für eine aus Plangewährleistung abzuleitende Entschädigung für eine Auf- oder Abwertung könnte sich bereits aus der Tatsache der Planänderung ergeben. Außerdem kann die Änderung der währungspolitischen Planung bei den betroffenen Eigentumsobjekten zu Wertminderungen führen und bei den tangierten eingerichteten und ausgeübten Gewerbebetrieben Rentabilitätsreduzierungen und Dispositionsentwertungen nach sich ziehen, so daß sich die Frage stellt, in wessen Risikosphäre der Schaden belassen werden soll. Ein Plangewährleistungsanspruch wegen einer Paritätsänderung ist somit davon abhängig, an welche Voraussetzungen ein solcher Anspruch geknüpft ist.

b) Überdehnung des Plangewährleistungsanspruchs bei Ersatz aller planänderungsbedingter Schäden

Von einem Teil der Literatur wird — wenn auch mit verschiedenen Begründungsansätzen — ein weitgehender Plangewährleistungsanspruch der Planadressaten anerkannt, der allein daran anknüpft, ob durch eine Planänderung ein Vermögensschaden ausgelöst worden ist[136]. Da bereits die durch den Plan eingeräumte Rechtsstellung nach dieser Auffassung als subjektiv-öffentliches Vermögensrecht angesehen wird[137],

---

[134] So gewährt auch *Oldiges*, 179 ff., 199 ff., der die Plangewährleistung grundsätzlich nicht als Ausdruck des Eigentumsschutzes durch Art. 14 GG begreift, sondern im Grundsatz der Rechtssicherheit verankert sieht, den Anspruch auf Entschädigung bei Planänderungen aus enteignungsgleichem Eingriff. In der Praxis der Gerichte dürfte sich ein Plangewährleistungsanspruch, der sich in das herkömmliche Entschädigungssystem einbauen läßt, eher durchsetzen.

[135] Vgl. dazu 4. Teil, § 1, 1 b.

[136] So *Ehlermann*, 71; *Burmeister*, Die Verwaltung 2 (1969), 39 ff.; sehr weitgehend auch *Ipsen*, VVDStRL 11, 129 (enger jedoch *ders.*, Rechtsfragen, 110 f.).

[137] *Ehlermann*, 71; *Burmeister*, Die Verwaltung 2 (1969), 42 f.: „Planvertrauen" als Bestandteil des Rechtes am eingerichteten und ausgeübten Gewerbebetrieb. *V. Simson*, 410 wirft nur die Frage auf, ob durch die Planung ein subjektives öffentliches Recht entsteht.

setzt ein Ausgleichsanspruch nicht voraus, daß eine planintendierte Disposition des betroffenen Wirtschafters vorliegt.

Ein derart umfassender Plangewährleistungsanspruch entspricht jedoch nicht dem Gedanken der Risikoverteilung zwischen planendem Staat und dem privaten Wirtschafter[138], da dem Planungsträger *einseitig* die Folgen seiner Planungsentscheidung unter Einschluß unübersehbarer Entschädigungskonsequenzen aufgebürdet würden. Damit würde man aber nicht der Ambivalenz gerecht, die zwischen den mit leistungsstaatlicher Planung verbundenen Vorteilen für das private Wirtschaften und den sich aus notwendigen Planänderungen ergebenden Nachteilen besteht. Vielmehr muß der die Vorteile der Planung in Anspruch Nehmende auch bereit sein, in einem der Planbegünstigung entsprechenden Maß die mit der Planung infolge ihrer immanenten Korrekturbedürftigkeit[139] verbundenen Gefahren zu tragen[140].

Eine Änderung der Währungsparität zieht daher wegen der mit ihr einhergehenden Wertverluste und Beeinträchtigungen nicht eo ipso unter dem Stichwort Plangewährleistung einen Entschädigungsanspruch der Betroffenen nach sich. Ein enttäuschtes Planvertrauen *allein* ist somit auch im Rahmen des Art. 14 GG unbeachtlich.

c) Plangewährleistung als abgestufter Dispositionsschutz

Eine Entschädigung wegen Plangewährleistung setzt daher voraus, daß vom Wirtschafter im Hinblick auf den Plan *Dispositionen* getroffen worden sind, die ohne die Planung unterblieben wären[141]. Nur bei denjenigen Wirtschaftern, die den Plan in ihrem eigenen Vermögensbereich wirtschaftlich aktivieren, liegt eine erkennbare, am Plan ausgerichtete vermögensrelevante Entscheidung vor, die eine Risikoverlagerung anzuzeigen geeignet ist. Erst die Disposition begründet das *Planungsrechtsverhältnis*[142] zwischen Staat und Unternehmer.

Nicht alle planbedingten Dispositionen sind aber schutzwürdig und führen zu einem finanziellen Ausgleich im Falle der Planänderung[143].

---

[138] Ablehnend auch BVerwGE 35, 268, 273; *Selmer*, Steuerinterventionismus, 354 f. *Ehlermann*, 71, räumt selbst ein, daß ein derartiger Plangewährleistungsanspruch nicht als geltendes Recht angesehen werden kann.

[139] Vgl. 3. Teil, § 5, 2 h bb d.

[140] Einen *abstrakten* Vertrauensschutz im Sinne von *Kisker*, VVDStRL 32, 152 bietet die Plangewährleistung also nicht.

[141] So die herrschende Meinung; vgl. *Ipsen*, in: Festschrift E. R. Huber, 232; *Oldiges*, 224; *Egerer*, 93; *Selmer*, Steuerinterventionismus, 349; *Badura*, Wirtschaftsverfassung, 110; *Maecker*, 115; *Kriele*, DÖV 1967, 532; *Forsthoff*, Mittel und Methoden, 34; *Menger / Erichsen*, Verw. Arch. 59 (1968), 381.

[142] Vgl. dazu *Ipsen*, in: Festschrift E. R. Huber, 234 m. w. N.

[143] So *Kisker*, VVDStRL 32, 176.

Überwiegend wird eine Entschädigung bei Änderungen des Plans nur dann gewährt, wenn auf Seiten des Planadressaten ein besonderer, über das allgemeine Vertrauen in den Fortbestand der günstigen (Planungs-)Rechtslage hinausgehender *Vertrauenstatbestand* vorhanden ist[144]. Soweit die Plangewährleistung als eine Modalität des enteignenden Eingriffs aufgefaßt und innerhalb von Art. 14 GG festgemacht wird[145], soll nur in diesen Fällen eine als Eigentum anzuerkennende, schutzwürdige Rechtsposition der Wirtschafter vorliegen[146]. Allerdings hat der Vertrauensschutzgedanke als Grundlage eines Entschädigungsanspruches auch Ablehnung erfahren[147], da er nur für einen Abwehranspruch nutzbar gemacht werden könne und zudem für die Bereiche der imperativen Planung nichts hergebe, da es dort mangels Freiwilligkeit auf das Vertrauen des Planunterworfenen nicht ankomme. Man kann diesen Argumenten hinzufügen, daß das Planungsrechtsverhältnis weniger vom Vertrauen des Planadressaten in den Planfortbestand geprägt ist, als durch die — von der Intensität der Planung abhängige — mehr oder weniger starke Vorbestimmung von Entscheidungen des privaten Wirtschafters durch den Plan. Diese Abhängigkeit des Unternehmers und die damit verbundene Risikoverschiebung kennzeichnen die Situation des Wirtschafters; deshalb verdient er Schutz vor Dispositionsentwertungen. Darüber hinaus *kann* ein zu Dispositionen motivierendes Vertrauen vorhanden sein. Vertrauensschutz wird dann aber nur auf dem Umweg über den Dispositionsschutz gewährt[148].

Die Schutzwürdigkeit planorientierter Dispositionen richtet sich daher vor allem nach der *Intensität* der durch die Planung hervorgerufenen Beeinflussung, also nach der Differenzierung zwischen imperativer, influenzierender und indikativer Planung[149]. Man kann daher von einem *abgestuften* Dispositionsschutz sprechen. Während bei indikati-

---

[144] BGHZ 45, 83, 87 f.; BGH, U. v. 7. 12. 1967, NJW 1968, 293, 294; *Badura*, Wirtschaftsverfassung, 110 f.; *ders.*, Wirtschaftsverwaltungsrecht, 272; *Menger / Erichsen*, Verw. Arch. 59 (1968), 381; *Wolff* III, § 158 II d 2; *Ossenbühl*, DÖV 1972, 35; *Lerche*, DÖV 1961, 489; *v. Simson*, 420; *Scheuner*, Verfassungsrechtliche Probleme, 88; *Ipsen*, Fragestellungen, 62; *Forsthoff*, Mittel und Methoden, 37; *Peter*, JZ 1969, 555; *Fröhler*, Wirtschaftsrecht, 143.

[145] Vgl. die Nachweise in Fußn. 130, 4. Teil, § 1, 4 a.

[146] So z. B. in BGHZ 45, 83, 87 f.; BGH, U. v. 7. 12. 1967, NJW 1968, 293 f.; vgl. dazu *Kröner*, Eigentumsgarantie, 55 f.

[147] So bei *Egerer*, 79 f.; *Oldiges*, 223; *Burmeister*, Die Verwaltung 2 (1969), 34; kritisch auch *Selmer*, Steuerinterventionismus, 350 f. Zur Unbestimmtheit des Vertrauensschutz-Prinzips *Ipsen*, in: Festschrift E. R. Huber, 235.

[148] Siehe auch *Kisker*, VVDStRL 32, 194, LS I C („Vertrauensschutz ist Dispositionsschutz"); W. *Schmidt*, JuS 1973, 533 („Vertrauensschutz als Vermögensschutz").

[149] *Egerer*, 83 ff.; *Ipsen*, in: Festschrift E. R. Huber, 232. Ähnlich *Selmer*, Steuerinterventionismus, 352 ff., der zwischen kooperativem und quasi-imperativem Planbefolgungszwang differenziert.

ver Planung das Risiko der Planänderung wegen der geringen Beeinflussung grundsätzlich beim Planadressaten verbleibt, löst die imperative Planung infolge ihres Zwangscharakters immer eine Entschädigungspflicht des Planändernden aus, wenn sie mit Dispositionsentwertungen einhergeht. Im Bereich der influenzierenden Planung muß dagegen die Frage einer Entschädigung unter Berücksichtigung des Grades der Beeinflussung durch den Plan an Hand des Einzelfalles beantwortet werden[150]. Für den neuralgischen Fall der Änderung eines influenzierenden Plans kann unterstützend auf die *Plankonformität* der Dispositionen abgestellt werden[151]. Danach ist nur eine der Intention der Planung entsprechende Disposition schutzwürdig, während spekulative Dispositionen nicht durch eine Entschädigung abgegolten werden[152]. Auch die *Vorhersehbarkeit* der Planänderung ist als Abgrenzungskriterium tauglich, denn für den Wirtschafter erkennbar vorauszusehende Planänderungen sind nicht in gleichem Maße an eine Entschädigungspflicht gekoppelt wie die überraschende Aufgabe einer bisher verfolgten Planung.

Bei der Beurteilung eines Entschädigungsbegehrens wegen entwerteter Dispositionen auf Grund einer Planänderung können die genannten Gesichtspunkte unabhängig davon, ob man einen eigenständigen Plangewährleistungsanspruch anerkennt oder Art. 14 GG heranzieht, zur Lösung der Entschädigungsfrage beitragen, da sie alle das Verhältnis zwischen Planungsträger und Planadressaten kennzeichnen und daher Argumente für die Risikoverteilung zwischen den Planbeteiligten zu liefern geeignet sind.

d) Planorientierte Dispositionen und Plangewährleistung bei einer Paritätsänderung

Da die Währungsparität hinsichtlich ihres Plancharakters in mehrere, verschiedenartig intensive Wirkungsschichten aufzugliedern ist[153], muß zunächst gefragt werden, durch welche Beeinflussungsformen auf Seiten des Wirtschafters planorientierte Dispositionen verursacht werden, um daran anschließend die Risikoverteilung unter Berücksichtigung der Planintensität vornehmen zu können.

Soweit von der Parität auf Grund ihres Preisregulierungseffektes *imperative* Wirkung ausgeht, korrespondiert ihr beim Unternehmer

---

150 Vgl. *Egerer*, 83 ff. Siehe auch *Ossenbühl*, Gutachten, B 200.

151 *Oldiges*, 221; *Badura*, Wirtschaftsverfassung, 110; *Maecker*, 112.

152 *Oldiges*, 221; *Gygi*, 137 f. Zur Unbestimmtheit dieser Kritierien *Ossenbühl*, Gutachten, B 202.

153 Siehe zur näheren Spezifizierung des Plancharakters der Paritätsänderung 3. Teil, § 3, 2 b aa ß.

keine hoheitlich zwingend aufgegebene Disposition. Die durch einseitigen Akt erfolgende Verbindlicherklärung des Devisenpreises nötigt weder Forderungsinhaber und Schuldner noch Unternehmer zu planorientierten Aufwendungen. Die durch eine Paritätsänderung verursachte Wertbeeinträchtigung vermögenswerter Rechte[154] ist daher auch keine Folge der *zwingenden* Natur der Währungsplanung. Es fehlt somit schon an einem Planungsrechtsverhältnis als Voraussetzung für einen Plangewährleistungsanspruch.

Planverursachte Dispositionen der von einer Paritätsänderung betroffenen Wirtschafter kommen nur hinsichtlich des *indikativen* und *influenzierenden* Charakters einer Parität in Betracht. In ihrer indikativen Wirkung als wirtschaftliche Orientierungshilfe und Kalkulationsgrundlage kann eine Währungsparität z. B. mitbestimmenden Einfluß auf den Abschluß von Verträgen ausüben. Soweit von einer Parität influenzierende Wirkungen ausgehen, vermag sie Anreize zu betrieblichen Investitionen zu geben, etwa um die durch eine „unrealistische" Parität hervorgerufenen erhöhten Absatzchancen auszunutzen. Dispositionen können durch eine Währungsparität auch insoweit angeregt werden, als sie im Hinblick auf eine nachfolgende Paritätsänderung Aussicht auf Ab- oder Aufwertungsgewinne versprechen. Die getroffenen Dispositionen weisen sich hier als Wirkungen der Planung aus; sie werden bewußt im Hinblick auf die bestehende Parität vorgenommen[155].

Da Schäden, die durch die Änderung eines indikativen Plans ausgelöst werden, generell keinen Entschädigungsanspruch im Sinne einer Plangewährleistung begründen[156], kann ein Ausgleich der planänderungsbedingten Verluste nur in bezug auf den influenzierenden Charakter der Parität in Betracht kommen. Auch in diesem Bereich führt aber eine Risikoabgrenzung nicht zur Gewährung einer Entschädigung. Versucht man einen Vertrauenstatbestand auf Seiten des Wirtschafters auszumachen, so muß man feststellen, daß sich gerade die Parität als ein in besonders hohem Ausmaß korrekturanfälliger Plan darstellt. Da der Währungsparität die sich ständig verändernden Marktverhältnisse[157] zugrunde liegen, bedarf die Parität ständiger Fortschreibung. Mehr als bei anderen Plänen ist der Währungsparität das Risiko ihrer Änderung schon ihrem Wesen nach beigegeben. Eine Verläßlichkeit auf den Fortbestand einer *bestimmten* Parität ist daher nicht möglich.

---

[154] Vgl. dazu 3. Teil, § 3, 2 a passim.

[155] Vgl. zu diesem Erfordernis *Oldiges*, 221; *Egerer*, 72.

[156] Vgl. 4. Teil, § 1, 4 c.

[157] Deren Änderung keinen Entschädigungsanspruch zu begründen geeignet ist (vgl. BGH, U. v. 16. 9. 1968, NJW 1968, 2140, 2141).

Dieses Änderungsrisiko ist auch für den Wirtschafter grundsätzlich erkennbar und sogar im Einzelfall vorhersehbar, da sich eine Paritätsänderung durch chronische Zahlungsbilanzungleichgewichte anzukündigen pflegt. Der Risikofaktor einer unrealistischen und damit ungewollt influenzierend wirkenden Parität muß besonders hoch eingestuft werden, da mit einer Angleichung an den tatsächlichen Außenwert der Währung gerechnet werden kann. Die Dispositionen des Wirtschafters, der die Vorteile einer nicht den tatsächlichen Marktverhältnissen entsprechenden Parität ausnutzt, tragen bereits spekulativen Charakter; sie dienen — an der Zielsetzung des gesamtwirtschaftlichen Gleichgewichts gemessen — nicht mehr der Verwirklichung der Aufgaben einer fixierten Parität, da sie geeignet sind, Störungen des außenwirtschaftlichen Gleichgewichts zu vertiefen. Eine schutzwürdige Disposition ist somit nicht vorhanden; Entschädigungsansprüche wegen Plangewährleistung sind abzulehnen.

5. Härteausgleich außerhalb von Art. 14 III GG

Die bisherigen Untersuchungen haben gezeigt, daß paritätsänderungsbedingte Verluste weder über die Konstruktion des enteignungsgleichen Eingriffs noch mit Hilfe des sensibleren Plangewährleistungsanspruches kompensiert werden können. Der aufwertungsbetroffene Gewerbebetrieb muß sogar die Vernichtung des Betriebes entschädigungslos hinnehmen.

Es soll daher noch ein Blick auf die Versuche im Schrifttum geworfen werden, den von wirtschaftslenkenden Maßnahmen Betroffenen sowohl im *Vorfeld* von enteignungsgleichem Eingriff und Plangewährleistung als auch *ex post* zur Schadenslinderung zu verhelfen. Die Kritik setzt an am „Schwarz-Weiß-Tatbestand des Art. 14 GG“[158] und greift über in die Forderung nach einer „weichen Überleitung“ verfassungsrechtlich geschützter Besitzstände[159]. Die Wege und Mittel in diese Richtung sind vielgestaltig; in einigen Bereichen sind sie schon lange in der Praxis erprobt: Übergangsregelungen, Ausgleichsaktionen in Form von Subventionen, Härtemilderungsklauseln, Steuererlassen, Kredite, Bürgschaften oder andere Ausbalancierungen[160]. Alle diese

[158] So *Ossenbühl*, Gutachten, B 203, unter Hinweis auf *Lerche*, Übermaß, 286 ff. sowie *ders.*, DÖV 1961, 489. Eine Parallele zu den Schwierigkeiten einer „Alles oder Nichts“-Betrachtung findet sich bei der Verfassungswidrigerklärung von Gesetzen, die im Zwischenfeld von Verfassungsgemäßheit und Nichtigerklärung liegt (vgl. dazu *Maurer*, in: Festschrift W. Weber, 344 ff.).

[159] So *Salzwedel*, Die Verwaltung 5 (1972), 27. *Ossenbühl*, Gutachten, B 204 weist in diesem Zusammenhang auf das Übermaßverbot hin.

[160] Vgl. dazu die in diese Richtung gehenden Vorschläge von *Koppensteiner*, BB 1967, 221; *Lerche*, Übermaß, 270, 274; *ders.*, DÖV 1961, 489; *Salzwedel*, Die Verwaltung 5 (1972), 24; *Ossenbühl*, Gutachten, B 203; *Oldiges*, 229.

Regelungen sind geeignet, dämpfende und belastungsmindernde „Pufferzonen"[161] für die nachteiligen Wirkungen leistungsstaatlicher Maßnahmen zu errichten. Die Leistungsstaatlichkeit wirtschaftslenkender und planender Maßnahmen entfaltet sich dabei zweischichtig: auf einer ersten Ebene der Wirtschaftsbeeinflussung und auf einer zweiten Stufe der Minderung belastender Auswirkungen durch flankierende Maßnahmen.

Der verfassungsrechtliche Hintergrund dieser *Nachsorge* kann zunächst dahingestellt bleiben, wo schon der einfache Gesetzgeber helfend zur Seite gesprungen ist. Auf diesem Weg werden die nachteiligen Folgen einer Paritätsänderung und einer Devisenkursfreigabe für das Einkommen in der Landwirtschaft im *europäischen Bereich* aufgefangen. Im Fall einer Auf- oder Abwertung erfolgt die Anpassung des Wertes der Rechnungseinheiten der Agrarmarktordnungen durch die Organe der EWG oder eine staatliche Angleichung der Interventions- und Ankaufspreise für landwirtschaftliche Güter[162]. Mit der gleichen Intention wird das — enteignungsrechtlich noch zu behandelnde — Floating durch die Erhebung von Ausgleichsabgaben flankiert[163].

Vergleichbare Regelungen, die vor allem die aufwertungsbetroffenen Unternehmen zu erfassen hätten, bestehen jedoch weder im innerstaatlichen noch im EWG-Bereich. Den Schutzmaßnahmen zugunsten der Landwirtschaft kann auch kein allgemeiner Grundsatz entnommen werden, allen von der Paritätsänderung geschädigten Wirtschaftsbereichen Hilfe zuteil kommen zu lassen. Die Ausgleichsabgaben sowie die Anpassung der Rechnungseinheiten dürfen nämlich nicht allein als *individuelle* Anpassungshilfe, sondern müssen auch auf *integrationspolitischem* Hintergrund gesehen werden[164]. Da sich die Beeinträchtigung der Unternehmen insbesondere im Handelsverkehr mit EWG-Drittstaaten niederschlägt und somit den Integrationsbestrebungen der europäischen Gemeinschaft nicht zuwiderläuft, kann das System der Schutzmaßnahmen auf diesen Bereich nicht übertragen werden. Der Europäische Gerichtshof hat daher zu Recht eine aus Art. 103 II EWGV

---

[161] So *Ossenbühl*, Gutachten, B 203.

[162] Vgl. *Ipsen*, Europäisches Gemeinschaftsrecht, 846. Siehe zu den Auswirkungen der Paritätsänderung auf den Agrarmarkt auch *Ehlermann*, in: v. d. Groeben / v. Boeckh / Thiesing, Art. 107 Anm. I 2 b; *Runge*, 93.

[163] Vgl. dazu EuGH, U. v. 24. 10. 1973, DVBl. 1974, 624 ff.; *G. Meier*, AWD 1969, 398 ff.; *Morawitz*, EuR 1971, 349; *Oppermann*, EuR 1970, 34; *Ipsen*, Europäisches Gemeinschaftsrecht, 801, 846; *v. Spindler / Becker / Starke*, I. Teil, Abschnitt E III 3.

[164] So deutlich EuGH, U. v. 24. 10. 1973, DVBl. 1974, 624, 625 ff. Auch EuGH, U. v. 13. 6. 1972, DVBl. 1973, 73, 75 stellt auf das „gemeinsame Interesse" und nicht auf das Einzelinteresse einer bestimmten Gruppe von Marktteilnehmern ab.

folgende Verpflichtung der Gemeinschaftsorgane abgelehnt, die durch eine Auf- oder Abwertung verursachten Benachteiligungen der Importeure oder Exporteure vollständig auszugleichen[165].

Infolge der fehlenden gesetzlichen Basis bleibt nur der Rückgriff auf *originäre* verfassungsrechtliche Leistungspflichten und korrespondierende Individualansprüche auf finanzielle Anpassungshilfen. Herkömmlicherweise beruft man sich in diesem Zusammenhang auf das Sozialstaatsprinzip (Art. 20 I, 28 I GG) und die sich daraus ableitenden Pflichten des Staates, um aber sogleich einschränkend hinzuzufügen, daß es sich um einen Sozialgestaltungs*auftrag* handele, der keine individuellen Ansprüche zu begründen geeignet sei[166]. Auch der Gleichheitssatz kann den Paritätsgeschädigten nicht als Vehikel für Subventionsansprüche dienen[167], da keine andere Gruppe in einem vergleichbaren Fall finanzielle Hilfe erfährt. Die der Landwirtschaft zuteil kommenden Hilfen basieren auf einem spezifisch *europäischen* Hintergrund, der etwa bei den aufwertungsbetroffenen Unternehmern nicht zu erkennen ist.

Ebensowenig lassen sich aus der breits im Zusammenhang mit der Regelungsbefugnis nach Art. 14 I 2 GG betonten *leistungs*staatlichen Funktion des Regelungsvorbehaltes individuelle Leistungs- oder Teilhabeansprüche der betroffenen Eigentümer herleiten[168]. In einem neueren Beschluß hat zwar das Bundesverfassungsgericht[169] auch Art. 14 I 1 GG im Zusammenhang mit der Rückübereignung wegen Wegfall des Enteignungszweckes zur Grundlage eines Leistungsanspruches erhoben. Die Entscheidung betrifft jedoch ersichtlich nur die Konstellation der fehlgeschlagenen Enteignung, also einen besonderen Fall verfassungsrechtlich gebotener *Rück*abwicklung. In andere Zusammenhänge, in denen es wie hier um die *eigenständige* Gewährung von Leistungen geht, wird man sie indes nicht stellen können.

Ansprüche auf Anpassungshilfe oder Härteausgleich nach erfolgter Paritätsänderung finden daher weder eine gesetzliche noch eine ver-

---

[165] Vgl. EuGH, U. v. 13. 6. 1972, DVBl. 1973, 73, 75. Die Entscheidung läßt allerdings offen, ob sich aus *gemeinsamem* Interesse eine Verpflichtung zum *vollen* Schadensausgleich ergeben kann.

[166] Vgl. *Götz*, Recht der Wirtschaftssubventionen, 262 (m. w. N.); *Hesse*, 86; *W. Weber*, Der Staat 4 (1965), 433 (keine auch nur mittelbare grundgesetzliche Legitimation sozialer Forderungen und Leistungen); *v. Münch*, AöR 85 (1960), 287 ff.

[167] Vgl. zur Bedeutung des Gleichheitssatzes bei der Gewährung von Subventionen *Zacher*, VVDStRL 25, 363 ff.; *Götz*, Recht der Wirtschaftssubventionen, 263 f.; *v. Münch*, AöR 85 (1960), 285 f., 290 ff.

[168] Vgl. dazu näher 3. Teil, § 2, 3 m. w. N.

[169] BVerfG, Beschl. v. 12. 11. 1974, NJW 1975, 37 ff. (im Gegensatz zu BVerwGE 28, 184 ff., das aus Art. 14 I 1 GG keinen allgemeinen Grundsatz der Pflicht zur Rückenteignung abgeleitet hat).

fassungsrechtliche Grundlage[170]. Ob der Gesetzgeber oder die Verwaltung auf diesem Weg den Betroffenen finanzielle Hilfe anbieten will, bleibt somit ihrer politischen Entscheidung und ihrem „subventionären Ermessen"[171] überantwortet. Die von *Tomuschat*[172] erwogene Möglichkeit der Schaffung einer Ausgleichskasse durch Abschöpfung von Paritätsgewinnen zur Abdeckung paritätsänderungsbedingter Verluste als eine denkbare Form des Härteausgleichs ließe sich überdies nicht nur auf staatlichem Wege, sondern auch durch freiwillige unternehmerische Selbstorganisation realisieren.

§ 2 Entschädigung bei Devisenkursfreigaben und Bandbreitenveränderungen

1. Entschädigungsansprüche wegen einer Devisenkursfreigabe

Auch die Freigabe der Devisenkurse wirkt *unmittelbar* tauschwertbeeinträchtigend auf Fremdwährungsforderungen[173], Gewerbebetriebe, Devisenbestände sowie das Vermögen, sofern durch ein Floating Schulden tangiert werden. Bereits der Aufgabe der Devisenkurslenkung haften tauschwertrelevante Wirkungen an. Im Unterschied zur Paritätsänderung bedarf es nicht einmal des Vollzuges durch die Bundesbank[174]. Auch von einem enteignungsrechtlich irrelevanten Unterlassen kann nicht gesprochen werden. Insoweit genügt hier der Verweis auf die Ausführungen im Zusammenhang mit Art. 14 I 2 GG[175].

Da die auf Ausnahmesituationen beschränkte kurzfristige Devisenkursfreigabe[176] weder völkerrechtlich noch nach innerstaatlichem Recht unzulässig ist[177], kann ein Entschädigungsanspruch sich nicht auf die Rechtswidrigkeit der Lösung der Devisenkurse von der Bandbreite stützen[178]. Ein enteignungsgleicher Eingriff würde daher voraussetzen,

---

170 Allgemein ablehnend hinsichtlich derartiger Ansprüche auch *Oldiges*, 229 ff. De lege ferenda argumentiert auch *Ossenbühl*, Gutachten, B 203.

171 *Ipsen*, VVDStRL 25, 282.

172 *Tomuschat*, 47.

173 Vgl. zur näheren Spezifizierung die Übersicht im 2. Teil, § 3, 2, die auch für Devisenkursfreigaben Gültigkeit besitzt.

174 Vgl. dazu 4. Teil, § 1, 1 b (a. E.).

175 Vgl. 3. Teil, § 4, 1 a, b.

176 Nur dieser Fall soll Gegenstand der folgenden Erörterungen sein, da auch nur ein kurzfristiges Floaten den einschlägigen innerstaatlichen und völkerrechtlichen Bestimmungen entspricht und damit durch ein öffentliches Interesse legitimiert ist (vgl. 3. Teil, § 5, 1 e).

177 Vgl. 3. Teil, § 5, 1 c passim.

178 *Hoffmann-Riem*, BB 1969, 1381 f. gelangt dagegen in allen Fällen einer Devisenkursfreigabe zu einem enteignungsgleichen Eingriff, da er entgegen

daß die Devisenkursfreigabe mit ihren beeinträchtigenden Wirkungen vermögenswerte Rechte jenseits der Sozialbindungsgrenze tangiert.

Auf Grund der Wirkungsgleichheit von Paritätsänderung und Devisenkursfreigabe mag zwar die Einführung eines Floatings zu einer schweren Beeinträchtigung führen, es fehlt ihr jedoch ebenso wie der Paritätsänderung an der *Unzumutbarkeit* der Belastung[179]. Die für die Zumutbarkeit entscheidende *immanente* Korrekturbedürftigkeit der Währungsparität wird sogar bei einer Devisenkursfreigabe von den Wirtschaftern insoweit selbst bestimmt, als die Einpendelung des Devisenkurses künftig dem freien Markt überlassen bleibt. Sofern es auf Grund verzögerten Reagierens der währungslenkenden Organe nach der Devisenkursfreigabe zu einer *stufenartigen* Anpassung der Devisenkurse kommt, wird dieser Nachteil durch die zuvor zugeflossenen Vorteile des Aufrechterhaltens der unrealistischen Parität aufgewogen[180]. Gegen eine enteignende Wirkung einer Devisenkursfreigabe spricht weiter ihr Charakter als *actus contrarius* im Verhältnis zur Paritätsfestsetzung. Wenn bei dieser Maßnahme zu erwägen ist, ob ihr enteignende Wirkung zukommt, so wäre es widersprüchlich, diejenige Entscheidung, die gleichsam die Umkehr des enteignenden Eingriffs enthält, ebenfalls als enteignenden Hoheitsakt zu qualifizieren. Die Entscheidung über die Freigabe der Devisenkurse kann somit nicht als enteignungsgleicher Eingriff gewertet werden.

Als Anknüpfungspunkt für einen *Plangewährleistungsanspruch* müßte bei der Devisenkursfreigabe am Plan*abbruch*[181] angesetzt werden, der ebenso wie die Plan*änderung* die Frage nach der Risikoverteilung der Planungsschäden aufwirft[182]. Soweit die Devisenkursfreigabe die *indikativen* Elemente der Parität im Sinne einer Kalkulationsgrundlage aufhebt, ist sie schon von der Planintensität her nicht geeignet, Plangewährleistungsansprüche zu begründen[183]. Auch aus der *influenzierenden* Wirkung einer unrealistischen Parität leitet sich kein schutzwürdiger Vertrauenstatbestand der von der Devisenkursfreigabe betroffenen Wirtschafter ab. Im Unterschied zur Paritätsänderung wird

---

der hier vertretenen Auffassung auch das kurzfristige Floaten als rechtswidrig einstuft und somit — entsprechend der Rechtsprechung des BGH (BGHZ 32, 208) — allein mit dem Hinweis auf die Rechtswidrigkeit des Eingriffs ein Sonderopfer annehmen kann.

[179] Vgl. im einzelnen dazu 4. Teil, § 1, 3 b aa ß und bb.

[180] Siehe 4. Teil, § 1, 3 b bb y.

[181] Bei einer Devisenkursfreigabe wird zwar ein Plan im rechtlichen Sinn aufgegeben, wirtschaftspolitisch gesehen trägt natürlich auch das Abgehen von festen Paritäten zu freien Devisenkursen planerische Züge.

[182] Siehe *Ipsen*, Rechtsfragen, 107; *Egerer*, 72.

[183] Insoweit kann auf die Ausführungen im Zusammenhang mit der Paritätsänderung verwiesen werden (4. Teil, § 1, 4 c und d).

man zwar von einer Vorhersehbarkeit der Einführung flexibler Devisenkurse nicht ausgehen können, die Variabilität des Außenwertes einer Währung zwingt aber ebenso wie bei einer Auf- oder Abwertung dazu, das Änderungsrisiko beim Wirtschafter zu belassen. Die Risikoschwelle des Wirtschaftens mit einer unrealistischen und damit influenzierend wirkenden Parität ist außerdem so erheblich, daß die nach einer Freigabe der Devisenkurse eintretenden Wertverluste nicht auf den Staat abgewälzt werden können. Ein Plangewährleistungsanspruch muß daher versagt bleiben.

Eine Devisenkursfreigabe rechtfertigt somit keine Entschädigungsansprüche.

2. Entschädigungsansprüche wegen einer Bandbreitenveränderung

Die für Art. 14 GG allein relevante Verringerung einer Bandbreite, bei der sich der Devisenkurs zuvor außerhalb der neuen Kursschwankungsgrenzen bewegte[184], enthält eine unmittelbare Tauschwertbeeinträchtigung sowie eine Belastung von Gewerbebetrieben. Entschädigungsansprüche wegen enteignungsgleichen Eingriffs werden jedoch grundsätzlich nicht erfolgreich geltend gemacht werden können, da infolge der geringen Intensität der Wertminderung weder eine *fühlbare* Belastung im Sinne der Sonderopfertheorie[185] noch eine *schwere* Beeinträchtigung vorliegen dürfte. Auch die Möglichkeit, daß ein Unternehmer als Folge der Bandbreitenverringerung in die Verlustzone gerät, kann ausgeschlossen werden. Ebensowenig naheliegend erscheint ein Plangewährleistungsanspruch, da es schon an planorientierten Dispositionen im Hinblick auf eine *bestimmte* Bandbreite fehlt.

---

184 Siehe dazu 3. Teil, § 4, 2 passim.
185 Vgl. 4. Teil, § 1, 2 a und die Nachweise dort in Fußn. 28.

Zusammenfassung

1. Devisenkurs und Währungsparität bestimmen den Außenwert einer Währung. Der Devisenkurs bezeichnet die tatsächliche Austauschrelation; die Währungsparität enthält das abstrakte, hoheitlich festgelegte Wertverhältnis. Bei einer Aufwertung wird das Außenwertverhältnis in bezug auf den jeweiligen Wertmesser erhöht, bei einer Abwertung verringert.
2. Die Bandbreite legt die maximale Schwankungsbreite der Devisenkurse um die Parität fest. Die Freigabe der Devisenkurse löst die Bindung der Devisenkurse an die Grenzen der Bandbreite.
3. Paritätsänderung und Devisenkursfreigabe dienen dem Ausgleich der Zahlungsbilanz sowie der Beseitigung einer außenwirtschaftlichen Störung des gesamtwirtschaftlichen Gleichgewichtes (§ 4 StabG) und damit zugleich dem gesamtwirtschaftlichen Gleichgewicht (§ 1 StabG).
4. Maßnahmen der Währungshoheit sind auf Grund Art. 1 III GG an den Grundrechten zu messen.
5. Die Wirkungen der Paritätsänderung und Devisenkursfreigabe erstrecken sich hinsichtlich vermögenswerter Rechte auf Gläubiger und Schuldner von Fremdwährungsforderungen, Deviseneigentümer sowie eingerichtete und ausgeübte Gewerbebetriebe. Die währungspolitischen Maßnahmen können zu einem Wertverlust oder -gewinn führen.
6. Soweit Schulden tangiert werden, muß auf das Vermögen abgestellt werden. Art. 14 GG schützt auch das Vermögen, da die Eigentumsgarantie einen umfassenden Gebrauchs- und Tauschwertschutz des vermögensrechtlichen Bereiches bezweckt.
7. Eine Inhalts- und Schrankenbestimmung des Eigentums (Art. 14 1 2 GG) liegt vor, wenn mit allgemeinverbindlicher Wirkung vermögenswerte Rechte der Eigentumsgarantie unterstellt und (oder), in engem Zusammenhang mit der Eigentumsgarantie stehend, die Nutzungs- und Verfügungsbefugnisse des Eigentümers unter Beachtung von Gemeinwohlforderungen festgelegt werden.
8. Auch die Schranken des Eigentums zählen zu seinem Inhalt. Die Inhaltsbestimmung zielt auf die Ausgestaltung, die Schrankenziehung auf die Abgrenzung des Eigentums gegenüber anderen

Schutzgütern. Sowohl Inhalts- wie Schrankenbestimmung gestalten und prägen den Grundrechtsgehalt. Ein „Eingriff" in das Eigentum ist damit nicht verbunden.

9. Der Regelungsvorbehalt in Art. 14 I 2 GG enthält auch eine leistungsstaatliche, freiheitserweiternde Seite. Im wirtschaftlichen Bereich sind davon insbesondere die Regelungen zur Aufrechterhaltung des gesamtwirtschaftlichen Gleichgewichts erfaßt. Der leistungsstaatlichen Funktion korrespondieren jedoch keine individuellen Teilhabe- oder Leistungsansprüche.

10. Versteht man die Paritätsänderung als Globalsteuerungsmaßnahme, so schließt dies ihre Eigentumsrelevanz nicht aus, da der Globalsteuerung sowohl begrifflich als auch ihrer Funktion nach Grundrechtsrelevanz zukommt.

11. Paritätsänderungen bewirken Tauschwertveränderungen der tangierten Eingentumsrechte. Auf- und Abwertung sind daher eigentumsrelevant, da sowohl der Wert des Geldes wie der anderer vermögenswerter Rechte von Art. 14 GG geschützt wird.

12. Eine Paritätsänderung vollzieht nicht nur auf dem Markt bereits erfolgte Wertveränderungen nach. Auf Grund der stufenweisen, verzögerten Kursanpassung wirkt die Paritätsänderung konstitutiv und nicht nur deklaratorisch.

13. Die Eigentumsrelevanz der Paritätsänderung umfaßt mit ihren nachteiligen Wirkungen Fremdwährungsforderungen, Devisenbestände, Schulden (bzw. das Vermögen) sowie eingerichtete und ausgeübte Gewerbebetriebe. In leistungsstaatlicher Hinsicht lassen sich bei einer Paritätsänderung Maßnahme-, Lenkungs- und Plancharakter festmachen. Bei individuellen vermögenswerten Rechten wirkt die Paritätsänderung leistungsstaatlich, soweit sie zu Auf- oder Abwertungsgewinnen führt. Darüber hinaus stärkt die Paritätsänderung Art. 14 GG in seiner Funktion als objektive Norm.

14. Eine Freigabe der Devisenkurse nimmt in gleichem Umfang auf das Eigentum Einfluß. Da die bisherige Devisenkurslenkung aufgegeben wird, handelt es sich nicht um ein bloßes Unterlassen.

15. Die Veränderung der Bandbreite ist nur in dem Fall einer Bandbreitenverringerung, bei der sich der tatsächliche Devisenkurs zuvor außerhalb der neuen Schwankungsbreite befand, eigentumsrelevant.

16. Paritätsänderung, Devisenkursfreigabe und — in dem gekennzeichneten Umfang — die Bandbreitenverringerung müssen somit durch Gesetz vorgenommen werden oder auf einer den Anforderungen des Art. 80 GG genügenden Ermächtigungsgrundlage beruhen.

17. Die genannten Maßnahmen sind durch ein für Regelungen nach Art. 14 I 2 GG erforderliches öffentliches Interesse legitimiert. Für die Auf- oder Abwertung und die Devisenkursfreigabe ergibt sich das öffentliche Interesse aus dem Gebot zur Wahrung des gesamtwirtschaftlichen Gleichgewichts sowie dem StabG, dem IWFA und dem EWGV. Die kurzfristige Einführung flexibler Devisenkurse verstößt nicht gegen das IWFA und den EWGV.
18. Die währungspolitischen Regelungen verletzen keine der bei Eigentumsgestaltungen zu beachtenden verfassungsrechtlichen Normen. Aus dem Vertrauensschutzprinzip leitet sich keine Begrenzung der Regelungsbefugnis im Sinne eines Planfortbestandsanspruches ab.
19. Die Paritätsänderung führt enteignungsrechtlich gesehen zu einer unmittelbaren Eigentumsbeeinträchtigung.
20. Die Theorien zur Abgrenzung von Enteignung und Sozialbindung haben sich weitgehend angeglichen. Entscheidend ist auf materielle Kriterien, ergänzt durch die Merkmale der Zumutbarkeit bzw. Erträglichkeit einer Beeinträchtigung, abzustellen. Diese dogmatischen Kriterien können nur als kasuistisch ausfüllungsbedürftige Leitlinien verstanden werden.
21. Gegenüber Devisenbeständen, Forderungen und dem Vermögen enthält die Paritätsänderung zwar kein Sonderopfer, sie kann aber zu einer schweren Beeinträchtigung führen. Die Belastung ist aber wegen des der Parität immanenten Korrekturerfordernisses nicht unzumutbar, so daß kein enteignungsgleicher Eingriff vorliegt.
22. Eine Aufwertung legt den exportorientierten Unternehmen kein Sonderopfer, in Ausnahmefällen jedoch eine schwere Beeinträchtigung auf. Vor der Aufwertung sind den Unternehmern aber planverursachte Gewinne zugeflossen. Die Belastung ist außerdem vorhersehbar. Wegen fehlender Unzumutbarkeit der Beeinträchtigung sind Entschädigungsansprüche aus enteignungsgleichem Eingriff daher nicht begründet.
23. Den Paritätsänderungsbetroffenen stehen auch keine Plangewährleistungsansprüche zu. Die im Hinblick auf den influenzierenden Charakter einer unrealistischen Parität getroffenen Dispositionen sind planungsrechtlich nicht als schutzwürdig anzusehen.
24. Weitergehende Ansprüche auf Anpassungshilfe oder Härteausgleich finden, sofern sie nicht wie im EWG-Bereich für die Landwirtschaft praktiziert werden, de lege lata keine rechtliche Grundlage.
25. Auch gegenüber Devisenkursfreigaben und Bandbreitenverringerungen bestehen keine Entschädigungsansprüche.

Literaturverzeichnis

Abel, Gunther: Die Bedeutung der Lehre von den Einrichtungsgarantien für die Auslegung des Bonner Grundgesetzes, Berlin 1964.

Aktiengesetz: Großkommentar, 2. Band (§§ 148 - 178), 3. Aufl., Berlin 1970.

Altvater, Elmar: Die Weltwährungskrise, Frankfurt / Wien 1969.

Arndt, Hans-Joachim: Politik und Sachverstand im Kreditwährungswesen, Berlin 1963.

Aufricht, Hans: The International Monetary Fund. Legal Bases, Structure, Functions. London 1964.

Bachof, Otto: Anmerkung zu OLG Frankfurt, Beschluß vom 22.4.1953, DVBl. 1953, 601.

— Begriff und Wesen des sozialen Rechtsstaates, VVDStRL 12, 8.

— Freiheit des Berufs, in: Bettermann / Nipperdey / Scheuner, Die Grundrechte, Dritter Band, 1. Halbband, Berlin 1958, S. 155.

— Verfassungsrecht, Verwaltungsrecht, Verfahrensrecht in der Rechtsprechung des Bundesverwaltungsgerichts, Band I, 3. Aufl., Tübingen 1966; Band II, Tübingen 1967.
(zitiert: Verfassungsrecht).

Badura, Peter: Der Eigentumsschutz des eingerichteten und ausgeübten Gewerbebetriebes, AöR 98 (1973), S. 153.

— Entschädigung nach Enteignungsgrundsätzen anhand ausgewählter Entscheidungen des Bundesgerichtshofes exemplarisch dargestellt für den Eigentumsschutz des Anlieger-Gewerbebetriebes, Stuttgart / München / Hannover 1971.
(zitiert: Entschädigung).

— Die Rechtsprechung des Bundesverfassungsgerichts zu den verfassungsrechtlichen Grenzen wirtschaftspolitischer Gesetzgebung im sozialen Rechtsstaat, AöR 92 (1967), S. 382.

— Die soziale Schlüsselstellung des Eigentums, BayVBl. 1973, 1.

— Wirtschaftsverfassung und Wirtschaftsverwaltung, Frankfurt 1971.
(zitiert: Wirtschaftsverfassung).

— Wirtschaftsverwaltungsrecht, in: Besonderes Verwaltungsrecht, herausgegeben von I. v. Münch, 3. Aufl., Frankfurt 1972, S. 239.

Ballerstedt, Kurt: Wirtschaftsverfassungsrecht, in: Bettermann / Nipperdey / Scheuner, Die Grundrechte, Dritter Band, 1. Halbband, Berlin 1958, S. 1.

Battis, Ulrich: Erwerbsschutz durch Aufopferungsentschädigung, Berlin 1969.

Beck, Heinz: Gesetz über die Deutsche Bundesbank, Mainz-Gonsenheim / Düsseldorf 1959.

Bellstedt, Christoph: Verfassungsrechtliche Grenzen der Wirtschaftslenkung durch Steuern, Schwetzingen (ohne Erscheinungsjahr).

Benda, Ernst: Die aktuellen Ziele der Wirtschaftspolitik und die tragenden Grundsätze der Wirtschaftsverfassung, NJW 1967, 849.

Bender, Bernd: Sozialbindung des Eigentums und Enteignung, NJW 1965, 1297.

— Staatshaftungsrecht. Schadensersatz-, Entschädigungs- und Folgenbeseitigungspflichten aus hoheitlichem Unrecht, Karlsruhe 1971.

Bettermann, Karl August: Die Geldentwertung als Rechtsproblem, ZRP 1974, 13.

— Juristische Personen des öffentlichen Rechts als Grundrechtsträger, NJW 1969, 1321.

Bielenberg, Walter: Verfassungsrechtliche Eigentumsgarantie und Sozialbindung im Städtebau, dargestellt an der Sanierung (Stadt- und Dorferneuerung) nach dem Städtebauförderungsgesetz, DVBl. 1971, 441.

Böckenförde, Christoph: Konzertierte Aktion. Zu institutionellen Problemen der Globalsteuerung, Der Staat, Band 11 (1972), 367.

Börner, Bodo: Rechtsfragen des Zahlungs- und Kapitalverkehrs in der EWG, EuR 1966, 97.

Brackmann, Friedhelm: Die institutionelle Seite der Währungsparitätenänderung, Köln (ohne Erscheinungsjahr).

Brinkmann, Karl: Grundrechts-Kommentar zum Grundgesetz, herausgegeben von K. Brinkmann, Bonn 1967 ff.

Brüggemann, Jürgen: Besprechung von Fögen, Geld- und Währungsrecht, BB 1971, 575.

Brunner: Die Problematik der sozialen Grundrechte, Tübingen 1971.

Buchner, Herbert: Die Bedeutung des Rechts am eingerichteten und ausgeübten Gewerbebetrieb für den deliktsrechtlichen Unternehmensschutz, München 1971.

Bull, Hans Peter: Ampel-Unfälle als Schicksalsschläge? DÖV 1971, 305.

Bullinger, Martin: Die Enteignung zugunsten Privater, Der Staat, Band 1 (1962), 449.

Burmeister, Joachim: Vom staatsbegrenzenden Grundrechtsverständnis zum Grundrechtsschutz für Staatsfunktionen, Frankfurt 1971.
(zitiert: Grundrechtsverständnis).

— Zur Staatshaftung für Planschäden der Wirtschaft, Die Verwaltung, Band 2 (1969), 21.

Carli, Guido: Aspekte der internationalen Währungskrise, EA 1972, 235.

Caspers, Hans-Friedrich: Rechtliche Betrachtungen zur Aufwertung der Deutschen Mark, BB 1961, 341.

Cassel, Dieter: Das Problem der außenwirtschaftlichen Absicherung im gegenwärtigen Weltwährungssystem, Das Wirtschaftsstudium 1972, 71.

Cless, Karl Heinz: Über rechtliche Probleme bei Wechselkursänderungen, Die Verwaltung, Band 6 (1973), 363.

Dahm, Georg: Völkerrecht, Band III, Stuttgart 1961.

Davidson, Ian: Internationales Währungssystem und europäische Währungsunion, EA 1972, 609.

Degner, Joachim und Gerhard *Zweig:* Das Währungssystem der westlichen Welt, Stuttgart 1969.

Depenheuer, Helmut: Wirtschaftsverfassung und Wirtschaftslenkung, Dissertation Köln 1964.

Dernburg, Thomas F. und Duncan M. *Mc Dougall:* Lehrbuch der makroökonomischen Theorie. Die Messung, Analyse und Kontrolle der gesamtwirtschaftlichen Aktivität, Stuttgart 1972.

Deutscher Industrie- und Handelstag: Kurswechsel bei Wechselkursen. Ergebnisse einer Umfrage bei deutschen Unternehmen, Bonn 1971.

Diester, Hans: Enteignung und Entschädigung nach altem und neuem Recht, Bergisch Gladbach 1953.

Dietlein, Max: Verfassungsrechtliche Probleme der Enteignungsentschädigung. Diskussionsbeitrag zu einer Neuordnung des Bodenrechts, DÖV 1973, 258.

Dolzer, Rudolf: Die staatstheoretische und staatsrechtliche Stellung des Bundesverfassungsgerichts, Berlin 1972.

Duden, Konrad: Entflechtung und Grundgesetz, in: Wirtschaftsordnung und Rechtsordnung, Festschrift zum 70. Geburtstag von Franz Böhm, Karlsruhe 1965, S. 3.

Dürig, Günter: Der Grundrechtssatz von der Menschenwürde, AöR 81 (1956), 117.

— Der Staat und die vermögenswerten öffentlich-rechtlichen Berechtigungen seiner Bürger, in: Staat und Bürger, Festschrift für Willibald Apelt, München / Berlin 1958, S. 13.

Dürkes, Werner: Wertsicherungsklauseln, 8. Aufl., Heidelberg 1972.

Dürr, Ernst: Reform der Geldpolitik statt Konzertierter Aktion, in: Konzertierte Aktion. Kritische Beiträge zu einem Experiment, herausgegeben von Erich Hoppmann, Frankfurt 1971, S. 139.

Egerer, Jürgen: Der Plangewährleistungsanspruch, Baden-Baden 1971.

Ehlermann, Claus-Dieter: Wirtschaftslenkung und Entschädigung, Heidelberg 1957.

Ehmke, Horst: Prinzipien der Verfassungsinterpretation, VVDStRL 20, 53.

— „Staat“ und „Gesellschaft“ als verfassungstheoretisches Problem, in: Staatsverfassung und Kirchenordnung, Festgabe für Rudolf Smend zum 80. Geburtstag am 15. Januar 1962, Tübingen 1962, S. 23.

— Wirtschaft und Verfassung, Karlsruhe 1961.

Emminger, Otmar: Internationaler Währungsfonds und Wechselkurspolitik, Zeitschrift für das gesamte Kreditwesen 1957, 732.

— Zwischenbilanz der DM-Aufwertung, Erlenbach-Zürich / Stuttgart 1970. (zitiert: Zwischenbilanz).

Erbel, Günter: Das Sittengesetz als Schranke der Grundrechte, Berlin 1971.

Erler, Georg: Grundprobleme des Internationalen Wirtschaftsrechts, Göttingen 1956.

Erman, Walter und Harm Peter *Westermann:* Handkommentar zum Bürgerlichen Gesetzbuch, herausgegeben von Walter Erman, Harm Peter Westermann unter Mitwirkung von Klaus Küchenhoff, 1. Band, 5. Aufl., Münster 1972.

Evers, Hans-Ulrich: Verwaltung und Schule; VVDStRL 23, 147.

Faehling, Die Eigentumsgewährleistung durch Art. 14 des Grundgesetzes als Schranke der Besteuerung, Dissertation Hamburg 1965.

Fögen, Hermann: Besprechung von Hoffmann, Rechtsfragen der Währungsparität, Zeitschrift für das gesamte Kreditwesen 1969, 618.

— Geld- und Währungsrecht, München 1969.
(zitiert: Währungsrecht).

Forsthoff, Ernst: Zur Lage des verfassungsrechtlichen Eigentumsschutzes, in: Festgabe für Theodor Maunz, München 1971, S. 89.

— Lehrbuch des Verwaltungsrechts, Erster Band, Allgemeiner Teil, 10. Aufl., München / Berlin 1973.
(zitiert: Verwaltungsrecht).

— Über Mittel und Methoden moderner Planung, in: Planung III, herausgegeben von Joseph H. Kaiser, Baden-Baden 1968, S. 21.
(zitiert: Mittel und Methoden).

— Der Persönlichkeitsschutz im Verwaltungsrecht, in: Festschrift für den 45. Deutschen Juristentag, Karlsruhe 1964, S. 41.

— Zur verfassungsrechtlichen Problematik der Investitionshilfe, BB 1953, 421.

— Der Staat der Industriegesellschaft. Dargestellt am Beispiel der Bundesrepublik Deutschland, München 1971.
(zitiert: Industriegesellschaft).

Forstmann, Albrecht: Die Grundlagen der Außenwirtschaftstheorie, Berlin 1956.

Friauf, Karl Heinrich: Auf- und Abwertungen der DM als Kompetenzproblem, Die Verwaltung, Band 5 (1972), 350.

— Bemerkungen zur verfassungsrechtlichen Problematik des Subventionswesens, DVBl. 1966, 729.

— Eigentumsgarantie, Geldentwertung und Steuerrecht, StbJb 1971/72, 425.

— Verfassungsrechtliche Grenzen der Wirtschaftslenkung und Sozialgestaltung durch Steuergesetze, Tübingen 1966.
(zitiert: Wirtschaftslenkung).

— Öffentlicher Haushalt und Wirtschaft, VVDStRL 27, 1.

— Zur Rolle der Grundrechte im Interventions- und Leistungsstaat, DVBl. 1971, 674.

— Steuergesetzgebung und Eigentumsgarantie, Juristische Analysen 1970, 299.

Friedmann, Wolfgang: Recht und sozialer Wandel, Frankfurt 1969.

Fröhler, Ludwig: Das Recht am eingerichteten und ausgeübten Gewerbebetrieb, Gew. Arch. 1972, 113.

— Das Wirtschaftsrecht als Instrument der Wirtschaftspolitik, Wien 1969.
(zitiert: Wirtschaftsrecht).

Gallwas, Hans-Ullrich: Faktische Beeinträchtigungen im Bereich der Grundrechte. Ein Beitrag zum Begriff der Nebenwirkungen, Berlin 1970.

Ganschezian-Finck, Gurgen: Schädigung von Gewerbebetrieben durch Beschränkung des Straßenverkehrs, NJW 1969, 161.

Geiger, Willi: Grundrechte und Rechtsprechung, München 1959.

Gelzer, Konrad: Der Umfang des Entschädigungsanspruchs aus Enteignung und enteignungsgleichem Eingriff, München 1969.

Gentz, Manfred: Zur Verhältnismäßigkeit von Grundrechtseingriffen, NJW 1968, 1442.

Glahn, Gerhard von: Law Among Nations. An Introduction To Public International Law, Second Edition, London 1970.

Götz, Volkmar: Das Energiesicherungsgesetz vom 9. November 1973, NJW 1974, 113.

— Recht der Wirtschaftssubventionen, München und Berlin 1966.

Gold, Joseph: The Code of Conduct, in: The International Monetary Fund 1945 - 1965, Vol. II: Analysis, Washington D. C. 1969, S. 547.

Gould, Wesley L.: An Introduction to International Law, New York 1957.

Grawert, Rolf: Finanzreform und Bundesstaatsreform, Der Staat, Band 7 (1968), 63.

Greig, D. W.: International Law, London 1970.

Greitemann, Günther: Die Verwaltung der Staatskassenmittel als Rechtsproblem im Schnittpunkt von Finanzrecht, Bankrecht und Recht der Währungspolitik, München 1968.

Grimm, Claus: Besteuerung und Grundgesetz. Die Rechtsprechung des Bundesfinanzhofs zum Bonner Grundgesetz, Stuttgart 1959.

von der Groeben, Hans, Hans *von Boeckh* und Jochen *Thiesing:* Kommentar zum EWG-Vertrag, Band I, 2. Aufl., Baden-Baden 1974.

Gröner, Helmut: Probleme einer Europäischen Währungsunion, Ordo, Band XXII (1971), 291.

Gronefeld, Volker: Preisgabe und Ersatz des enteignungsrechtlichen Finalitätsmerkmals, Berlin 1972.

Gutowski, Armin: Kapitalverkehrskontrollen — eine Alternative zu größerer Flexibilität? Ordo, Band XXIII (1972), 11.

Gygi, Fritz: Rechtsfragen der Wirtschaftsplanung, in: Planung II, herausgegeben von Joseph H. Kaiser, Baden-Baden 1966, S. 113.

Haas, Diether: System der öffentlich-rechtlichen Entschädigungspflichten, Karlsruhe 1955.

Häberle, Peter: Das Bundesverfassungsgericht im Leistungsstaat. Die Numerus-clausus-Entscheidung vom 18. 7. 1972, DÖV 1972, 729.

— „Gemeinwohljudikatur" und Bundesverfassungsgericht, AöR 95 (1970), 86.

— Grundrechte im Leistungsstaat, VVDStRL 30, 43.

— Öffentliches Interesse als juristisches Problem. Eine Analyse von Gesetzgebung und Rechtsprechung, Bad Homburg 1970.
(zitiert: Öffentliches Interesse).

Häberle, Peter: „Leistungsrecht" im sozialen Rechtsstaat, in: Festschrift für Günther Küchenhoff, Band 2, Berlin 1972, S. 453.

— Berufs„ständische" Satzungsautonomie und staatliche Gesetzgebung, DVBl. 1972, 909.

— Retrospektive Staats(rechts)lehre oder realistische „Gesellschaftslehre"? Zu Ernst Forsthoff, Der Staat der Industriegesellschaft, ZHR, Band 136 (1972), 425.

— Die Wesensgehaltgarantie des Art. 19 Abs. 2 Grundgesetz. Zugleich ein Beitrag zum institutionellen Verständnis der Grundrechte und zur Lehre vom Gesetzesvorbehalt, 2. Aufl., Karlsruhe 1972.
(zitiert: Wesensgehaltgarantie).

Hahn, Hugo J.: Besprechung von Hoffmann, Rechtsfragen der Währungsparität, AöR 95 (1970), 666.

— Das Geld im Recht der parlamentarischen Diplomatie, Baden-Baden 1970.
(zitiert: Geld).

Hall, Hans-Joachim: Rechtsprobleme der Währungsparitätsfestsetzung unter besonderer Berücksichtigung des Eigentumsschutzes bei staatlichen Maßnahmen der Währungslenkung, Dissertation Tübingen 1969.

Haller, Walter: Supreme Court und Politik in den USA, Bern 1972.

Halm, George N.: Geld, Außenhandel und Beschäftigung, 4. Aufl., Berlin 1966.
(zitiert: Geld).

— Die Vergrößerung der Bandbreite für Devisenkursschwankungen, Berlin 1965.
(zitiert: Bandbreite).

Hamann, Andreas: Rechtsstaat und Wirtschaftslenkung, Heidelberg 1953.
(zitiert: Rechtsstaat).

— Wirtschaftslenkung durch Steuern, BB 1952, 953.

— Deutsches Wirtschaftsverfassungsrecht, Neuwied / Berlin / Darmstadt 1958.
(zitiert: Wirtschaftsverfassungsrecht).

Hamann, Andreas und Helmut *Lenz:* Das Grundgesetz für die Bundesrepublik Deutschland vom 23. Mai 1949, 3. Aufl., Neuwied / Berlin 1970.

Hamel, Walter: Die Bedeutung der Grundrechte im sozialen Rechtsstaat. Eine Kritik an Gesetzgebung und Rechtsprechung, Berlin 1957.
(zitiert: Grundrecht).

— Das Recht zur freien Berufswahl, DVBl. 1958, 37.

von Hammerstein, Egbert Freiherr: Die Vorteilsausgleichung bei der Enteignungsentschädigung unter besonderer Berücksichtigung des § 93 Abs. 3 Satz 1 Bundesbaugesetz, Dissertation Göttingen 1972.

Hankel, Wilhelm: Europäische Währungsintegration und Reform des internationalen Währungssystems, EA 1972, 37.

— Währungspolitik. Geldwertstabilisierung, Währungsintegration und Sparerschutz, Stuttgart / Berlin / Köln / Mainz 1971.

Hansmeyer, K.-H.: Stabilitätsgesetz und Marktwirtschaft, Die Aussprache 1968, 90.

Heilperin, Michael A.: Zurück zum Goldstandard, in: Inflation und Weltwährungsordnung, herausgegeben von Albert Hunold, Erlenbach-Zürich / Stuttgart 1963, S. 47.

Hellmann, Rainer: Europäische Wirtschafts- und Währungsunion, Baden-Baden 1972.

Helmken, Ludwig: Abwertung, rechtlich beleuchtet, BB 1949, 693.

Henke, Klaus-Dirk: Finanzpolitik als Fiscal Policy I, Das Wirtschaftsstudium 1972, 227.

Henke, Wilhelm: Rechtsformen der sozialen Sicherung und das allgemeine Verwaltungsrecht, VVDStRL 28, 149.

Henn, G.: Außenhandelsgeschäfte und DM-Aufwertung, AWD 1961, 61.

Henze, Gerhard: Hoheitliche Eingriffe in private Außenhandelsverträge, Dissertation Heidelberg (ohne Jahresangabe).

Herzog, Roman: Allgemeine Staatslehre, Frankfurt 1971.
(zitiert: Staatslehre).

— Verwaltung und Verwaltungsrecht in einer freiheitlichen Industriegesellschaft, Verhandlungen des 48. Deutschen Juristentages Mainz 1970, Teil L, München 1970, S. 5.
(zitiert: Verwaltung und Verwaltungsrecht).

Hesse, Ernst: Die Bindung des Gesetzgebers an das Grundrecht des Art. 2 I GG bei der Verwirklichung einer „verfassungsmäßigen Ordnung", Berlin 1968.

Hesse, Konrad: Grundzüge des Verfassungsrechts der Bundesrepublik Deutschland, 7. Aufl., Karlsruhe 1974.

Hettlage: Die Finanzverfassung im Rahmen der Staatsverfassung, VVDStRL 14, 2.

Heuss, Ernst: Makroökonomie und Stabilitätsgesetz, in: Konzertierte Aktion. Kritische Beiträge zu einem Experiment, herausgegeben von Erich Hoppmann, Frankfurt 1971, S. 91.

Hexner, Ervin P.: Das Verfassungs- und Rechtssystem des Internationalen Währungsfonds, Frankfurt 1960.

Hölzer, Hartmut: Das Dilemma der Bundesbank, Wirtschaftswoche 1972, Nr. 23, S. 17.

Hoffmann, Wolfgang P.: Anmerkung zu BGH, Urteil vom 7. 12. 1967, DVBl. 1969, 202.

— Rechtsfragen der Währungsparität. Festsetzung und Vollzug der DM-Parität im Verfassungs-, Verwaltungs- und Völkerrecht, München 1969.
(zitiert: Währungsparität).

Hoffmann-Riem, Wolfgang: Rechtsprobleme der Aufwertung 1969, BB 1969, 1374.

Hoppmann, Erich: Konzertierte Aktion und der „Rahmen der marktwirtschaftlichen Ordnung", in: Konzertierte Aktion. Kritische Beiträge zu einem Experiment, herausgegeben von Erich Hoppmann, Frankfurt 1971, S. 265.

Horsefield, J. Keith: The International Monetary Fund 1945 - 1965, Vol. I: Chronicle, Washington D. C., 1969.

Huber, Ernst Rudolf: Der Streit um das Wirtschaftsverfassungsrecht (II), DÖV 1956, 135; (Schluß), DÖV 1956, 200.

— Wirtschaftsverwaltungsrecht, Band I und II, 2. Aufl., Tübingen 1953 und 1954.

Huber, Hans und Egon *Tuchfeldt:* Wirtschaftspolitische Ziele in der Verfassung?, Bern 1970.

Hubmann, Heinrich: Grundsätze der Interessenabwägung, AcP 155 (1956), 85.

Hussla, Erich: Entschädigungspflicht bei einem vorübergehenden Bauverbot, NJW 1968, 631.

Ipsen, Hans Peter: Das Bundesverfassungsgericht und das Privateigentum, AöR 91 (1966), 86.

— Diskussionsbeitrag, VVDStRL 11, 125.

— Fragestellungen zu einem Recht der Wirtschaftsplanung, in: Planung I, herausgegeben von Joseph H. Kaiser, Baden-Baden 1965, S. 35. (zitiert: Fragestellungen).

— Europäisches Gemeinschaftsrecht, Tübingen 1972.

— Über das Grundgesetz, Hamburg 1959. (zitiert: Grundgesetz).

— Plangewährleistung, in: Festschrift für Ernst Rudolf Huber, Göttingen 1973, S. 219.

— Planung in Wirtschaftsverfassung und Wirtschaftsverwaltung, in: Universitätstage 1965. Wissenschaft und Planung, Berlin 1965, S. 231. (zitiert: Planung).

— Rechtsfragen der Investitionshilfe, AöR 78 (1952/53), 284.

— Rechtsfragen der Wirtschaftsplanung, in: Planung II, herausgegeben von Joseph H. Kaiser, Baden-Baden 1966, S. 63. (zitiert: Rechtsfragen).

— Verwaltung durch Subventionen, VVDStRL 25, 257.

Isensee, Josef: Subsidiaritätsprinzip und Verfassungsrecht, Berlin 1968.

Issing, Otmar: Leitwährung und internationale Währungsordnung, Berlin 1965. (zitiert: Leitwährung).

— Zentrale Versorgung mit internationaler Liquidität, Sonderziehungsrechte und Inflation, Ordo, Band XXII (1971), 273.

Jäckel, Hartmut: Grundrechtsgeltung und Grundrechtssicherung. Eine rechtsdogmatische Studie zu Art. 19 Abs. 2 GG, Berlin 1967.

Janssen, Günter: Der Anspruch auf Entschädigung bei Aufopferung und Enteignung, Stuttgart 1961.

Jöhr, Walter Adolf: Zur Frage der Kosten einer Währungsaufwertung, Wirtschaftswissenschaftliches Studium 1972, 12.

Jürgensen, Harald und Erhard *Kantzenbach:* Ansatzmöglichkeiten gesamtwirtschaftlicher Planung, in: Planung II, herausgegeben von Joseph H. Kaiser, Baden-Baden 1966, S. 49.

Kafka, Alexandre: The International Monetary System in Transition — Part I, The Virginia Journal of International Law, Vol. 13, Winter 1972, Number 2, S. 135.

Kaiser, Joseph H.: Verfassungsrechtliche Eigentumsgewähr, Enteignung und Eigentumsbindung in der Bundesrepublik Deutschland, in: Staat und Privateigentum, Köln / Berlin 1960, S. 5.
(zitiert: Verfassungsrechtliche Eigentumsgewähr).

— Exposé einer pragmatischen Theorie der Planung, in: Planung I, herausgegeben von Joseph H. Kaiser, Baden-Baden 1965, S. 11.
(zitiert: Theorie der Planung).

— Mark ist nicht mehr gleich Mark, in: Festschrift für Ernst Rudolf Huber, Göttingen 1973, S. 237.

— Der Plan als ein Institut des Rechtsstaats und der Marktwirtschaft, in: Planung II, herausgegeben von Joseph H. Kaiser, Baden-Baden 1966, S. 11.
(zitiert: Der Plan).

Kaltefleiter, Werner: Wirtschaft und Politik in Deutschland. Konjunktur als Bestimmungsfaktor des Parteiensystems, Köln und Opladen 1966.

Kantzenbach, Erhard: Einzel-, Struktur- und Niveausteuerung in einer freiheitlichen Gesellschaftsordnung. Zur Systematik der Theorie der Wirtschaftspolitik, in: Hamburger Jahrbuch für Wirtschafts- und Gesellschaftspolitik, 11. Jahr, Tübingen 1966, S. 67.

Kaufmann, Erich: Diskussionsbeitrag, VVDStRL 4, 77.

Keiser, Günter: Währungssystem und politische Macht, EA 1972, 519.

Kern, Ernst August: Skizzen zur Methodik und zum System der Planung, in: Planung II, herausgegeben von Joseph H. Kaiser, Baden-Baden 1966, S. 351.

Kessler, Heinrich: Der enteignungsgleiche Eingriff in der Rechtsprechung des Bundesgerichtshofes, DRiZ 1967, 374.

Kewenig, Wilhelm A.: Zur Revision des Grundgesetzes: Planung im Spannungsverhältnis von Regierung und Parlament, DÖV 1973, 23.

Kimminich, Otto: Die öffentlich-rechtlichen Entschädigungspflichten, JuS 1969, 349.

Kirchheimer, Otto: Politische Justiz. Verwendung juristischer Verfahrensmöglichkeiten zu juristischen Zwecken, Neuwied / Berlin 1965.

Kirchhof, Paul: Besteuerungsgewalt und Grundgesetz, Frankfurt 1973.

Kisker, Gunter: Vertrauensschutz im Verwaltungsrecht, VVDStRL 32, 149.

Klein, Friedrich: Eigentum und Besteuerung, StuW 1966, 433.

— Rudolf Reinhardts Beitrag zur Abgrenzung der Enteignung von der Eigentumsbindung, in: Festschrift für Rudolf Reinhardt zum 70. Geburtstag, Köln-Marienburg, S. 451.

Klein, Hans H.: Die Grundrechte im demokratischen Staat, Stuttgart 1972.
(zitiert: Grundrechte).

— Die Teilnahme des Staates am wirtschaftlichen Wettbewerb, Stuttgart / Berlin / Köln / Mainz 1968.
(zitiert: Wettbewerb).

Kloepfer, Michael: Das Geeignetheitsgebot bei wirtschaftslenkenden Steuergesetzen — zum Beschluß des BVerfG über die Verfassungsmäßigkeit des Absicherungsgesetzes, NJW 1971, 1585.

— Grundrechte als Entstehungssicherung und Bestandsschutz, München 1970.
(zitiert: Grundrechte).

Knorr, Lorenz: Dollarkrise und Inflation, Blätter für deutsche und internationale Politik 1973, Heft 3, S. 224.

Kölble, Josef: Wirtschaftsplanung und Grundgesetz, NJW 1966, 473.

Köllner, Lutz: Chronik der deutschen Währungspolitik 1871 - 1971, Frankfurt 1972.

Körber, Adolf: Öffentlich-rechtliche Entschädigung und Wirtschaftslenkung, Dissertation Göttingen 1970.

Kommentar zum Bonner Grundgesetz (Bonner Kommentar): Hamburg 1950 ff., Stand Dezember 1972.

Konow, Karl-Otto: Eigentumsschutz gegen Eingriffe der öffentlichen Hand, Berlin 1968.

Koppensteiner, Hans-Georg: Intervention, Wettbewerb und Unternehmen, BB 1967, 217.

Krämer, Hans-R.: Wirtschaftliche und rechtliche Probleme der monetären Integration in der Europäischen Wirtschaftsgemeinschaft, Tübingen 1966.

von Krauss, Rupprecht: Der Grundsatz der Verhältnismäßigkeit in seiner Bedeutung für die Notwendigkeit des Mittels im Verwaltungsrecht, Hamburg 1955.

Kreft, Friedrich: Aufopferung und Enteignung. Begriffe und Grundsätzliches in der Rechtsprechung des Bundesgerichtshofes, Karlsruhe 1968.

— Grenzfragen des Enteignungsrechts in der Rechtsprechung des Bundesgerichtshofs und des Bundesverwaltungsgerichts, in: Ehrengabe für Bruno Heusinger, München 1968, S. 167.

Kriele, Martin: Plangewährleistungsansprüche?, DÖV 1967, 531.

Kröger, Klaus: Verfassungswidrige Besteuerung von Kapitalzinsen in der Inflation, NJW 1974, 2305.

— Sparzinsbesteuerung und Geldentwertung, NJW 1973, 1017.

Kröner, Herbert: Zur Bedeutung der Eigentumsgarantie, in: Menschenwürde und freiheitliche Rechtsordnung. Festschrift für Willi Geiger, Tübingen 1974, S. 147.

— Begriffe und Grundprobleme der Rechtsprechung des Bundesgerichtshofes zur Eigentumsgarantie, DVBl. 1969, 157.

— Die Eigentumsgarantie in der Rechtsprechung des Bundesgerichtshofes, 2. Aufl., Köln / Berlin / Bonn / München 1969.
(zitiert: Eigentumsgarantie).

— Die Eigentumsgarantie in der Rechtsprechung des Bundesgerichtshofes, DRiZ 1961, 10.

Krüger, Herbert: Die Bestimmung des Eigentumsinhaltes (Art. 14 Abs. I S. 2 GG), in: Hamburger Festschrift für Friedrich Schack, Hamburg 1966, S. 71.

Krüger, Herbert: Die verfassungsgerichtliche Beurteilung wirtschaftspolitischer Entscheidungen, DÖV 1971, 289.

— Allgemeine Staatslehre, 2. Aufl., Stuttgart / Berlin / Köln / Mainz 1966. (zitiert: Staatslehre).

— Verfassungsänderung und Verfassungsauslegung, DÖV 1961, 721.

Küchenhoff, Günther: Allgemeine Staatslehre, 7. Aufl., Stuttgart 1971.

Kühne, Harald Dietrich: Der Zusammenbruch des Dollar-Leitwährungsmechanismus — ein neuer Höhepunkt in der imperialistischen Währungskrise, Marxismus-Digest 1972, Heft 3, S. 98.

Küng, Emil: Die gegenwärtige internationale Währungsordnung, Wirtschaftswissenschaftliches Studium 1972, 147.

— Zahlungsbilanzpolitik, Zürich / Tübingen 1959.

Landes, Hansjörg: Die Gefährdung und Störung des gesamtwirtschaftlichen Gleichgewichts im Grundgesetz und im Stabilitätsgesetz, Dissertation Würzburg 1972.

Lange, Heinrich: BGB. Allgemeiner Teil, 12. Aufl., München 1969.

Larenz, Karl: Die rechtsphilosophische Problematik des Eigentums, in: Eigentum und Eigentumsverteilung als theologisches, rechtsphilosophisches und ökonomisches Problem, München 1962, S. 21. (zitiert: Problematik des Eigentums).

— Allgemeiner Teil des Deutschen Bürgerlichen Rechts, 2. Aufl., München 1972. (zitiert: Allgemeiner Teil).

Laufke, Franz: Vertragsfreiheit und Grundgesetz, in: Das Deutsche Privatrecht in der Mitte des 20. Jahrhunderts. Festschrift für Heinrich Lehmann zum 80. Geburtstag, I. Band, Berlin / Tübingen / Frankfurt 1956, S. 145.

Lehmann, Heinrich und Heinz *Hübner*: Allgemeiner Teil des Bürgerlichen Gesetzbuches, 16. Aufl., Berlin 1966.

Leibholz, Gerhard: Verfassungsrecht und Arbeitsrecht, in: Hueck, Alfred / Leibholz, Gerhard, Zwei Vorträge zum Arbeitsrecht, München 1960, S. 21.

Leibholz, Gerhard und H. J. *Rinck*: Grundgesetz für die Bundesrepublik Deutschland, Köln 1966 (Nachtrag 1968).

Leisner, Walter: Verfassungsrechtlicher Eigentumsschutz der Anwaltspraxis, NJW 1974, 478.

— Verfassungsrechtliche Grenzen der Erbschaftsbesteuerung, Berlin 1970. (zitiert: Erbschaftsbesteuerung).

— Sozialbindung des Eigentums, Berlin 1972. (zitiert: Sozialbindung).

— Sozialbindung des Eigentums nach privatem und öffentlichem Recht, NJW 1975, 233.

Lerche, Peter: Besprechung von Peter Häberle, Die Wesensgehaltgarantie des Art. 19 Abs. 2 Grundgesetz, DÖV 1965, 212.

— Rechtsprobleme der wirtschaftslenkenden Verwaltung, DÖV 1961, 486.

— Übermaß und Verfassungsrecht, Berlin / Köln / München / Bonn 1961. (zitiert: Übermaß).

Lipfert, Helmut: Einführung in die Währungspolitik, 5. Aufl., München 1971. (zitiert: Währungspolitik).

— Der Wechselkurs — Vom Standpunkt des Devisenhandels, Zeitschrift für das gesamte Kreditwesen 1957, 598.

Luhmann, Niklas: Öffentlich-rechtliche Entschädigung rechtspolitisch betrachtet, Berlin 1965. (zitiert: Entschädigung).

— Grundrechte als Institution, Berlin 1965. (zitiert: Grundrechte).

Lutz, Friedrich A.: Das Problem der internationalen Währungsordnung, Erlenbach-Zürich / Stuttgart 1972. (zitiert: Währungsordnung).

— Wechselkursänderung und Agrarordnung in der EWG, Ordo, Band XXI (1970), 85.

Maass, Wolfgang: Wechselkurs und Güterwirtschaft, Frankfurt 1963.

Maecker, Gerhard: Gewährleistung bei staatlicher Wirtschaftsplanung, Dissertation Göttingen 1968.

Mainka, Johannes: Vertrauensschutz im öffentlichen Recht, Bonn 1963.

Mammitzsch, Hagen: Die Eigentumsgarantie des Grundgesetzes und die Stabilität des Geldwertes. Verfassungsrechtliche Grenzen der Inflationierung, Dissertation München 1967.

von Mangoldt, Hermann und Friedrich *Klein:* Das Bonner Grundgesetz, Band I, Berlin / Frankfurt 1957; Band II, Berlin / Frankfurt 1964.

Mann, F. A.: Geldentwertung und Recht, NJW 1974, 1297.

— Das Recht des Geldes. Eine rechtsvergleichende Untersuchung auf der Grundlage des englischen Rechts, Frankfurt / Berlin 1960. (zitiert: Recht des Geldes).

Marsh, Donald B.: Kanadas Erfahrungen mit beweglichen Wechselkursen, Ordo, Band XIX (1968), 389.

Martens, Wolfgang: Grundrechte im Leistungsstaat, VVDStRL 30, 7.

— Öffentlich als Rechtsbegriff, Bad Homburg v. d. H. / Berlin / Zürich 1969.

Maunz, Theodor: Bodenrecht vor den Schranken des Grundgesetzes, DÖV 1975, 1.

— Deutsches Staatsrecht, 18. Aufl., München 1971. (zitiert: Staatsrecht).

Maunz, Theodor, Günter *Dürig* und Roman *Herzog:* Grundgesetz. Kommentar, Band I und II, 3. Aufl., München 1971.

Maunz, Theodor, Heinrich *Sigloch*, Bruno *Schmidt-Bleibtreu* und Franz *Klein:* Bundesverfassungsgerichtsgesetz, München 1972.

Maurer, Hartmut: Diskussionsbeitrag, VVDStRL 30, 182.

— Zur Verfassungswidrigerklärung von Gesetzen, in: Im Dienst an Recht und Staat. Festschrift für Werner Weber zum 70. Geburtstag, Berlin 1974, S. 345.

Meessen, Karl Matthias: Zur verfassungsrechtlichen Zulässigkeit von Sonderabgaben, BB 1971, 928.

Meier, Gert: Verfassungs- und gemeinschaftsrechtliche Bedenken gegen die Verordnung über die Erhebung einer Ausgleichsabgabe vom 29. 9. 1969, AWD 1969, 398.

Meimberg, Rudolf: Der Streit um den Wechselkurs der D-Mark, Frankfurt 1960.

Menger, Christian-Friedrich: Höchstrichterliche Rechtsprechung zum Verwaltungsrecht, Verw. Arch. Band 48 (1957), 262; 54 (1963), 198.

— Das Gesetz als Norm und Maßnahme, VVDStRL 15, 3.

Menger, Christian-Friedrich und Hans Uwe *Erichsen:* Höchstrichterliche Rechtsprechung zum Verwaltungsrecht, Band 56 (1965), 278; 59 (1968), 366.

Menzel, Eberhard: Völkerrecht, München / Berlin 1962.

Meyer, Helmut R. und Klaus *Stadtmüller:* Flexible Wechselkurse in der Währungsrechtsordnung, ZHR Band 136 (1972), 31.

Möller, Alex: Kommentar zum Gesetz zur Förderung der Stabilität und des Wachstums der Wirtschaft, 2. Aufl., Hannover 1969.

Möschel, Wernhard: Das Wirtschaftsrecht der Banken. Die währungs-, bankaufsicht-, kartell- und EWG-rechtliche Sonderstellung der Kreditinstitute, Frankfurt 1972.

The International Monetary Fund 1945 - 1965: Twenty Years of International Monetary Cooperation, Vol. III: Documents, edited by J. Keith Horsefield, Washington D. C. 1969.

Morawitz, Rudolf: Der Europäische Fonds für währungspolitische Zusammenarbeit, EA 1972, 663.

— Die Freigabe des Wechselkurses der Deutschen Mark 1971, EuR 1971, 335.

Müller, Friedrich: Die Positivität der Grundrechte. Fragen einer praktischen Grundrechtsdogmatik, Berlin 1969.

Müller, Ingo: Die Geldentwertung als rechtliches und soziales Problem, ZRP 1974, 159.

Müller, Klaus: Die Änderung der Währungsparität als Problem der innerstaatlichen Kompetenzverteilung, BB 1971, 726.

von Münch, Ingo: Die Bindung des Gesetzgebers an den Gleichheitssatz bei der Gewährung von Subventionen, AöR 85 (1960), 270.

von Münch (Hrsg.): Grundgesetz-Kommentar, Band 1, Frankfurt 1974.

Mußgnug, Reinhard: Die zweckgebundene öffentliche Abgabe, in: Festschrift für Ernst Forsthoff zum 70. Geburtstag, München 1972, S. 259.

von der Nahmer, Robert Nöll: Außenwirtschaft, Heidelberg 1959.

Oldiges, Martin: Grundlagen eines Plangewährleistungsrechts, Bad Homburg v. d. H. / Berlin / Zürich 1970.

Oppermann, Thomas: Währungsparitätsänderung und gemeinsamer Markt, EuR 1970, 32.

Ossenbühl, Fritz: Welche normativen Anforderungen stellt der Verfassungsgrundsatz des demokratischen Rechtsstaates an die planende staatliche Tätigkeit? Dargestellt am Beispiel der Entwicklungsplanung. Gutachten für den 50. Deutschen Juristentag, in: Verhandlungen des fünfzigsten Deutschen Juristentages, Band I, Teil B, München 1974.
(zitiert: Gutachten).

Ossenbühl, Fritz: Die Bindung der Verwaltung an die höchstrichterliche Rechtsprechung, AöR 92 (1967), 478.

— Enteignungsgleicher Eingriff und Gefährdungshaftung im öffentlichen Recht — BGHZ 54, 332, JuS 1971, 575.

— Vertrauensschutz im sozialen Rechtsstaat, DÖV 1972, 25.

Palandt, Otto: Bürgerliches Gesetzbuch, 33. Aufl., München 1974.

Papier, Hans-Jürgen: Die Beeinträchtigungen der Eigentums- und Berufsfreiheit durch Steuern vom Einkommen und Vermögen, Der Staat, Band 11 (1972), 483.

— Eigentumsgarantie und Geldentwertung, AöR 98 (1973), 528.

— Rechtsprobleme der Inflation, JuS 1974, 447.

Paulick, Heinz: Grundgesetz und Besteuerung. Das Erkenntnisgut aus der Rechtsprechung des Bundesverfassungsgerichts in seiner Anwendung auf das Gebiet der Besteuerung, StbJb 1957/58, 85.

Pestalozza, Christian: Die Geltung verfassungswidriger Gesetze, AöR 96 (1971), 27.

Peter, Christoph: Zur neueren Enteignungsrechtsprechung des BGH, JZ 1969, 549.

Peters, Hans: Das Recht auf freie Entfaltung der Persönlichkeit in der höchstrichterlichen Rechtsprechung, Köln / Opladen 1963.

Pfleiderer, Otto: Die Notenbank im System der wirtschaftspolitischen Steuerung, in: Planung III, herausgeg. von Joseph H. Kaiser, Baden-Baden 1968, S. 409.

Pohmer, Dieter und Werner *Göckeler:* Konzertierte Aktion und Finanzpolitik, in: Konzertierte Aktion. Kritische Beiträge zu einem Experiment, herausgeg. von Erich Hoppmann, Frankfurt 1971, S. 69.

Püttner, Günter: Vertrauensschutz im Verwaltungsrecht, VVDStRL 30, 200.

Ramm, Thilo: Der Wandel der Grundrechte und der freiheitliche soziale Rechtsstaat, JZ 1972, 137.

Redeker, Konrad: Staatliche Planung im Rechtsstaat, JZ 1968, 537.

Reichert-Facilides, Fritz: Geldentwertung und Recht, JZ 1974, 483.

Reimer, Hedwig: Staatliche Einwirkungen auf Geldforderungen, ZöR 1937, 206.

Reinhardt, Rudolf: Gesellschaftsrecht, Tübingen 1973.

— Wo liegen für den Gesetzgeber die Grenzen, gemäß Art. 14 des Bonner Grundgesetzes über Inhalt und Schranken des Eigentums zu bestimmen?, in: Reinhardt, Rudolf / Scheuner, Ulrich, Verfassungsschutz des Eigentums, Tübingen 1954, S. 1.
(zitiert: Art. 14).

— Privates Unternehmen und öffentliches Interesse, in: Festschrift für A. Hueck, München und Berlin 1959, S. 439.

Reuter, Dieter: Nominalprinzip und Geldentwertung, ZHR, Band 137 (1973), 482.

Ridder, Helmut K. J.: Enteignung und Sozialisierung, VVDStRL 10, 124.

Rinck, Gerd: Wirtschaftsrecht, 2. Aufl., Köln / Berlin / Bonn / München 1969.

Ritter, Ernst Hasso: Anm. zu BGH, U. v. 31. 1. 1966, NJW 1966, 1355.

Roellecke, Gerd: Politik und Verfassungsgerichtsbarkeit. Über immanente Grenzen der richterlichen Gewalt des Bundesverfassungsgerichts, Heidelberg 1961.

Rometsch, Sieghart: Monetäre Integration. Das Problem einer Währungsunion im Gemeinsamen Markt, Frankfurt 1968.

Rose, Klaus: Theorie der Außenwirtschaft, 3. Aufl., Berlin / Frankfurt 1970.

Roth, Karlernst: Die öffentlichen Abgaben und die Eigentumsgarantie im Bonner Grundgesetz, Heidelberg 1958.

Rüfner, Wolfgang: Die Eigentumsgarantie als Grenze der Besteuerung, DVBl. 1970, 881.

— Zum gegenwärtigen Stand des deutschen Staatshaftungsrechts, BB 1968, 881.

Runge, Christian: Einführung in das Recht der Europäischen Gemeinschaften, München 1972.

Rupp, Hans Heinrich: Das Grundrecht der Berufsfreiheit in der Rechtsprechung des Bundesverfassungsgerichts, AöR 92 (1967), 212.

Ryffel, Hans: Öffentliche Interessen und Gemeinwohl — Reflexionen über Inhalt und Funktion —, in: Wohl der Allgemeinheit und öffentliche Interessen, Berlin 1968, S. 13.

Salzwedel, Jürgen: Verfassungsrechtlich geschützte Besitzstände und ihre „Überleitung" in neues Recht, Die Verwaltung, Band 5 (1972), 11.

Samm, Carl Theodor: Die Stellung der Deutschen Bundesbank im Verfassungsgefüge, Berlin 1967.

Schack, Friedrich: Der Eigentumsschutz gewerblicher Rechtspositionen in der Rechtsprechung des Bundesgerichtshofes, BB 1963, 1227.

— Die Enteignungstheorie des Bundesverwaltungsgerichts, NJW 1963, 750.

— Das Gruppenopfer bei der Enteignung, NJW 1967, 613.

— „Unmittelbare" und „mittelbare Schäden" im hoheitlichen Bereich in der Rechtsprechung des Bundesgerichtshofs, DÖV 1973, 390.

Schaeder, Reinhard: Gemeinwohl und öffentliche Interessen im Recht der globalen Wirtschafts- und Finanzplanung, in: Wohl der Allgemeinheit und öffentliche Interessen, Berlin 1968, S. 92.

von Schelling, Friedrich Wilhelm: Besprechung von Hoffmann, Rechtsfragen der Währungsparität, ZHR, Band 132 (1969), 287.

Scheuner, Ulrich: Amtshaftung und enteignungsgleicher Eingriff, JuS 1961, 243.

— Die staatliche Einwirkung auf die Wirtschaft, herausgegeben und eingeleitet von Ulrich Scheuner, Frankfurt 1971.
(zitiert: Staatliche Einwirkung).

— Die Funktion der Grundrechte im Sozialstaat. Die Grundrechte als Richtlinie und Rahmen der Staatstätigkeit, DÖV 1971, 505.

Scheuner, Ulrich: Grundlagen und Art der Enteignungsentschädigung, in: Reinhardt, Rudolf / Scheuner, Ulrich, Verfassungsschutz des Eigentums, Tübingen 1954, S. 63.
(zitiert: Enteignungsentschädigung).

— Die staatliche Intervention im Bereich der Wirtschaft, VVDStRL 11, 1.

— Pressefreiheit, VVDStRL 22, 1.

— Verfassungsrechtliche Probleme einer zentralen staatlichen Planung, in: Planung I, herausgegeben von Joseph H. Kaiser, Baden-Baden 1965, S. 67.
(zitiert: Verfassungsrechtliche Probleme).

Schmidt, Reiner: Wirtschaftspolitik und Verfassung. Grundprobleme, Baden-Baden 1971.

Schmidt, Walter: Die Freiheit vor dem Gesetz, AöR 91 (1966), 42.

— „Vertrauensschutz" im öffentlichen Recht, JuS 1973, 529.

Schmidt-Bleibtreu, Bruno und Franz *Klein:* Kommentar zum Grundgesetz für die Bundesrepublik Deutschland, 2. Aufl., Neuwied 1969.
(zitiert: Grundgesetz).

— Steuerrecht unter Verfassungskontrolle. Die Rechtsprechung des Bundesverfassungsgerichts in Finanz- und Steuersachen, Herne / Berlin 1966.
(zitiert: Steuerrecht).

Schmitz, Hans Jürgen: Normative Richtlinien der Wirtschaftspolitik, Frankfurt 1971.

Schmitz, Heinz Robert: Verfassungsrechtlicher Eigentumsschutz bei der „Gewinn"realisierung von Gegenständen des Anlagevermögens?, DStR 1970, 679.

Schneider, Egon: Anm. zu BGH, U. v. 29. 5. 1967 (III ZR 126/66 u. III ZR 143/66) und 22. 5. 1967, NJW 1967, 1750.

— Eingriffsschwere oder Einzelakt? Die hintergründigen Entscheidungskriterien in der Enteignungsrechtsprechung des Bundesgerichtshofes, DÖV 1965, 292.

— Enteignung und Aufopferung. Eine fallrechtliche Darstellung der Entschädigungsansprüche, Berlin / Frankfurt 1964.

Schneider, Erich: Zahlungsbilanz und Wechselkurs, Tübingen 1968.

Schneider, R.: Rechtsnorm und Individualakt im Bereiche des verfassungsrechtlichen Eigentumsschutzes, Verw. Arch., Band 58 (1967), 197 und 301.

Schnur, Roman: Gemeinwohl und öffentliche Interessen in den Verfassungen und den Gesetzen des sozialen Rechtsstaates, in: Wohl der Allgemeinheit und öffentliche Interessen, Berlin 1968, S. 57.

Schönle, Herbert: Bank- und Börsenrecht, München 1971.

Scholl, Franz: Die Zahlungsbilanz, in: Umrisse einer Wirtschaftsstatistik, Festgabe für Paul Flaskämper, Hamburg 1966, S. 336.

Scholz, Rupert: Wirtschaftsaufsicht und subjektiver Konkurrentenschutz. Insbesondere dargestellt am Beispiel der Kartellaufsicht, Berlin 1971.

Schramm, Theodor: Staatsrecht. Band II. Grundrechte und ihre verfassungsrechtliche Absicherung, Köln / Berlin / Bonn / München 1971.

Schreiber, Werner: Das Sozialstaatsprinzip des Grundgesetzes in der Praxis der Rechtsprechung, Berlin 1972.

Schüßler, Hans: Inflationsbekämpfung und föderalistische Finanzverfassung, NJW 1964, 951.

Schulte, Hans: Eigentum und öffentliches Interesse, Berlin 1970.

Schulz, Claus: Die aktuellen Probleme des verfassungsrechtlichen Eigentumsschutzes. Im Rahmen der österreichischen Rechtsordnung und im Spiegel der deutschen Rechtsauffassungen, Wien 1971.

Schumacher, Hermann: Der Begriff der Enteignung, NJW 1951, 53.

Schumacher: Schutz des Eigentums, ZHR 113 (1950), 166.

Schunck, Egon und Hans *de Clerck:* Allgemeines Staatsrecht und Staatsrecht des Bundes und der Länder, 5. Aufl., Siegburg 1973.

Schwarzenberger, Georg: Einführung in das Völkerrecht, Tübingen 1951.

Schwerdtfeger, Gunther: Die öffentlich-rechtliche Fallbearbeitung, 2. Aufl., München 1973.

Sellmann, Martin: Sozialbindung des Eigentums und Enteignung, NJW 1965, 1689.

Selmer, Peter: Diskussionsbeitrag, VVDStRL 30, 184.

— Steuerinterventionismus und Verfassungsrecht, Frankfurt 1972. (zitiert: Steuerinterventionismus).

Sendler, Horst: Die Konkretisierung einer modernen Eigentumsverfassung durch Richterspruch, DÖV 1971, 16.

Simitis, Spiros: Bemerkungen zur rechtlichen Sonderstellung des Geldes, AcP 159 (1960/61), 406.

von Simson, Werner: Planänderung als Rechtsproblem, in: Planung I, herausgeg. von Joseph H. Kaiser, Baden-Baden 1965, S. 405.

Smend, Rudolf: Verfassung und Verfassungsrecht, München / Leipzig 1928.

Soergel, Hans Theodor und Werner *Siebert:* Bürgerliches Gesetzbuch mit Einführungsgesetz und Nebengesetzen, Band 2, Schuldrecht I (§§ 241 - 610), 10. Aufl., Stuttgart / Berlin / Köln / Mainz 1967.

Spanner, Hans: Die Steuer als Instrument der Wirtschaftslenkung, StuW 1970, 382.

— Der Steuerbürger und das Bundesverfassungsgericht. Eine systematische Darstellung der Spruchpraxis des Bundesverfassungsgerichts in Steuersachen, Berlin 1967. (zitiert: Steuerbürger).

— Zur Verfassungskontrolle wirtschaftspolitischer Gesetze — Eine „Economical-Question-Doktrin" des BVerfG, DÖV 1972, 217.

von Spindler, Joachim, Willy *Becker* und O.-Ernst *Starke:* Die Deutsche Bundesbank, 4. Aufl., Stuttgart / Berlin / Köln / Mainz 1973.

Sponheuer, Theo: Probleme des Stabilitäts- und Wachstumsgesetzes, Bonn 1970.

Stachels, Elmar: Das Stabilitätsgesetz im System des Regierungshandelns, Berlin 1970.

von Staudinger, J.: Kommentar zum Bürgerlichen Gesetzbuch mit Einführungsgesetz und Nebengesetzen, III. Band, Sachenrecht, 1. Teil, 11. Aufl., Berlin 1956.

Stein, Ekkehart; Lehrbuch des Staatsrechts, 2. Aufl., Tübingen 1971.

Stein, Erwin: Zur Wandlung des Eigentumsbegriffes, in: Festschrift für Gebhard Müller, Tübingen 1970, S. 503.

Steinmann, Bodo: Das Prinzip der Systemkonformität, Das Wirtschaftsstudium 1972, 417.

Stern, Klaus: Die Neufassung des Art. 109 GG, NJW 1967, 1831.

— Grundfragen der globalen Wirtschaftssteuerung, Berlin 1969. (zitiert: Wirtschaftssteuerung).

Stern, Klaus, Paul *Münch* und Karl-Heinrich *Hansmeyer*: Gesetz zur Förderung der Stabilität und des Wachstums der Wirtschaft, 2. Aufl., Stuttgart / Berlin / Köln / Mainz 1972.

Steuer, Werner: Einengung der Bandbreiten — ein gefährliches Experiment, Zeitschrift für das gesamte Kreditwesen 1971, 302.

Stödter, Rudolf: Über den Enteignungsbegriff, DÖV 1953, 97.

Stoffers, Erich: Gleitende Paritäten und erweiterte Bandbreiten, Berlin 1972.

Strickrodt, Georg: Verfassungsgarantierte Währung, Zeitschrift für das gesamte Kreditwesen 1952, 533.

Stützel, Wolfgang: Über einige Währungstheorien, Tübingen 1969.

Suhr, Dieter: Eigentumsinstitut und Aktieneigentum. Eine verfassungsrechtliche Analyse der Grundstruktur des aktienrechtlich organisierten Eigentums, Hamburg 1966. (zitiert: Eigentumsinstitut).

— Rechtsstaatlichkeit und Sozialstaatlichkeit, Der Staat, Band 9 (1970), 67.

Thieme, Jörg: Das internationale Währungssystem: Entwicklung, Funktionsweise und Reformpläne, Das Wirtschaftsstudium 1972, 65.

Tholl, Gerhard: Die französische Planification — ein Vorbild? Ordo, Band XV/XVI (1965), 197.

Tiefenbacher, Erhard: Planung in der Marktwirtschaft, BB 1967, 1.

Tomandl, Theodor: Der Einbau sozialer Grundrechte in das positive Recht, Tübingen 1967.

Tomuschat, Christian: Die Aufwertung der Deutschen Mark. Staats- und völkerrechtliche Überlegungen zur Neufestsetzung der Währungsparität im Jahre 1969, Köln / Berlin 1970.

Veit, Otto: Der Wert unseres Geldes, Frankfurt 1958.

— Grundriß der Währungspolitik, 3. Aufl., Frankfurt 1969. (zitiert: Währungspolitik).

Ven, Frans van der: Soziale Grundrechte, Köln 1963.

de Vries, Margaret C.: Fluctuating Exchange Rates, in: The International Monetary Fund 1945 - 1965, Vol. II: Analysis, edited by J. Keith Horsefield, Washington D. C. 1969, S. 152.

— Multiple Exchange Rates, in: The International Monetary Fund 1945 - 1965, Vol. II: Analysis, edited by J. Keith Horsefield, Washington D. C. 1969, S. 122.

Wacke, Gerhard: Staatsrechtliche Prüfung der Zusatzsteuer. Kritische Untersuchung zu § 8 UStG, Köln 1957.
(zitiert: Umsatzsteuer).

— Verfassungsrecht und Steuerrecht. Das Finanz- und Steuerrecht als Bestandteil der Verfassungsordnung, StbJb 1966/67, 75.

Wagner, Heinz: Die Abgrenzung von Enteignung und enteignungsgleichem Eingriff, NJW 1967, 2333.

— Eingriff und unmittelbare Einwirkung im öffentlich-rechtlichen Entschädigungsrecht, NJW 1966, 569.

— Der Haftungsrahmen in der Lehre vom Sonderopfer, in: Festschrift Hermann Jahrreiss, Köln / Berlin / Bonn / München 1964, S. 441.

— Öffentlicher Haushalt und Wirtschaft, VVDStRL 27, 47.

Watrin, Christian: Geldwertstabilität, Konzertierte Aktion und autonome Gruppen, in: Konzertierte Aktion. Kritische Beiträge zu einem Experiment, herausgegeben von Erich Hoppmann, Frankfurt 1971, S. 201.

Weber, Hermann: Rechtsprechungsübersicht, JuS 1972, 153.

Weber, Werner: Das Bundesverfassungsgericht und die Steuerordnung, AöR 90 (1965), 452.

— Diskussionsbeitrag, VVDStRL 14, 81.

— Eigentum und Enteignung, in: Neumann / Nipperdey / Scheuner, Die Grundrechte, Band II, 2. Aufl. Berlin 1968, S. 331.

— Das Eigentum und seine Garantie in der Krise, in: Festschrift für Karl Michaelis, Göttingen 1972, S. 316.

— Die verfassungsrechtlichen Grenzen sozialstaatlicher Forderungen, Der Staat, Band 4 (1965), 409.

— Spannungen und Kräfte im westdeutschen Verfassungssystem, 3. Aufl., Berlin 1970.
(zitiert: Spannungen).

Wehrhahn, Herbert: Das Gesetz als Norm und Maßnahme, VVDStRL 15, 35.

Wengler, Wilhelm: Völkerrecht, Band I, Erster und zweiter Teil, Berlin / Göttingen / Heidelberg 1964.

Werner, Pierre: Wirtschafts- und Währungsunion im Hinblick auf den politischen Zusammenschluß Europas, EA 1972, 329.

Wiebel, Markus: Wirtschaftslenkung und verwaltungsgerichtlicher Rechtsschutz des Wirtschafters nach dem Erlaß des Stabilitätsgesetzes, Stuttgart / Berlin / Köln / Mainz 1971.

Wilke, Dieter: Bundesverfassungsgericht und Rechtsverordnungen, AöR 98 (1973), 196.

— Gebührenrecht und Grundgesetz. Ein Beitrag zum allgemeinen Abgabenrecht, München 1973.

Willgerodt, Hans, Alexander *Domsch*, Rolf *Hasse* und Volker *Merx*: Wege und Irrwege zur europäischen Währungsunion, Freiburg 1972.

Winkelmann, Günter: Die Washingtoner Beschlüsse der Zehnerkonferenz, Bulletin des Presse- und Informationsamtes der Bundesregierung vom 29. 12. 1971, S. 2109.

Wipfelder, Hans-Jürgen: Die grundrechtliche Eigentumsgarantie im sozialen Wandel, in: Festschrift für Günther Küchenhoff, Berlin 1972, Band 2, S. 747.

Wittig, Peter: Zum Standort des Verhältnismäßigkeitsgrundsatzes im System des Grundgesetzes, DÖV 1968, 817.

Wohlfarth, Ernst, Ulrich *Everling*, Hans Joachim *Glaesner* und Rudolf *Sprung*: Die Europäische Wirtschaftsgemeinschaft. Kommentar zum Vertrag, Berlin / Frankfurt 1960.

Wolf, Ernst: Lehrbuch des Sachenrechts, Köln / Bonn / Berlin / München 1971.

Wolff, Hans J.: Verwaltungsrecht III, 3. Aufl., München 1973. (zitiert: Wolff III).

Wolff, Hans J., und Otto *Bachof*: Verwaltungsrecht I, 9. Aufl., München 1974.

Wundram, Robert: Auswirkungen der Wechselkurs-Neufestsetzungen vom Februar 1973 auf Abschlüsse zum Jahresende 1972? Der Betrieb 1973, 677.

Zacher, Hans F.: Soziale Gleichheit. Zur Rechtsprechung des Bundesverfassungsgerichts zu Gleichheitssatz und Sozialstaatsprinzip, AöR 93 (1968), 341.

— Verwaltung durch Subventionen, VVDStRL 25, 308.

Zippelius, Reinhold: Wertungsprobleme im System der Grundrechte, München 1962.

Zuck, Rüdiger: Die globalgesteuerte Marktwirtschaft und das neue Recht der Wirtschaftsverfassung, NJW 1967, 1301.

— Aktuelle Probleme der Wirtschaftspolitik und die tragenden Grundsätze der Wirtschaftsverfassung (Art. 3, 12, 14 GG), BB 1967, 805.

ohne Verfasserangabe: Besteuerung und Währung im Gemeinsamen Markt, Institut „Finanzen und Steuern“, Heft 69, Bonn 1963.

— Art. 12 I GG als Teilhaberecht, Juristische Arbeitsblätter 1972, 797.

Gutachten, Geschäfts- und Jahresberichte etc.

Bank für internationalen Zahlungsausgleich, einundvierzigster Jahresbericht, 1. April 1970 - 31. März 1971, Basel 1971.

Geschäftsbericht der Bank Deutscher Länder für die Jahre 1948 und 1949.

Geschäftsbericht der Deutschen Bundesbank für das Jahr 1971.

International Monetary Fund:

— Annual Report 1951, Washington;

— Annual Report 1970 of the Executive Directors for the fiscal year ended April 30, 1970, Washington D. C.;

— Annual Report 1971 of the Executive Directors for the fiscal year ended April 30, 1971, Washington D. C.;

— Summary Proceedings of the Twenty-sixth Annual Meeting of the Board Governors, Washington D. C., 1971.

Jahresgutachten und Sondergutachten des Sachverständigenrates zur Begutachtung der gesamtwirtschaftlichen Entwicklung:

— Jahresgutachten 1968 des Sachverständigenrates zur Begutachtung der gesamtwirtschaftlichen Entwicklung vom 17. 11. 1968, Bundesrats-Drucksache 636/68 v. 3. 12. 1968;

— Jahresgutachten 1969 des Sachverständigenrates zur Begutachtung der gesamtwirtschaftlichen Entwicklung vom 19. 11. 1969, Bundesrats-Drucksache 615/69 v. 3. 12. 1969;

— Jahresgutachten 1971 des Sachverständigenrates zur Begutachtung der gesamtwirtschaftlichen Entwicklung vom 22. 11. 1971, Bundesrats-Drucksache 662/71 v. 29. 11. 1971;

— Jahresgutachten 1972 des Sachverständigenrates zur Begutachtung der gesamtwirtschaftlichen Entwicklung vom 1. 12. 1972, Bundesrats-Drucksache 612/72 v. 6. 12. 1972;

— Sondergutachten „Zur Konjunktur- und währungspolitischen Lage im Mai 1971" des Sachverständigenrates zur Begutachtung der gesamtwirtschaftlichen Entwicklung vom 24. 5. 1971, Bundesrats-Drucksache VI/2230 v. 28. 5. 1971;

— Sondergutachten „Zur währungspolitischen Lage im Juli 1972" des Sachverständigenrates zur Begutachtung der gesamtwirtschaftlichen Entwicklung vom 3. 7. 1972, Bundesrats-Drucksache 414/72 v. 11. 7. 1972.

Kommuniqué über die Ministertagung der Zehnergruppe in London am 15. und 16. September 1971, abgedruckt in EA 1972, D 4;

Kommuniqué über die Ministertagung der Zehnergruppe in Washington am 26. September 1971, abgedruckt in: EA 1972, D 8.

„Neugestaltung der internationalen Wirtschaftsordnung", Memorandum einer Konferenz von zwölf Wirtschaftswissenschaftlern aus den Vereinigten Staaten, der Europäischen Gemeinschaft und Japan, in Washington vom 18. bis zum 21. Dezember 1971, abgedruckt in: EA 1972, D 231 ff.

Presseverlautbarung über die 164. Tagung des Rates der Europäischen Gemeinschaften am 13. September 1971, abgedruckt in: EA 1972, D 3.

FSC
www.fsc.org
MIX
Papier | Fördert gute Waldnutzung
FSC® C083411

Kolibri 360 GmbH
Ferdinand-Jühlke-Straße 7
99095 Erfurt, Deutschland
produktsicherheit@kolibri360.de

Druck:
CPI Druckdienstleistungen GmbH
im Auftrag der
Kolibri 360 GmbH
Ferdinand-Jühlke-Str. 7
99095 Erfurt